Mosaik
bei GOLDMANN

Buch

Die meisten Diäten funktionieren nicht, weil es keine »One-for-all«-Lösung gibt. Die bahnbrechende Adam & Eva-Diät ist anders, denn sie berücksichtigt die Zuordnung des Menschen in einen der fünf evolutionären Biotypen: Jäger und Sammler, Pionier, Pfadfinder, Gärtner und Bauer oder Tänzer. Was dem Pionier genau entspricht, lässt einen Tänzer in die Breite gehen. Dem Jäger und Sammler verhelfen Bioeier mit Speck zum Frühstück zu grenzenloser Energie, während der Gärtner und Bauer besser mit Obst, Nüssen und Joghurt zurechtkommt. Indem man also dem Körper das gibt, was der Biotyp verlangt, lassen sich Übergewicht, Allergien, Diabetes, Energiemangel und Stress gezielt bekämpfen.

Dieses Buch informiert über die typgerechte Ernährung, über Nahrungsmittelverträglichkeit und über den richtigen Umgang mit Stress. Mit einem 7-Tage-Plan zur Gewichtsabnahme, einem 5-Tage-Saftprogramm zur Reinigung und Entgiftung und vielen einfachen Rezepten, die schlank, satt und fit machen.

Autoren

Roderick Lane hat Ernährungswissenschaften, ganzheitliche Medizin und Naturheilkunde studiert. Er praktiziert am Eden Medical Centre in London und ist Mitbegründer und Leitender Archivar am London College of Naturopathic Medicine and Health Science. Zu seinen Patienten gehörte keine Geringere als Diana, Princess of Wales.

Sarah Stacey ist mehrfach ausgezeichnete Journalistin mit den Spezialgebieten Gesundheit & Schönheit und Garten, Drehbuchautorin für das Fernsehen und erfolgreiche Buchautorin.

Roderick Lane, Sarah Stacey

Adam & Eva-Schlankheits-programm

Die (r)evolutionäre Diät
für Ihren Biotyp

Aus dem Englischen
von Stefanie Hutter

Mosaik
bei GOLDMANN

Hinweis:
Die Autoren dieses Buches bemühen sich nach Kräften, die Information so deutlich, genau und sicher wie möglich darzustellen. Das gelingt vielleicht nicht immer. Daher weisen wir darauf hin, dass die in diesem Buch vorgestellten Verfahren und Ansätze nicht als Ersatz für eine medizinische Beratung durch Ihren Arzt, Heilpraktiker oder Ernährungsberater gedacht sind.
Wir empfehlen Ihnen, sich von Ihrem Arzt untersuchen zu lassen, bevor Sie mit einem der Programme in diesem Buch beginnen.
Besonders Menschen mit gesundheitlichen Problemen, Schwangere oder ältere Menschen sollten unbedingt ihren Arzt aufsuchen, bevor sie die Ratschläge in diesem Buch umsetzen.
Sie werden feststellen, dass auch an einzelnen Stellen im Buch (z.B. in Kapitel 3, das dem Thema Stress und stressanfällige Organe gewidmet ist) der Rat erteilt wird, einen Arzt hinzuzuziehen. Bitte ignorieren Sie diesen Rat nicht.

Umwelthinweis:
Alle bedruckten Materialien dieses Taschenbuches sind chlorfrei und umweltschonend.

1. Auflage
Deutsche Erstausgabe Februar 2004

Originalverlag: Hodder & Stoughton, London
Originaltitel: The Adam & Eve-Diet
Umschlaggestaltung: Design Team München
Umschlagfoto: Mauritius
Redaktion: Gerhild Gerlich
Satz: Buch-Werkstatt GmbH, Bad Aibling
Druck: GGP Media, Pößneck
Verlagsnummer: 16584
Kö/ue · Herstellung: Ina Hochbach
Printed in Germany
ISBN 3-442-16584-9
www.goldmann-verlag.de

Inhalt

Einleitung

Das Adam & Eva-Schlankheitsprogramm – Ernährung nach Ihrer genetischen Botschaft

Wenn Sie mit Ihrer Figur und Kleidergröße vollkommen zufrieden und leistungsfähig sind, einen klaren Kopf haben, jede Nacht gut schlafen, niemals krank sind und sich fast immer blendend fühlen, dann brauchen Sie dieses Buch vermutlich nicht. Wenn Sie jedoch besser aussehen und sich wohler fühlen wollen, dann wird das Adam & Eva-Schlankheitsprogramm Ihren Alltag dramatisch verändern.

Sie haben vermutlich zu diesem Buch gegriffen, weil Sie abnehmen möchten wie die meisten Menschen im Westen. Wie neue Umfragen zeigen, haben neun von zehn von uns irgendwann in ihrem Leben eine Schlankheitsdiät gemacht, und jeder Zweite versucht gerade jetzt abzunehmen. Jede neue Diät verspricht etwas Neues, und wir springen von einer zur anderen und hoffen, eine Ernährungsform zu finden, die unsere Probleme löst. Letztlich erwarten wir alle dasselbe von unserem Essen – wir wollen es genießen, essen, was uns schmeckt und wann wir wollen, uns blendend fühlen, und zwar körperlich und geistig, und natürlich *nicht dick werden!*

Die traurige Wahrheit ist, dass die Mehrzahl der Diäten nicht funktioniert. Das Essen schmeckt uns nicht, wir fühlen uns nicht gut, und selbst wenn wir ein wenig Gewicht verlieren, nehmen wir es hinterher wieder zu. Untersuchungen zeigen, dass die meisten Menschen nicht nur wieder das ursprüngliche Gewicht erreichen, sondern sogar noch mehr zunehmen.

Das Adam & Eva-Schlankheitsprogramm ist anders: Es funktioniert.

Und das bietet Ihnen das Adam & Eva-Schlankheitsprogramm

Sie werden ...

- Ihr optimales natürliches Gewicht erreichen
- leistungsfähig werden
- nie mehr von Hungergefühlen geplagt sein
- viele chronische gesundheitliche Probleme lösen wie z. B. Schlaflosigkeit, Blähungen, Nahrungsmittelintoleranzen und Reizdarmsyndrom
- sich des Lebens freuen

Warum es funktioniert

Dieses (r)evolutionäre Programm funktioniert, weil es sich nach Ihrem ganz individuellen biologischen Typ richtet. Das mag kompliziert klingen, ist aber ganz einfach. Ihr biologischer (oder Bio-) Typ wird von der Hormonwirkung bestimmt, das heißt von der biochemischen Wirkungsweise Ihrer endokrinen Drüsen, wie sie über viele Generationen – und aufgrund der Evolution – an Sie weitergegeben wurde.

Dieser ganzheitliche Ansatz basiert auf zwei Grundsätzen – einem alten und einem modernen. Erstens einmal wird sich die medizinische Forschung immer stärker bewusst, dass wir Menschen nach wie vor von den biologischen Merkmalen bzw. Eigenschaften beherrscht werden, die der Mensch vor mehreren Millionen Jahren entwickelt hat – auch wenn wir im 21. Jahrhundert leben. Diese Merkmale bzw. Eigenschaften bestimmen unseren körperlichen, geistigen und seelischen Typus. Und zweitens müssen wir – mit diesem Erbe im Gepäck – mit den Auswirkungen des modernen Lebens fertig werden – mit körperlichem, geistigem und seelischem Stress.

Das Adam & Eva-Schlankheitsprogramm wurde in jahrelanger Arbeit von Roderick Lane entwickelt. Während seines Studiums der Ernährungswissenschaft hatte er festgestellt, dass viele alte, traditionelle Gesundheitssysteme mit der Vorstellung von Konstitutionstypen arbeiten. So der indische Ayurveda und die Traditionelle Chinesische Medizin (TCM). Doch einen verbindlichen Prototyp entwickelten diese Konstitutions-Typen-Systeme nicht, ganz im Gegenteil schienen sie auf unterschiedlichen Faktoren aufzubauen.

In seiner eigenen klinischen Praxis beobachtete Lane, dass seine Patienten auf bestimmte Kostformen und Nährstoffkombinationen unterschiedlich ansprachen. Und die Patienten selbst ließen sich einem bestimmten Typus zuordnen, den er »Biotyp« nannte. Schließlich kam Lane auf fünf Biotypen, ausgehend von der einen Menschen dominierenden Drüse (siehe Übersicht). Der Biotyp wird während der Pubertät festgelegt, entwickelt sich also zusammen mit der körperlichen Reifung bzw. mit der Ausgestaltung des Körperbaus, interessanterweise in jener Zeit, in der wir auch den Gipfel unserer größten körperlichen Leistungsfähigkeit erreichen. In Kapitel 1 können Sie anhand des Fragebogens Ihren Biotyp bestimmen.

Die fünf Biotypen

Biotyp	*Dominierende Drüse*
Pfadfinder	Hypophyse
Jäger und Sammler	Schilddrüse
Pionier	Nebennieren
Gärtner und Bauer	Keimdrüsen
Tänzer	Keimdrüsen und Hypophyse

Lane schloss, dass die fünf Biotypen als Reaktion auf die Bedürfnisse des frühen Menschen entstanden waren. Und diese Bedürfnisse waren nur auf eines ausgerichtet: aufs Überleben. Im Verlauf der Jahrtausende, in denen die Menschheit ihre derzeitige Entwicklungsstufe erreichte, passte sich der Mensch bis heute ständig seinen Umgebungsbedingungen und Herausforderungen an. Als der gewitzte und kämpferische Cromagnon den Neandertaler verdrängte, bildete sich zwischen 200 000 und 100 000 Jahren vor unserer Zeit eine weitere genetische Mutation, der Homo sapiens, heraus, in Reaktion auf die Notwendigkeit, in unterschiedlichen Klimazonen und Lebensräumen überleben zu müssen.

Lane vertritt die Hypothese, dass der erste Homo sapiens moderner Anatomie ein »Jäger und Sammler«-Typ gewesen ist. Die Nachkommen dieser Menschen, die als Erste das prähistorische Afrika verließen, um die ganze Welt zu bevölkern, sind die heutigen »Jäger und Sammler«. Wie Sie in Kapitel 1 sehen, ist dieser Biotyp vortrefflich geeignet, lange Strecken zurückzulegen und dabei zu jagen und Nahrung zu sammeln. Die »Pfadfinder«, die größten der Biotypen, kamen vermutlich als Nächste, dann die »Pioniere«, die »Gärtner und Bauern«, und die »Tänzer« sind, entwicklungsgeschichtlich gesehen, die modernsten Typen. Zusammen mit ihren körperlichen Merkmalen entwickelten diese Biotypen auch Persönlichkeitsmerkmale zur Anpassung an die Umgebungsbedingungen, die heute noch offensichtlich sind.

Natürlich sind wir, die wir im 21. Jahrhundert leben, nicht nur das Produkt der Evolution. Wir werden auch stark vom Stress, den Belastungen des modernen Lebens, beeinflusst. Im Westen brauchen wir nicht um ausreichend Essen zu kämpfen (ganz im Gegenteil, hier gibt es zu viel), fragt man aber die Leute, wie es ihnen geht, erhält man selten eine positive Antwort. Natürlich werden Sie ein paar treffen, die behaupten, immer gesund und glücklich zu sein, aber garantiert werden die meisten sagen, dass sie unter Ängsten leiden, müde sind, zu wenig Energie haben, ständig eine Stufe (oder mehrere) unter dem Optimum sind. Fragen Sie, und fragen Sie sich selbst. Wie fühlen Sie sich? Stress kann viele Teilsysteme unseres Körpers erheblich belasten, so auch die endokrinen Drüsen (siehe Seite 23 ff), und viele der belanglosen (und weniger belanglosen) gesundheitlichen Probleme, an denen die Mehrheit der Bevölkerung leidet, werden durch Stress entweder ausgelöst oder verschlimmert.

Ihre ganz persönlichen stressanfälligen Organe bzw. Ihre Schwachstellen können Sie anhand der Checklisten in Kapitel 3 herausfinden, und Sie erfahren dort, wie Sie Ihre stressbedingten Störungen durch eine veränderte Lebensweise, bestimmte Ergänzungspräparate, Kräuter und homöopathische Arzneimittel beseitigen können.

Da jeder von uns einzigartig ist, kann man unmöglich sagen, wie lange es dauert, bis die Dinge in Ordnung kommen; die Beschwerden werden jedoch nachlassen, wenn die Ursache des Problems allmählich beseitigt wird. Ein Problem, das lange Zeit besteht, lässt sich langsamer beheben als ein nicht so tief sitzendes, aber das Gute ist, dass sich stets Besserung erzielen lässt, wenn man einige einfache Richtlinien einhält. Wenn Sie allerdings den Verdacht hegen, eine ernsthafte Erkrankung zu haben, raten wir Ihnen, sofort Ihren Arzt aufzusuchen.

Warum es (r)evolutionär ist

Warum dieses Programm revolutionär ist, fragen Sie? Es ist (r)evolutionär, weil es unseres Wissens nie ein Programm gegeben hat, das das Wissen der modernen westlichen Medizin mit den traditionellen Gesundheitssystemen des Ostens kombiniert hat. Die Theorie dieses Programms ist einfach und vernünftig. Wenn Sie wissen und essen, was Ihrem Körpertyp entspricht, und Sie Ihre belastenden Bedingungen bzw. Ihre Stressoren beseitigen, erreichen Sie Ihr richtiges, natürliches Gewicht, erfahren Sie wiederhergestellte Leistungsfähigkeit und Lebensfreude.

Die Biotyp-Theorie löst auch ein Rätsel, über das sich Fachleute – und Diätplaner – seit Jahrzehnten die Köpfe zerbrechen. Und zwar, warum manche Schlankheitskuren bzw. Diäten bei manchen Menschen zweifellos funktionieren, bei anderen aber völlig wirkungslos sind. Die Erklärung ist, dass die Wirkung vom Biotyp abhängt. Wer zufällig auf eine Diät stößt, die seinem Biotyp optimal entspricht, wird damit Erfolg haben (zumindest bis zu einem gewissen Grad). Das Adam & Eva-Schlankheitsprogramm schaltet den Faktor Zufall aus. Wenn Sie den Fragebogen ausfüllen und Ihren Biotyp und Ihre persönlichen Stress-Schwachstellen bzw. stressanfälligen Organe bestimmen, wissen Sie genau, welche Ernährungsweise für Sie geeignet ist.

Wenn Sie bisher der Meinung waren, Diäten wären mit Mangel und Entbehrung verbunden, werden Sie entzückt feststellen, dass dieses Programm eine Ausnahme darstellt. Das Adam & Eva-Schlankheitsprogramm bedeutet genussvolles Essen, Gewichtsabnahme und Wohlbefinden. Es bedeutet sicherlich nicht Hungern; das Schlüsselwort heißt Genuss, nicht Reue. Ziel des Adam & Eva-Schlankheitsprogramms ist es, einen Zustand optimaler Gesundheit und Vitalität zu erreichen – und zu erhalten. Es funktioniert bei jedem, egal, wie alt und wie fit er ist.

Der naturheilkundliche Ansatz – eine ganzheitliche Betrachtungsweise

Das Adam & Eva-Schlankheitsprogramm basiert auf dem naturheilkundlichen Grundprinzip, dass der Körper stets nach Gesundheit strebt und Krankheitsursachen aus eigener Kraft überwindet. Die Naturheilkunde geht von dem Prinzip der Selbstheilung des Körpers aus. In ihr folgt man seit alters dem Grundsatz, dass der Mensch eine Einheit aus Körper, Geist und Seele bildet und Krankheit nur eintritt, wenn der Körper keine Möglichkeit zur Selbstheilung hat.

Naturheiler vergleichen die Gesundheitsvorsorge und -pflege mit einem Dreifuß, einem dreibeinigen Schemel, bei dem jedes Bein ein Teil des Lebenserhaltungssystems ist. Ein Bein steht für die Ernährung und die Qualität unserer Lebensmittel. Das zweite ist unsere Körperstruktur, besonders die Wirbelsäule, der »Highway«, der Gehirn und Körper miteinander verbindet und daher die zentrale Leitungsbahn in unsere Organe ist. Das dritte Standbein repräsentiert Geist und Seele *(mind, spirit and psyche)*. Wichtig ist, dass jedes gepflegt wird, damit das gesamte System stark und beständig bleibt.

Viele von uns haben die Fähigkeit verloren auf die Signale ihres Körpers zu hören. Botschaften, die unser Gehirn aussendet, wie z. B. Hunger, Durst, Erschöpfung, Rücken- oder Bauchschmerzen, sogar den Stuhldrang, ignorieren wir.

Dieses Buch will Ihnen helfen, Ihrem Körper zu helfen. Dafür ist es aber nötig, dass Sie ihm die erforderliche Aufmerksamkeit zukommen lassen. Sie bringen Ihr Auto vermutlich regelmäßig zum Service, und Sie würden sich garantiert niemals in ein Flugzeug setzen, das nicht gründlich gewartet und aufgetankt wurde. Diese Einstellung müssen Sie auch auf die Pflege Ihres Körpers übertragen. Geben Sie ihm den besten Treibstoff und das beste Öl, warten Sie ihn regelmäßig, und er wird es Ihnen mit bester Gesundheit danken.

Manche Menschen haben wirklich große Probleme damit, sich an eine bestimmte Kost zu halten. Es ist ziemlich offensichtlich, dass jemand, der dringend viel abnehmen muss, das rascher schaffen wird, wenn er nicht täglich vier Tafeln Schokolade verputzt.

Leckereien haben aber auch ihre Bedeutung. Überlegen Sie zu Beginn, was Sie besonders gern essen, und achten Sie darauf, dass Sie es auch bekommen. Wenn es einfach nicht ohne ein Stück industriell gefertigte Schokotorte oder Eiscreme voller Zusatzstoffe geht, machen Sie sich keine Vorwürfe. Kehren Sie einfach sofort danach zu Ihrer Biotyp-Diät zurück. Sie werden jedoch sehen, dass es auch bei uns eine Auswahl an gesunden Leckereien gibt, die das Verlangen nach Süßem stillen.

Mit zunehmender Gesundheit werden Sie feststellen, dass Sie flexibler sein können. Sie werden auch feststellen, dass Sie Ihrem Körper gegenüber empfindsamer werden.

Nicht das Buch, Ihre Lebensweise wirkt Wunder

Das Adam & Eva-Schlankheitsprogramm ist keine Blitzdiät, wenn es auch einen Plan für eine schnelle und sichere Gewichtsabnahme für all jene enthält, die viele Pfunde verlieren müssen. In diesem Buch geht es um eine Lebensweise, die zu einer natürlich-schlanken Figur führt – und sie auf Dauer erhält. Sie bekommen hier sowohl die optimale Ernährung für Ihren individuellen Biotyp, Speiseplan und Basisrezepte als auch die Möglichkeit angeboten, Aspekte Ihrer Persönlichkeit kennen zu lernen, daneben erhalten Sie Tipps für sportliche Betätigung, Entspannung und ergänzende Therapien.

Nur eine kurze Bemerkung über Kinder, bevor Sie weiterlesen: Welcher Biotyp ein Mensch ist, lässt sich erst nach der Pubertät mit Sicherheit feststellen. Das vereinfacht die Frage nach der Ernährung einer Familie. Es ist völlig unbedenklich – sogar vorteilhaft –, wenn Kinder die gleiche Biotyp-Diät essen wie ihre Eltern, da jede Kostform aus vollwertigen, gesunden, frischen Nahrungsmitteln besteht.

Vom Adam & Eva-Schlankheitsprogramm haben bereits viele hundert Menschen profitiert, sie sind heute gesund und topfit. Einige von ihnen erzählen Ihnen in diesem Buch ihre Geschichte (siehe Anhang), andere geben Tipps und ihre Lieblingsrezepte weiter. Das Leben dieser Menschen hat sich von Grund auf verändert – Ihres kann es auch.

Das hilft bei Niedergeschlagenheit (ohne dass man an den Kühlschrank geht): 21 wertvolle Tipps

Viele Menschen leiden unter mangelndem Selbstwertgefühl, wenn sie eine Diät beginnen. Eine übergewichtige Lehrerin gestand uns, sie »schäme sich« für ihr Aussehen und für ihre »mangelnde Selbstdisziplin« (das waren ihre eigenen Worte). Man braucht keine Selbstdisziplin, um auf diese Ernährungsweise umzusteigen, eine positive Einstellung zum eigenen Selbst ist aber unerlässlich. Sie wissen, Sie verdienen Zeit, Aufmerksamkeit und gute Ernährung – dennoch kann es immer noch Momente geben, in denen alles trostlos erscheint. Dann sind Sie am anfälligsten für eine Packung Schokokekse oder Ähnliches (die interessanteste Leckerei, von der wir bisher gehört haben, sind Brötchen mit Erdnussbutter in Cappuccino getaucht!). Sie können dem Verlangen nachgeben, wenn Sie sich schlecht fühlen, aber Sie werden sich hinterher seelisch und körperlich sicherlich noch schlechter fühlen.

Behalten Sie beim Lesen dieses Buches daher die folgenden Ratschläge im Kopf. Immer, wenn Sie am liebsten Gegenstände an die Wand werfen möchten oder in einer Phase tiefsten Selbstmitleids versinken, versuchen Sie es mit den folgenden Methoden:

- Halten Sie inne und atmen Sie tief durch – langsam und gleichmäßig, durch die Nase ein und durch den Mund aus, beides dauert gleich lang.
- Machen/kaufen Sie sich einen frisch gepressten Saft.
- Greifen Sie zu einer gesunden Knabberei, etwa zu Nüssen und Samen.
- Tanzen Sie, bewegen Sie sich frei oder marschieren Sie nur auf und ab, wobei Sie Arme *und* Beine bewegen.

- Gönnen Sie sich etwas Besonderes: Kaufen Sie sich Blumen, eine Zeitschrift, ein Badeöl oder eine Duftkerze; vereinbaren Sie einen Termin für eine Massage oder eine Reflexzonenmassage oder verabreden Sie sich mit einem Freund oder Ihrem Partner.
- Sehen Sie sich Ihren liebsten Videofilm an.
- Legen Sie Ihre Lieblingsmusik auf: Notieren Sie Ihre acht CDs für die einsame Insel.
- Lesen Sie Ihr liebstes Buch – egal ob Roman, Gedichtband oder Humoristisches.
- Stellen Sie das Radio an – es hebt erwiesenermaßen die Stimmung.
- Arbeiten Sie im Garten oder gehen Sie eine Runde im Park spazieren – Natur in jeder Form hebt die Stimmung.
- Streicheln Sie Ihre Haustiere oder beobachten Sie andere Tiere oder Vögel (oder Schlangen und Insekten, wenn Sie sie mögen).
- Tragen Sie Kleider, die Ihnen sehr gut stehen.
- Sammeln Sie »nette Post«: Briefe, Postkarten, Einladungen, alles, was Ihnen das Gefühl der Wertschätzung vermittelt.
- Behalten Sie Ihren Sinn für Humor: Erzählen Sie sich selbst einen Witz, betrachten Sie die Dinge von der heiteren Seite, sehen Sie sich eine Komödie im Fernsehen oder auf Video an, rufen Sie einen fröhlichen Freund an.
- Rufen Sie einen Freund an, dem Sie vertrauen können, bitten Sie ihn, ohne Unterbrechung zuzuhören, und erzählen Sie ihm, wie schlecht es mit Ihrem Leben, der ganzen Welt und allem steht.
- Spielen Sie mit einem Freund das Spiel »Du bist großartig«: Schreiben Sie vier Minuten lang möglichst viele Dinge nieder, die Ihnen an Ihrem Freund gefallen. Keine

»Wenn-Sätze«, einfach nur »Du hast schöne Augen«, »Du verstehst mich immer« usw. Lesen Sie das Geschriebene vor. Lassen Sie dann den Freund vorlesen, was er an Ihnen großartig findet.

- Rufen Sie jemanden an, der krank ist oder in Schwierigkeiten steckt; fragen Sie nach seinen Problemen und hören Sie wirklich zu.
- Schreiben Sie auf, was Sie beschäftigt und was Sie tun müssen; setzen Sie Prioritäten. Setzen Sie sich für jeden Tag ein Ziel (Wochenenden ausgenommen), bis Sie damit durch sind.
- Planen Sie ein Abenteuer – was Sie wollen, ob nah oder fern, allein oder in Gesellschaft.
- Gönnen Sie sich selbst ein paar Streicheleinheiten.
- Nehmen Sie das Leben leicht – leben Sie jetzt und hier. Gestern ist vorbei, morgen noch nicht da. Lächeln Sie, auch wenn Ihnen nicht danach zumute ist. Lächeln und Lachen führen zur Ausschüttung von Hormonen, die Wohlbefinden verschaffen.

1
Ihr Biotyp – ein Bauplan der Natur

Ihr Biotyp basiert auf Ihrer dominierenden endokrinen Drüse bzw. Ihren dominierenden Drüsen. Die endokrinen Drüsen sind die biochemischen Fabriken in unserem Körper, die Hormone herstellen – jene besonderen Substanzen, die die gesamte Körperchemie regulieren und all unsere Aktivitäten beeinflussen. Jede Drüse hat eine spezielle Hormonwirkung, das heißt, sie wirkt sich auf eine spezielle körperliche Funktion aus, wodurch sie wiederum den fünf Biotypen ihre individuellen körperlichen, geistigen und emotionalen Merkmale bzw. Eigenschaften verleiht. Bedenken Sie beim Lesen der Beschreibungen der einzelnen Biotypen, dass sie alle miteinander in Verbindung stehen, es sich nicht um isolierte Typen handelt. Jeder Biotyp hat sich entwickelt, seit der Homo sapiens erstmals auf den Plan trat, und jeder Biotyp hat sich, seiner Rolle in unserer Welt entsprechend, verändert bzw. angepasst. Aus diesem Grund kann es Überlappungen geben, jemand eine oder mehrere Eigenschaften eines anderen Biotyps besitzen.

Bedenken Sie auch, dass es immer Ausnahmen gibt. Da jeder von uns einzigartig ist, unterscheiden wir uns körperlich, geistig und seelisch. Während manche genau ihrem Typ entsprechen, mögen andere eine Eigenschaft haben, die eigentlich zu einem anderen Typ gehört. Welche Eigenheiten eines Typs bei einem Menschen stärker bzw. geringer ausgeprägt sind, hängt von seinen Genen ab. So sieht ein 1,93 Meter großer Mann zwar wegen seiner Größe wie ein »Pfadfinder« aus, da er aber aus einer Familie mit groß gewachsenen Menschen kommt und sonst alle Merkmale eines »Jägers und Sammlers« besitzt, ist er tatsächlich ein groß gewachsener »Jäger und Sammler«. Ebenso kann es einen weiblichen »Pionier« mit dem großen Busen und der hingebungsvollen Natur eines »Gärtners und Bauern« geben. Sehen Sie genau hin, Sie werden sehen, dass der Rumpf der Frau nicht die für den »Gärtner und Bauern« typische Sanduhrform aufweist und die Frau einen starken Willen hat, sodass sie nichts von der Erreichung ihrer Ziele abbringen kann.

Der Stress und seine Störwirkungen

Ihre dominierende Drüse ist Ihre Stärke – die Äste, der Stamm und die Zweige Ihres Baumes. Hätten wir dieses Buch zu Beginn der Menschheitsgeschichte geschrieben – es genügt, wenn wir sagen vor 200 Jahren –, könnten wir es dabei bewenden lassen. Aber die letzten 200 Jahre – seit der industriellen Revolution – haben unsere Lebensweise radikal verändert, an die Stelle des Kampfes ums Überleben ist das Problem Stress getreten.

In der westlichen Welt haben heute die meisten Menschen ausreichend zu essen und ein Dach über dem Kopf. Obwohl wir uns um unser Überleben keine Gedanken machen müssen, lebt doch die Mehrheit von uns in einem ständigen Zustand geistigen und emotionalen Aufruhrs. Das Spektrum Stress/Angst/Depression ist das verbreitetste Krankheitsbild unserer Zeit. Stress gilt nicht nur als Krankheit an sich, sondern auch als Ursache für beinahe alle anderen Krankheiten: von Krebs, koronaren Herzerkrankungen, über degenerative Erkrankungen im fortschreitenden Alter bis zu Erkältungen und Hautproblemen.

Neben den geistigen und emotionalen Stressoren (stressauslösenden Faktoren) wie instabile Partnerschaften, unsichere Arbeitsplätze, Geldsorgen, Fragen nach dem Sinn des Lebens und Sorgen um den Fortbestand unseres Planeten hat unser Körper auch auf beträchtliche physische Anforderungen zu reagieren.

Wir leben in einer toxischen »Brühe«, von Nikotin und Autoabgasen über Pestizide und Herbizide bis zu Lösungsmitteln, egal ob zu Hause, am Arbeitsplatz, in öffentlichen Gebäuden oder draußen an der »frischen« Luft, und haben obendrein noch mit Dingen wie starker Sonneneinstrahlung und genetisch veränderten Lebensmitteln und sogar genmanipulierten Stoffen in unseren Hautpflegemitteln zu tun.

Unter dieser toxischen Last kann auch das stärkste System zusammenbrechen. Mit dieser Belastung fertig zu werden, kann für unsere Schwachstellen, wozu in erster Linie Nebennieren und Schilddrüse, Leber, Bauchspeicheldrüse (Blutzucker) und Wirbelsäule gehören, starken Stress bedeuten. Diese nennen wir Ihre »Stress-Schwachstellen« *(Stress Weakness Points)*. In Kapitel 3 finden Sie ausführliche Checklisten, anhand derer Sie Ihre Schwachstellen ausmachen können, und Programme, um sie zu beseitigen.

Die Stress Weakness Points – die stressanfälligen Organsysteme

Stress schafft Schwachstellen in vielen Schlüsselbereichen – einschließlich Ihrer Hormondrüsen. Die stressanfälligsten Drüsen sind die Nebennieren und die Schilddrüse, aber auch Ihre Leber und Ihr Verdauungssystem können Ihnen Probleme bereiten. Der Großteil der Bevölkerung hat irgendwann im Leben Probleme mit dem Rücken, und viele Menschen leiden unter schwankendem Blutzuckerspiegel. Egal ob diese stressbedingten Schwächen bzw. Funktionsstörungen nun leichter oder ernster Natur sind, sie beeinträchtigen in jedem Fall das Wohlbefinden. Sind sie aber beseitigt, kann das sensationelle Folgen für Körper und Geist haben.

Folgende Systeme sind als »Haupt-Stress-Schwachstellen« identifiziert worden:

- Verdauungssystem
- Nebennieren
- Schilddrüse
- Leber
- Bauchspeicheldrüse (Blutzucker)
- Wirbelsäule

Vielleicht wundern Sie sich, dass Blutzuckerschwankungen hier angeführt werden. In der Tat wirkt Stress sich sehr stark auf den Blutzucker aus, und das Problem wird noch dadurch verschärft, dass alle Hormone in irgendeiner Weise durch Blutzuckerschwankungen beeinflusst werden. Wenn beispielsweise Ihr Blutzuckerspiegel abfällt (weil Sie eine Mahlzeit ausgelassen haben), kompensiert der Körper das Absinken durch die Ausschüttung des »Notstandshormons« Adrenalin aus den Nebennieren. Daraufhin wird in der Leber gespeicherte Glukose freigesetzt, und der Blutzucker steigt. Schwankt der Blutzucker stark, wirkt sich das auf die Ausschüttung praktisch aller Hormone aus.

Kein Biotyp ist vor irgendeiner Stressanfälligkeit geschützt. Die Symptome müssen nicht ernst sein, um Ihr Wohlbefinden zu beeinträchtigen; man kann sich auf verschiedenste Weise nicht gut fühlen, ohne genau sagen zu können, warum. Viele

Menschen sind einfach nur müde, andere klagen, dass ihnen »alles wehtut«, wieder andere fühlen sich niemals vollkommen gesund. Solche Probleme treten auf, weil gestresste Systeme verhindern, dass die Nahrung richtig verdaut und verwertet wird. Die gute Nachricht lautet aber, dass in den meisten Fällen einfache Veränderungen die Stressschwäche überwinden helfen; in manchen Fällen empfehlen wir jedoch, einen Arzt oder Heilpraktiker beizuziehen.

Soweit uns bekannt ist, wurden diese stressbedingten Funktionsstörungen noch von keinem anderen Ernährungsfachmann beschrieben, und diese zu erkennen und zu überwinden, kann das Wichtigste überhaupt sein, was Sie für Ihre Gesundheit und Ihr Glück tun können. Zusammen mit einer Ernährungsweise, die Ihrem ganz individuellen Biotyp entspricht, werden diese Maßnahmen dazu beitragen, Ihnen auf Dauer Gesundheit und Wohlbefinden zu schenken.

Wie Sie Ihren Biotyp erkennen

Wir haben die fünf Biotypen der Körpergröße nach geordnet, um Ihnen das Auffinden Ihres ganz individuellen Typs zu erleichtern – und nicht in evolutionsgeschichtlicher Reihenfolge:

Pfadfinder H (Hypophysen)-Typ
Jäger und Sammler S (Schilddrüsen)-Typ
Pionier N (Nebennieren)-Typ
Gärtner und Bauer K (Keimdrüsen)-Typ
Tänzer KH (Keimdrüsen-Hypophysen)-Typ

Pfadfinder
H (Hypophysen)-Typ

Jäger und Sammler
S (Schilddrüsen)-Typ

Pionier

Und so arbeiten Sie mit dem Fragebogen

Der Fragebogen ist einfach auszufüllen, oft hilft es jedoch, wenn ein Freund dabei ist, der Ihre Erscheinung/Figur objektiv beurteilen kann.

Schritt 1

Sehen Sie sich die Bilder der Biotypen an. Sie stellen die typische gesunde Figur eines jeden Biotyps dar. Die Illustrationen entsprechen vielleicht nicht Ihrem Bild von einem perfekten Körperbau, dennoch sind sie ideal – und was will man mehr? Welche Figur kommt Ihrer Figur am nächsten? Sie wissen, es gibt immer individuelle Unterschiede. Die Körpergröße ist ein guter Ausgangspunkt, wie Sie am ersten Bild erkennen können. Wenn Sie sich nicht wiederfinden, gehen Sie von der Figur aus, die Sie zu Ihrer besten Zeit – meist in den Mittzwanzigern – hatten.

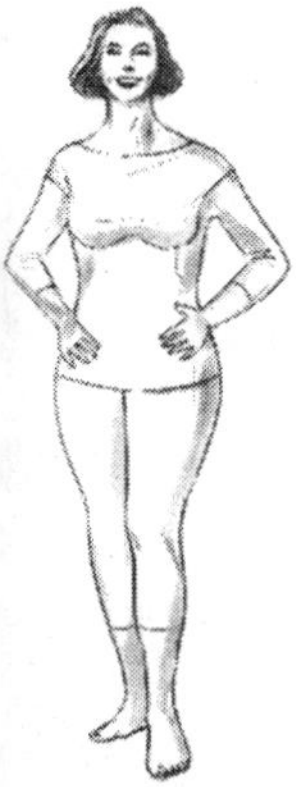

N (Neben-
nieren)-Typ

Gärtner und Bauer
K (Keimdrüsen)-Typ

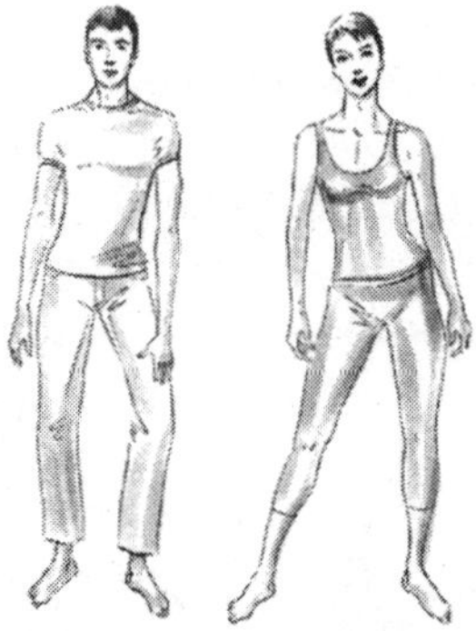

Tänzer KH (Keimdrüsen-
Hypophysen)-Typ

Schritt 2

Sind Sie übergewichtig, dann werfen Sie einen Blick auf Seite 29 auf die *Illustrationen: Fettverteilung.* Sie zeigen Ihnen, wo sich bei welchem Biotyp Körperfett typischerweise ansammelt. Denken Sie sich die überschüssigen Kilos weg und gehen Sie weiter zu Schritt 3, um festzustellen, welche Figur Sie haben.

Manche Menschen haben keine Fettpolster, entweder, weil das Körperfett gleichmäßig verteilt ist, oder weil sie untergewichtig sind. Andere Menschen haben untypische Fettpolster, die auf Besonderheiten, wie z. B. auf Verletzungen, der Einnahme bestimmter Medikamente, etwa Steroide, oder auf dem Verlust von nicht mehr genützter Muskelmasse z. B. durch beruflichen Wechsel beruhen (würde beispielsweise aus einem Bauarbeiter ein Bankbeamter, würden sich die ungenützten Muskeln in Speck verwandeln).

Wenn Sie zu Fettpolstern neigen, finden Sie neben den *Illus-*

trationen: Fettverteilung den Hinweis darauf, welches gestresste Organsystem in Ihrem Körper für das Übergewicht vermutlich zuständig ist. Das gilt natürlich nur, wenn Sie nicht von Junkfood leben und tortensüchtig sind.

Gewichtszunahme: *von Kopf bis Fuß*

Stressbedingte Schwäche: *mangelhafte Leberfunktion*

Dieses weiche, gleichmäßig verteilte Körperfett kann bis zu einem gewissen Grad bei jedem Typ vorkommen, in erster Linie aber beim eher kleinen Gärtner und Bauern. Von der Sanduhr zum Brotlaib – so ungefähr sieht die Gewichtszunahme bei Frauen aus, dazu gehören unweigerlich auch die gefürchteten Dellen und Polster an Hüften und Oberschenkeln. Männer sind am ganzen Körper weich gepolstert, oft wird die Brust größer.

Gewichtszunahme: *von den Ellbogen bis zu den Knien*

Stressbedingte Schwäche: *mangelhafte Schilddrüsenfunktion*

Diese Fettablagerungen finden sich nicht im Gesicht und am Hals, an Unterarmen und Händen, Knöcheln und Füßen – nur an Oberarmen, Rumpf, Hüften und Oberschenkeln, am deutlichsten ausgeprägt ist die Zunahme an Taille, Bauch und Hüfte.

Gewichtszunahme: *an Bauch und Po*

Stressbedingte Schwäche: *mangelhafte Nebennierenfunktion*

Im Gegensatz zu schilddrüsenbedingten Fettansammlungen sind die nebennierenbedingten meist fest und ohne Dellen. Der runde, feste »Bierbauch« ist ein typisches Nebennierenproblem. Frauen wiederum setzen ziemlich gleichmäßig vorn und hinten, an Bauch und Po, Fett an.

Schritt 3

Mit diesen ersten Überlegungen bewaffnet, können Sie nun den Biotyp-Fragebogen ausfüllen. Die kleinen Illustrationen helfen beim Erkennen der typischen Merkmale jeden Typs. Die meisten Kategorien gelten für Männer wie für Frauen; manche

Illustrationen: Fettverteilung

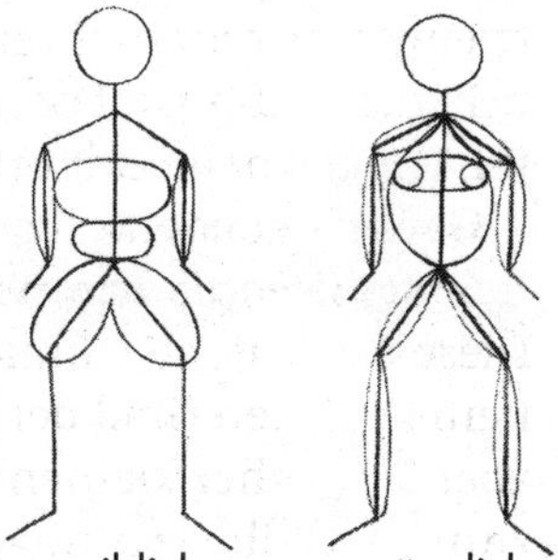
weiblich männlich

Gewichtszunahme:
von Kopf bis Fuß
Stressbedingte Schwäche:
mangelhafte Leberfunktion

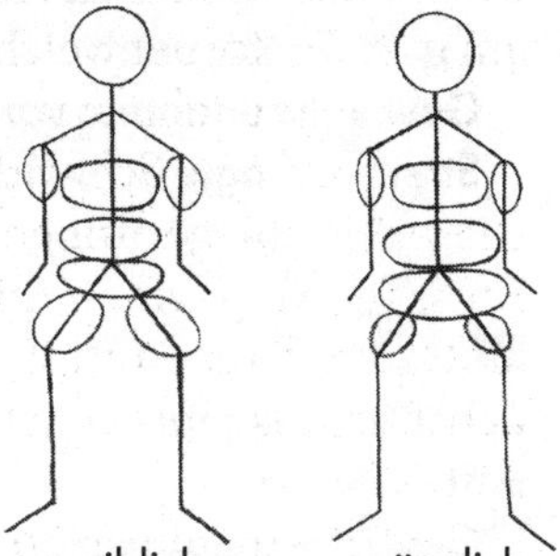
weiblich männlich

Gewichtszunahme:
von den Ellbogen bis zu den Knien
Stressbedingte Schwäche:
mangelhafte Schilddrüsenfunktion

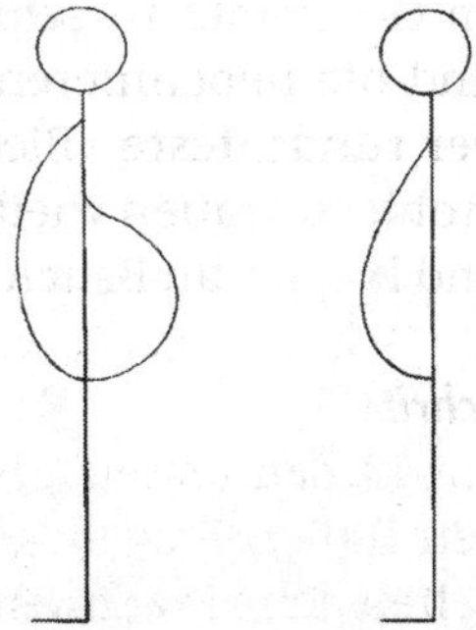
weiblich männlich

Gewichtszunahme:
an Bauch und Po
Stressbedingte Schwäche:
mangelhafte Nebennierenfunktion

gelten nur für eines der Geschlechter. Diese sind deutlich angegeben.

Kreuzen Sie in jeder Kategorie an, was auf Sie zutrifft. Halten Sie sich dabei Ihre optimale Figur vor Augen.

Betrachten Sie sich zunächst in einem großen Spiegel. Drehen Sie sich später zur Seite und studieren Sie Ihre Seitenansicht.

Der Schein trügt: Ist Ihre Taille verschwunden?

Wenn ein Biotyp passt und nur die Taille nicht stimmt, denken Sie ein paar Jahre zurück. Sehr wahrscheinlich haben Sie von Natur aus eine schlanke Taille, diese aber durch eine stressbedingte Organschwäche verloren

Fragebogen

1. *Körpergröße*

Sind Sie

- ☐ **A)** überdurchschnittlich groß?
  Männer: über 180 cm; Frauen: über 175 cm
- ☐ **B)** überdurchschnittlich groß oder größer?
  Männer: über 170 bis 180 cm; Frauen: 165 bis 175 cm
- ☐ **C)** durchschnittlich groß?
  Männer: 165 bis 175 cm; Frauen: 155 bis 172,5 cm
- ☐ **D und E)** unterdurchschnittlich groß?
  Männer: bis 170 cm; Frauen: bis 155 cm

2. *Hände*

Haben Sie:

- ☐ **A)** kräftige Hände, mit großen, ausgeprägten, hervorstehenden Gelenken und Knöcheln?

- ☐ **B)** klassisch geformte, lange Hände, mit grazilem Knochenbau und Fingern, die so lang sind wie die Handflächen?
- ☐ **C)** kräftige Hände mit eckigen, stumpfen Fingern?
- ☐ **D)** weiche, nicht knochige Hände, mit spitz zulaufenden, aber dicklichen Fingern?
- ☐ **E)** kleine, kräftige Hände mit zart wirkenden Fingern?

3. Kopf und Gesicht

Haben Sie:

- ☐ **A)** einen großen Kopf, ein großflächiges Gesicht mit ausgeprägtem Nasen- und Wangenbein und Kinn?
- ☐ **B)** ein langes, schmales Gesicht mit andeutungsweisen klassischen Zügen?
- ☐ **C)** eine eher rechteckige Stirn- und Augenpartie, darunter das Gesicht spitz zulaufend?
- ☐ **D)** einen Kopf, der im Verhältnis zum Körper eher groß wirkt, weiche, volle und/oder runde – keine prägnanten Gesichtszüge?
- ☐ **E)** einen Kopf, der im Verhältnis zum Körper eher klein wirkt, mit ebenmäßig und scharf gezeichneten Zügen (die oft als elfenhaft bezeichnet werden)?

4. Knochenbau

Haben Sie:

- ☐ **A)** lange, kräftige Knochen mit starken, hervorstehenden, ausgeprägten Gelenken?
- ☐ **B)** lange, grazile, vogelähnliche Knochen mit zarten Gelenken?
- ☐ **C)** kurze, kräftige, mittelschwere bis schwere Knochen und sehr kräftige Gelenke mit kräftigen Muskeln (besonders Bizeps, Oberschenkel- und Wadenmuskel)?
- ☐ **D)** kurze, dicke Knochen, aber eher grazil wirkende, jedoch kräftige Gelenke?

- ☐ **E)** kurze, grazil wirkende Knochen, die jedoch kräftig sind?

5. *Füße*

Haben Sie:

- ☐ **A)** lange, schmale Füße mit deutlich ausgeprägten Gelenken und langen, fast fingerähnlichen Zehen?
- ☐ **B)** eher lange Füße mit langen Zehen und zarten Knochen?
- ☐ **C)** breite, fleischige Füße, mäßig lange Zehen; die Füße werden zu den Zehen hin breiter, die Fersen sind oft schmal?
- ☐ **D)** kleine, weiche Füße, erinnern ein wenig an ein Baby oder Kleinkind, mit kurzen, rundlichen Zehen; die Füße sind gleichmäßig geformt, an den Fersen beinahe so breit wie an den Zehen?
- ☐ **E)** wie oben, nur werden die Füße zur Ferse hin schmäler?

6. *Brust und Rumpf/Oberkörper*

Frauen

Haben Sie:

- ☐ **A)** einen breiten Brustkorb mit kräftigem Schlüsselbein und mittelgroßen bis großen Brüsten?
- ☐ **B)** einen langen, recht zierlich wirkenden Brustkorb, von der Seite schmal, mit kleinen bis mittelgroßen Brüsten?
- ☐ **C)** einen breiten Brustkorb und Rumpf, von der Seite dick und wuchtig wirkend, mit mittelgroßen bis großen Brüsten (wie bei Schwimmern)?
- ☐ **D)** einen vollen, konturenlos wirkenden Brustkorb mit mittelgroßen bis großen Brüsten?
- ☐ **E)** einen schmalen, zierlich wirkenden Brustkorb mit mittelgroßen bis kleinen Brüsten (beinahe wie ein Teenager)?

Männer

Haben Sie:

- ☐ **A)** einen breiten Brustkorb mit kräftigem Schlüsselbein?
- ☐ **B)** einen langen, schmalen, eher zierlich wirkenden Brustkorb?
- ☐ **C)** einen breiten Brustkorb und Rumpf, der von der Seite ziemlich wuchtig wirkt, mit deutlich sichtbarer Muskulatur (wie bei Gewichthebern)?
- ☐ **D)** einen eher breiten, gewölbten, konturenlos wirkenden Brustkorb ohne erkennbare Muskulatur?
- ☐ **E)** einen schmalen Brustkorb mit leichten Knochen (beinahe jungenhaft)?

Drehen Sie sich nun und betrachten Sie sich von der Seite.

7. Allgemeiner Körperbau

Sehen Sie:

- ☐ **A)** einen langen, groß gewachsenen Körper, der eher konturenlos als konturiert ist, mit langen Beinen und kräftigen Gelenken?
- ☐ **B)** einen insgesamt hoch gewachsenen, schlanken Körper mit langem, feinem Rumpf und eher langen, wohlgeformten Beinen; einen eher feinen, zarten Knochenbau?
- ☐ **C)** einen kräftigen Rumpf mit kompakten, muskulösen Beinen, deutlich ausgeprägtem Gesäß und entsprechend ausgeprägter Brust?
- ☐ **D)** eine allgemein eher kleine Gestalt mit kurzen Beinen (im Verhältnis zum Körper), kaum sichtbaren Muskeln, deutlich ausgeprägtem Gesäß und entsprechend ausgeprägter Brust, bei Frauen ausgeprägte Taille und Hüften?
- ☐ **E)** einen relativ geraden, flachen Rumpf, der sehr jugendlich wirkt; der Körperbau wirkt grazil, ist aber sehr kräftig, mit drahtiger Muskulatur?

8. Ober- und Unterkörper

Vergleichen Sie nun Ober- und Unterkörper, ignorieren Sie dabei das Körperfett.

Frauen

Sehen Sie:

☐ **A)** einen Rumpf mit geraden Seiten, kaum ausgeprägter Taille und nur wenig hervortretenden Hüften?

☐ **B)** einen Rumpf mit leicht bis mäßig schmaler Taille und relativ stark ausgeprägten Hüften und Oberschenkeln?

☐ **C)** einen Rumpf, der oben breit ist, in der Taille nur wenig schmäler wird, einen Unterkörper mit kräftigen Beinen, Oberschenkeln, die Hüften sind ungefähr so breit wie der Oberkörper?

☐ **D)** eine Figur wie eine Sanduhr mit vollem Busen, gerundeten Hüften und Wespentaille; der Körper kann mit einer weichen, wässrigen Fettschicht bedeckt sein?

☐ **E)** einen zart wirkenden Rumpf und zarte Rippen, die Schultern gleich breit wie die Hüften, Taille kaum ausgeprägt; der Körper wirkt oft jung, beinahe wie der eines Teenagers, auch wenn das Gesicht das Alter widerspiegelt

Männer

Sehen Sie:

☐ **A)** einen Rumpf mit geraden Seiten und kaum ausgeprägter Taille; der kräftige Knochenbau ist deutlich sichtbar?

☐ **B)** einen Rumpf, der zur Taille hin leicht schmäler wird; einen von Natur aus schlanken Bauch mit kaum sichtbaren Muskeln?

☐ **C)** einen breitschultrigen Rumpf mit schmalerer Taille, sehr kräftigem Bauch und kräftigen Beinen und Oberschenkeln, die Hüften sind ungefähr so breit wie der Oberkörper?

☐ **D)** einen gerundeten Brustkorb mit geraden Seiten, mit einer weichen Schicht Körperfett bedeckt?

☐ **E)** Schultern, die so breit sind wie die Hüften, schmale Taille, zart wirkenden Rumpf und Brustkorb; der Körper wirkt oft jung, beinahe wie der eines Teenagers, auch wenn das Gesicht das Alter widerspiegelt.

Auswertung

Wenn Sie 6 oder mehr Punkte in einer Kategorie (A, B, C, D oder E) haben, dann gehören Sie zu dem entsprechenden Biotyp.

A = Pfadfinder
B = Jäger und Sammler
C = Pionier
D = Gärtner und Bauer
E = Tänzer

In Kapitel 2 finden Sie die Ernährungsrichtlinien für Ihren ganz individuellen Biotyp, mit Speiseplänen, Gerichten und Tipps; Sie erfahren, was Ihnen gut tut und was nicht. Wir werden Sie »rund um Ihren Typ« informieren und am Ende des Buches nennen wir Ihnen noch viele nützliche Adressen.

Was machen Sie, wenn Sie sich keinem Biotyp zuordnen können?

Wenn Sie 5 oder weniger Punkte in einer Kategorie haben, sehen Sie in Kapitel 3 nach und füllen Sie die Checklisten für die stressbedingten Organschwächen aus, weil Ihr Körpertyp mit großer Wahrscheinlichkeit von einem durch Stress ausgelösten Leiden gezeichnet ist. Das häufigste Symptom ist eine Gewichtszunahme, wie in diesem Kapitel bereits erläutert wurde (siehe Seite 27). Die wahrscheinlichen Ursachen für stressbedingte Schwächen sind auf Seite 36 aufgelistet.

Wenn Sie sich an das Programm zur Beseitigung Ihrer speziellen Funktionsstörung halten, wird Ihr Körper einen Gleichgewichtszustand erreichen. Ihre Leistungsfähigkeit wird sich steigern und Ihre Figur wieder die Ihrem Biotyp entsprechende Form annehmen. Beginnen Sie nach vier Wochen wieder mit Schritt 3 des Biotyp-Fragebogens und füllen Sie ihn wieder aus. Wenn Sie noch kein eindeutiges Ergebnis erzielen, wiederholen Sie das Ganze einmal im Monat.

Belastende Faktoren können Ihren Körperbautypus beeinflussen:

- Sie sind ein »Frühchen« – Frühgeburten entwickeln ihr natürliches Potenzial oft nicht vollständig; beispielsweise bleiben die Hände oder Füße klein.
- Sie waren den größten Teil Ihres Lebens übergewichtig.
- Sie haben ein Leben lang Schlankheitsdiäten gemacht.
- Sie sind krank, oder Sie haben ein chronisches gesundheitliches Problem, das Gewichtsabnahme verursacht.
- Sie haben im Übermaß mit Gewichten trainiert, ein umfangreiches Trainingsprogramm für eine andere Sportart, die sich auf den Körperbau auswirkt, durchgezogen. Schwimmen, Rugby, Fußball, Gewichtheben belasten beispielsweise Muskeln und Knochen; überentwickelte Muskeln können den Körperbau verändern. Es gibt auch andere, eher seltene Ursachen für überentwickelte Muskeln; so können beispielsweise die Finger von Flötenspielern länger werden, weil sie alle Klappen greifen müssen.
- Sie müssen Arzneimittel oder andere Substanzen einnehmen, die Ihre Figur verändern, den Anteil oder die Verteilung des Körperfetts beeinflussen. Zu diesen Substanzen gehören: Steroide und Hormone, die das Wachstum und die Entwicklung der Muskeln verändern; Chemo- oder Strahlentherapie, die muskelaufbauend wie auch muskelabbauend wirken,

oder harte Drogen, die die Muskeldichte verändern können. In diesem Fall sollten Sie mit den Checklisten für die stressbedingten Funktionsstörungen in Kapitel 3 fortfahren.

Die Merkmale der einzelnen Biotypen

Biotyp 1: ***Pfadfinder***
Drüse: ***Hypophyse/Hirnanhangdrüse***

Berühmte Pfadfinder

Jerry Hall	Uma Thurman
Venus Williams	Christina Dodwell
Cameron Diaz	
Ranulf Fiennes	Jeremy Paxman
Jeremy Vine	Liam Neeson
Bill Clinton	Duke of Edinburgh
Vinny Jones	Tom Hanks
Laurence Fishburne	

Pfadfinder sind Bahnbrecher, Wegbereiter – hart, selbstständig und unabhängig. Diese Führernaturen erobern neues Terrain, oft im Alleingang. Die Forschungsreisende Christina Dodwell, die sich allein in die entlegensten Gegenden begibt, ist ein typisches Beispiel eines modernen weiblichen Pfadfinders. Der Typ des groß gewachsenen Pfadfinders entwickelte sich vermutlich nach dem des Jägers und Sammlers, um den Bestand der Gemeinschaft zu sichern, wenn Krisen wie Hungersnöte eintraten und die Gruppe weiterziehen musste. Der neugierige, aber verträumte Jäger und Sammler erkundete vermutlich schon vor der Krisensituation neues Terrain. Im Ernstfall, wenn das Neuland gründlich erforscht werden musste, war jedoch ein praktisch veranlagter Pfadfinder gefragt, der den Weg für die Pioniere und Gärtner und Bauern frei machte. Es ist der Pfadfinder, auf den wir warten, wenn radikale Veränderungen vonnöten sind – der Jäger und Sammler entwickelt sie theoretisch, der Pfadfinder und der Pionier setzen die Neuerungen um, sind die Macher.

Körperbautypus

Zellen der Hypophyse bilden das Wachstumshormon, und daher beeinflusst diese Drüse das Wachstum von Knochen, Gelenken und Muskeln. Wenn Sie sich die Illustration (auf Seite 39) anschauen, fällt Ihnen zunächst die Körpergröße auf, die auf der Dominanz der Hypophyse beruht. Der Pfadfinder hat die schwersten Knochen; all seine Knochen – Stirn, Nase, Kinn, Brust, Knie usw. – sind kräftig. Typisch sind lange Hände mit großen, hervorstehenden Knöcheln. Durch ihre auffallende Körpergröße wirken Pfadfinder jedoch häufig dünn, oft sogar mager. Pfadfinder neigen zu Arthritis und dergleichen, hauptsächlich, weil sie erste Beschwerden meist ignorieren. Sie ziehen es vor, solche Probleme nicht zu beachten und zu hoffen, dass sie von selbst verschwinden.

Da Hypophysen- und Keimdrüsenfunktion auf den entgegengesetzten Enden der Stoffwechselwippe sitzen, haben weibliche Pfadfinder oft niedrige Östrogen- und/oder Progesteronspiegel und neigen zum prämenstruellen Syndrom (PMS). Wenn der Pfadfinder gesund ist, ist er unglaublich energiegeladen und steht mit den Hühnern auf und geht ans Werk.

Mentale und emotionale Aspekte

»Kann mich nicht beklagen«, das ist ein typischer Satz für einen Pfadfinder, egal ob Mann oder Frau. Pfadfinder sind entspannt und praktisch unerschütterlich, klassische Stoiker. Konfrontieren Sie sie mit einem Problem, packen sie es sofort

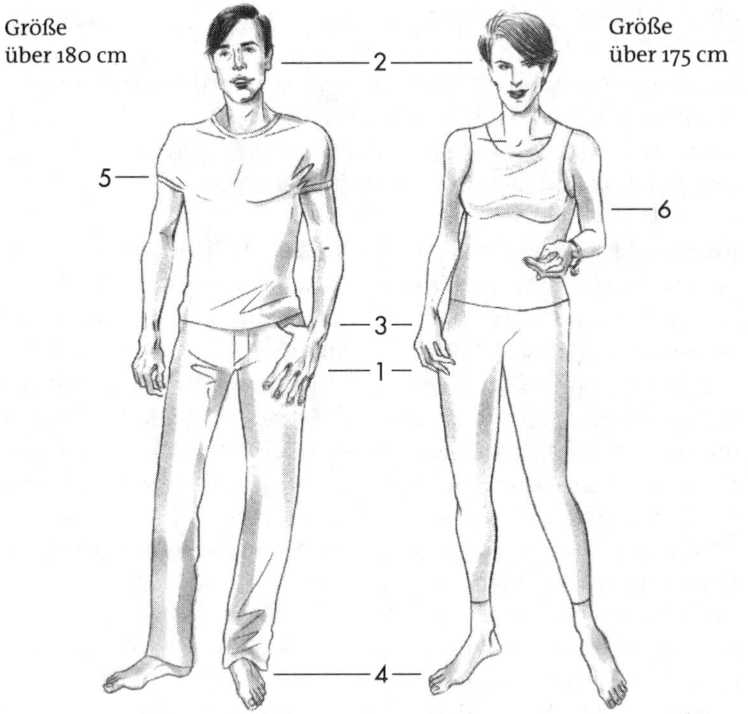

Der Pfadfinder: Großwüchsig, eher konturenlos als konturiert, mit langen Beinen und kräftigen Gelenken.

1 Kräftige Hände mit großen, hervorstehenden Gelenken und Knöcheln.
2 Ein großer Kopf, großflächiges und langes Gesicht, mit ausgeprägtem Nasen- und Wangenbein und Kinn.
3 Lange, kräftige Knochen mit starken, hervorstehenden Gelenken.
4 Lange, schmale Füße mit hervorstehenden Gelenken und langen Zehen, ähnlich wie Finger.
5 *Männer:* breiter Brustkorb mit kräftigem Schlüsselbein
6 *Frauen:* breiter Brustkorb mit kräftigem Schlüsselbein und mittel- bis großen Brüsten.

an und lösen es. Sie können von einem Tag auf den anderen Rauchen, Alkohol, Drogen oder den Liebhaber/die Geliebte aufgeben und ziehen den Entzug mit zusammengebissenen Zähnen durch. Sie sind meist freundlich, mögen mitunter gefühllos wirken, weil sie auf die emotionalen Bedürfnisse anderer zurückhaltend reagieren. Dank ihrer angeborenen Entschlossenheit, körperlich unverwundbar zu sein, ignorieren sie körperliche Probleme meist und können auch die Probleme anderer nicht verstehen. Typisch ist etwa folgende Einstellung:

Pfadfinder am Telefon zu einem fehlenden Mitarbeiter: »Wollen Sie damit sagen, Sie kommen nicht, weil Sie glauben, die Grippe erwischt zu haben? Ich habe letzte Woche mit einem gebrochenen Bein gearbeitet, und meine Frau/mein Mann/ mein Kind war im Krankenhaus.«

Es kann durchaus sein, dass der Pfadfinder Ihr Auto repariert, zum Teil weil er sich Sorgen um Ihre Sicherheit macht, zum Teil weil er es nicht ertragen kann, wenn Sie zu spät zu einer Verabredung mit ihm kommen.

Pfadfinder sind der Stille-Wasser-Biotyp: Sie beobachten alles, geben aber nichts preis. Wenn sie sich für ein Thema oder eine Person interessieren, werden sie zu Meistern des Details. Sie geben gute Industriebosse, Forscher und Führer jeder Art ab – nehmen Sie nur den Herzog von Edinburgh oder die Forschungsreisende Christina Dodwell. Da sie dazu neigen, keine Grenzen, egal welcher Art, zu akzeptieren, kann ihr Haltung gegenüber vielen Bereichen des Lebens – vom Beruf bis zur Liebe – geradezu visionär sein. Sie neigen dazu, das Leben meist schwarzweiß zu sehen: Der Pfadfinder hat Recht und, nun ja, Sie haben Unrecht. Daher sind sie auch hervorragende Rechtsanwälte oder Steuerberater.

Biotyp 2:	***Jäger und Sammler***
Drüse:	***Schilddrüse***

Berühmte Jäger und Sammler

Darcey Bussell	Rene Russo
Iman	Halle Berry
Diana, Princess of Wales	Elizabeth Hurley
Joseph Fiennes	Terence Stamp
Robert Carlyle	Richard Branson
Johnny Depp	

Wie schon gesagt – die ersten Menschen, die sich von Afrika aus aufmachten, den Rest der Welt zu bevölkern, waren vermutlich Jäger und Sammler. Im Jäger und Sammler sehen wir den ersten neugierigen Mensch und den ersten Typ der Evolution – Menschen, die am stärksten mit der Natur im Einklang stehen. Für sie ist Bewegung ein Instinkt und Teil ihrer grundlegenden Überlebensstruktur. Sie sind Nomaden und werden unruhig, wenn sie still sitzen sollen, weil sie dafür geschaffen sind, lange Strecken zurückzulegen und dabei Nahrung zu sammeln.

In Krisenzeiten, wenn Menschengruppen und Gesellschaften weiterziehen mussten, weil die Weiden abgegrast oder die Böden erschöpft waren (oder wenn in unserer Zeit neue Methoden in Landwirtschaft oder Geschäftsleben gefragt sind), waren die Jäger und Sammler in ihrem Element. Sie hatten das abgelegene grüne Tal hinter dem Berg bereits erkundet, einfach nur, weil sie wissen wollten, was dort war. Heute fühlen sich Jäger und Sammler oft dort am wohlsten, wo sie Neues entwerfen können, ehrgeizige Pläne, die sie dann gemeinsam mit den Pfadfindern und ihren Stellvertretern, den Pionieren, umsetzen, ehe die Gärtner und Bauern die langfristigen Aufgaben übernehmen.

Körperbautypus

Die Schilddrüse produziert das Hormon Thyroxin, das den Energie- und Grundumsatz, also die Geschwindigkeit, mit der die gespeicherte Energie verbraucht wird, bestimmt. Jäger und Sammler haben gewöhnlich einen niedrigen Puls und niedrigen Blutdruck und eine fast unermüdliche Ausdauer. Sie sind für ausdauernde Belastung geschaffen, wie Gehen, Laufen, Jagen und Sammeln, aber nicht fürs Gewichtheben.

Sie können stundenlang gehen, mit langen, beschwingten Schritten und graziöser Haltung. Ihr Durchhaltevermögen ist fast unbegrenzt, solange die Geschwindigkeit mäßig und konstant bleibt; wenn sie laufen, rennen müssen, geht ihnen jedoch sehr bald die Puste aus.

Jäger und Sammler leiden oft an chronischen Problemen wie Nacken- und Schulterschmerzen, verlegten Nasennebenhöhlen und Hautausschlägen. In ihrem körperlichen Ausdruck neigen sie zu Zurückhaltung: Sie bewegen sich und reden eher ruhig als laut, fassen lieber vorsichtig an und zu, als dass sie Menschen oder Dinge sofort und kräftig anpacken. Schon ein übermäßig starker Händedruck lässt einen Jäger und Sammler zurückschrecken.

Weibliche Jäger und Sammler sind häufig unter den Topmodels zu finden. Eine der auffälligsten Eigenheiten ist der lange Schwanenhals. Ihre Haut ist meist fein und trocken und tendiert zu Fältchen und Falten, wenn die Nahrung nicht ausreichend essenzielle Fettsäuren enthält, wie etwa fetten Fisch und Ergänzungspräparate mit Nachtkerzenöl und Leinsamen.

Mentale und emotionale Aspekte

Weibliche Jäger und Sammler sind meist sehr taktvoll, männliche haben eine gut entwickelte Sensibilität. Sie sind eher Träumer und Romantiker, und sie sind oft sehr kreativ. Sie sind gern unterwegs, ob es nun ein Spaziergang durch den Park am

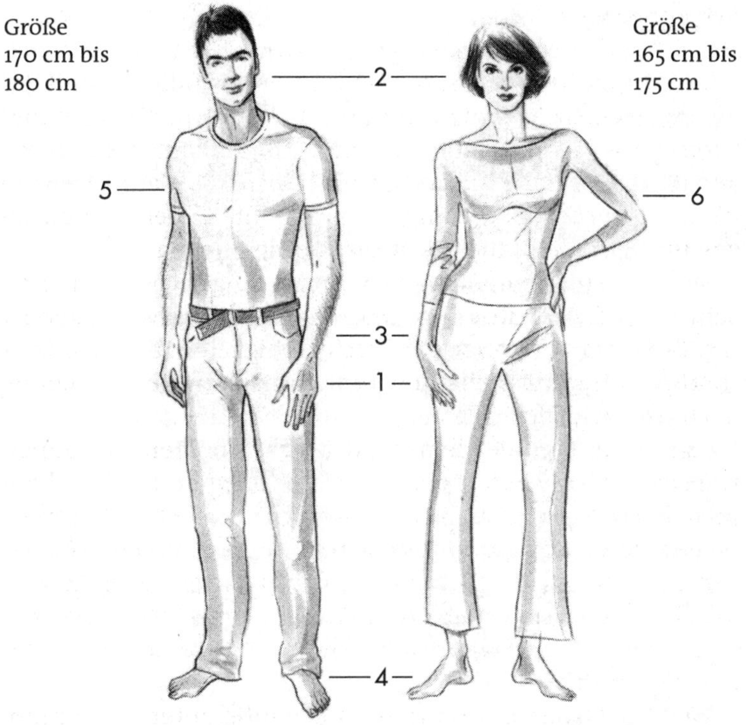

Der Jäger und Sammler: Insgesamt hoch gewachsen und schlank, der lange Rumpf passt harmonisch zu den relativ langen, wohlgeformten Beinen.

1 Klassisch geformte, lange Hände; graziler Knochenbau und Finger, die so lang sind wie die Handflächen.
2 Langes, schmales Gesicht mit andeutungsweise klassischen Zügen.
3 Lange, grazile, vogelähnliche Knochen mit zarten Gelenken.
4 Lange Füße mit langen Zehen und zarten Knochen.
5 *Männer:* langer, schmaler, eher zierlich wirkender Brustkorb.
6 *Frauen:* langer, recht zierlich wirkender Brustkorb, von der Seite schmal, mit kleinen bis mittelgroßen Brüsten.

frühen Morgen ist oder ein Trip nach Colorado in die Rocky Mountains. Ihre stark ausgeprägte Sinnlichkeit macht sie zu wahren Künstlernaturen; ihr Umfeld und ihre Arbeit sind daher meist phantasievoll, erfinderisch und attraktiv. Farben, Formen, Strukturen und Geräusche sind für sie sehr wichtig. Im Gegensatz zu den Pfadfindern sehen Jäger und Sammler die Dinge nicht nur schwarz und weiß, sondern in Grauschattierungen. Sie sind nachdenklich, brauchen Zeit zum Überlegen und haben keine schnellen Antworten parat. Oft verhandeln sie und schließen Kompromisse. Diese Verhaltensweisen legen manche – fälschlicherweise – als Ineffizienz oder Schwäche aus.

Sie können sich aber auch festbeißen, lassen nicht locker, bis sie die Angelegenheit in sanftem Ton, aber vollständig aufgeklärt haben. Sie werden schwer damit fertig, dass der Zuhörer bereits »Ja« gesagt hat, und fangen wieder von vorn an zu argumentieren, auch wenn das Gegenüber seine Zustimmung bereits gegeben hat. Ihre stark moralisch-mystische Veranlagung lässt sie nur schwer verstehen, dass andere sich in Dinge fügen, von denen sie nicht wirklich überzeugt sind, nur um ein ruhiges Leben zu haben.

Jäger und Sammler sammeln. Sie sammeln alles Mögliche, von Körben voller Obst und Gemüse über Kieselsteine, Federn, Briefmarken, Zeitungsausschnitte, bunte Bänder, Computerprogramme und CDs bis zu Dachböden voller Koffer, alter Fotos und so weiter. Sie sammeln alles nur Erdenkliche, oft sogar Menschen, ihre Anliegen und ihre Freundschaft. Jäger und Sammler sind meist charmant und gesellig und sehr einfühlsam. Ihre mystische Veranlagung verleiht ihnen oft heilende Fähigkeiten, sie müssen jedoch darauf achten, sich nicht zu erschöpfen.

Wenn es um Gefühlsbezeigungen geht, verhalten sie sich oft widersprüchlich: Manchmal geradezu demonstrativ körperbetont, sie fallen dir um den Hals und drücken dich. Ein anderes Mal sind sie zurückhaltend und kühl. Das hängt sehr vom Gegenüber ab. Jäger und Sammler neigen dazu, Probleme mit dem Kopf zu lösen – eine Supersache in der Mathematik und in Debatten, aber weniger hilfreich für Beziehungen. Sie kauen Ereignisse und Gespräche im Kopf immer wieder durch, wozu natürlich andere Personen nicht nötig sind. Das heißt wiederum auch, dass das Ergebnis nicht richtig sein muss. Auf der anderen Seite sind sie ausgezeichnete Zuhörer und hüten Geheimnisse sehr verlässlich.

Beruflich zieht es sie eher zu den Künsten – die ihrer kreativen Seite entgegenkommen –, zur Mathematik oder zur Musik. Sie legen Wert auf Präzision und ziehen Berufe vor, in denen ihr Einfühlungsvermögen und ihre Kommunikationsfähigkeit gefragt sind.

Biotyp 3: ***Pionier***
Drüse: ***Nebennieren***

Berühmte Pioniere

Catherine Zeta-Jones	Angelina Jolie
Meg Ryan	Susan Sarandon
Anne Bancroft	Tea Leoni
Richard Gere	Russell Crowe
Antonio Banderas	Bruce Willis
Mark Baldwin	Michael Flatley

Der Pionier ist ein sehr häufiger Biotyp. Dieser entschiedene und entschlossene Typ entwickelte sich über viele Generationen hinweg aus der Notwendigkeit, schwierige Situationen zu meistern. Er verfügt über ein unglaubliches Maß an Willensstärke und gibt niemals auf. Seine Mantra könnte lauten: »Vorwärts und aufwärts.«

Der Pionier gerät ins Blickfeld, wenn die Gemeinschaft, die Gesellschaft mit Hab und Gut, Kind und Kegel, Mann und Vieh, weiterziehen muss. Seine körperliche Kraft und Entschlossenheit ermöglichen es dem Pionier, die Last seiner Familie auf seine Schultern zu nehmen – manchmal im wörtlichen Sinn.

Der Pionier ist gefragt, wenn es ums Überleben geht, oder wenn ein Termin eingehalten werden muss. Dann ist er in seinem Element; er arbeitet ohne Pause, ohne zu fragen, macht einfach weiter. Er erwartet auch keinen Dank. Wenn Sie jemanden brauchen, der Sie aufbaut – dann rufen Sie einen Pionier. Er bringt Ordnung in Ihre Probleme, organisiert eine Party für Sie und unterhält Sie ganz nebenbei noch mit Witzen.

Körperbautypus

Die Nebennieren produzieren Adrenalin, das Kampf-oder-Flucht-Hormon, das den Urmenschen in die Lage versetzte, gegen Berglöwen, Säbelzahntiger oder gegnerische Stämme zu kämpfen. Pioniere platzen geradezu vor Konzentration und Energie, und in Notsituationen sind sie fähig durchzuhalten. Denken Sie an die männlichen und weiblichen Pioniere, die mit ihren Wägen in Amerikas Westen vordrangen. Pioniere sind Sprinter, die mit größtmöglicher Geschwindigkeit kurze Strecken zurücklegen und dann plötzlich stehen bleiben. Pioniere sind Menschen, die mitunter während des Abendessens einschlafen. Sie können so rasch abschalten, wie sie in Gang kommen. Pioniere leiden häufig an Abnützungserscheinungen, beispielsweise an Knien oder Rücken; sie sind auch die klassischen Patienten für stressbedingte Krankheiten, die sie dank ihrer angeborenen Ungeduld niemals vollständig ausheilen lassen. Sie neigen zu Herzproblemen und müssen besonders auf der Hut sein, weil sie suchtgefährdet sind.

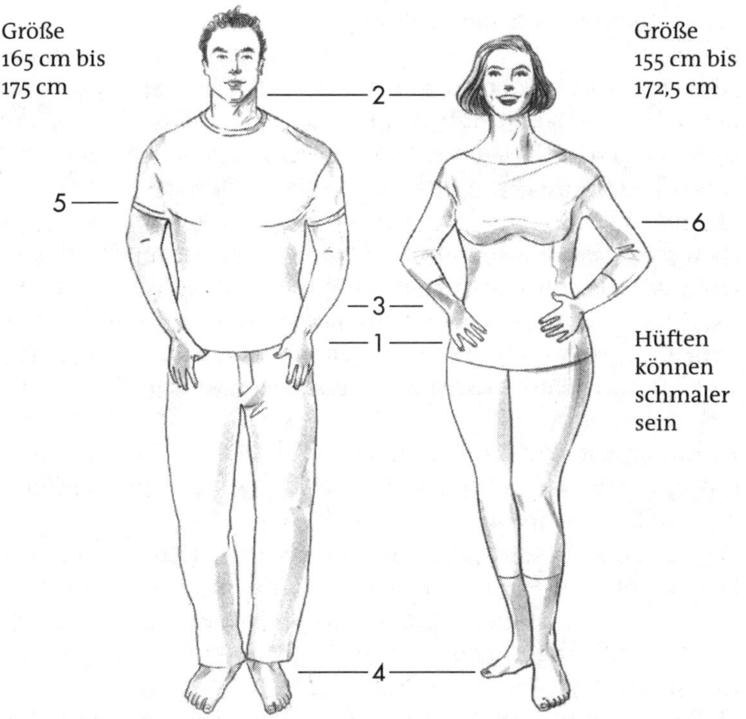

Der Pionier: Kräftiger Rumpf mit kompakten, muskulösen Beinen und deutlich ausgeprägtem Gesäß und entsprechend ausgeprägter Brust.

1 Kräftige Hände mit eckigen, stumpfen Fingern.
2 Recheckige Stirn- und Augenpartie, darunter das Gesicht spitz zulaufend.
3 Kurze, kräftige, mittelschwere bis schwere Knochen und sehr kräftige Gelenke mit kräftigen Muskeln, besonders Bizeps, Oberschenkel- und Wadenmuskel.
4 Breite, fleischige Füße, mäßig lange Zehen; die Füße werden zu den Zehen hin breiter, die Fersen sind oft schmal.
5 *Männer:* breiter Brustkorb und Rumpf, der von der Seite ziemlich wuchtig wirkt, mit deutlich sichtbarer Muskulatur (wie bei Gewichthebern).
6 *Frauen:* breiter Brustkorb und Rumpf, von der Seite dick und wuchtig wirkend, mit mittelgroßen bis großen Brüsten (wie bei Schwimmern).

Mentale und emotionale Aspekte

Pioniere sind das Salz der Erde. Sie arbeiten – und spielen – gern im Team (denken Sie an die Go-West-Trecks) in Situationen, wo ihnen bestimmte Aufgaben auferlegt sind. Männliche Pioniere sind meist der Inbegriff von Männlichkeit, sie sind stark, furchtlos, verlässlich und autark. Obwohl diese Kerle grundsätzlich Frauen mögen und schätzen, fällt es ihnen oft schwer, gefühlsmäßig Kontakt zu ihnen herzustellen. Weibliche Pioniere sind, wie weibliche Gärtner und Bauern, meist gut im Organisieren und fröhliche Kämpfernaturen: diejenigen, die mit dem Wagen weiter gegen Westen fuhren, wenn die Männer umgekommen waren und es von allen Seiten Pfeile hagelte. In unserer Zeit organisieren sie alles, von Festen und Wohltätigkeitsbällen über Sporttage für Kinder bis zu Konferenzen. Pioniere sind zielorientiert, sie überwinden jedes Hindernis, bis sie ihre Aufgabe erfüllt haben. Dieser Drang zum Weitermachen beeinträchtigt jedoch mitunter die Qualität der Entscheidungen, sie sind daher nicht unbedingt Führungspersönlichkeiten. In den meisten Fällen bewähren sie sich auf der zweiten Führungsebene und sind sagenhaft gut im Organisieren und Motivieren, wenn ihnen die Richtung vorgegeben ist.

Pioniere sind beständig und treu, Freunde fürs Leben. Romantische Jäger und Sammler leiden allerdings mitunter darunter, dass ein Pionier das nur einmal sagt: »Du weißt doch längst, dass ich dich liebe, ich habe es dir schon vor 20 Jahren gesagt!« Wichtig ist auch, dass sich diese Gegensätze – der Jäger und Sammler und der Pionier – oft gegenseitig anziehen!

Pioniere ziehen einfache Speisen vor, ihre Hobbys sind sportlicher Natur. Im Gegensatz zum sinnlichen Jäger und Sammler könnten Pioniere leicht in einem Hotelzimmer leben, ihre Häuser sehen oft auch so aus – blitzblank, tipptopp aufgeräumt, mit wenig eigener Note und kaum Schnickschnack. In anderen Fällen nehmen sie gar nicht wahr, wo sie leben, weil sie ohnehin nur zum Schlafen, Duschen und Umziehen nach Hause kommen. In diesem Fall sieht das Heim eher aus wie eine Müllhalde.

Schließen Sie aus der praktischen Veranlagung des Pioniers aber nicht, er hätte keine romantische und kreative Seite – sie muss nur erst entdeckt werden.

Biotyp 4: ***Gärtner und Bauer***
Drüse: ***Keimdrüsen***

Berühmte Gärtner und Bauern

Ivana Trump	Drew Barrymore
Sophia Loren	Gillian Anderson
Dolly Parton	Sarah Michelle Geller
Barbara Windsor	
Sir Anthony Hopkins	Robin Williams
Mel Gibson	Bob Hoskins

Gärtner und Bauern sind zwar meist energiegeladen und lebendig, repräsentieren aber dennoch den eher statischen Aspekt des Menschen. Wenn eine Gruppe, eine Gesellschaft neues Weideland gefunden hatte, musste sie versorgt werden, und nun waren die Gärtner und Bauern an der Reihe. Sie sind die natürlichen Nährväter: Sie pflanzen, sie züchten und sie vermehren sich. In unserer Zeit findet man diesen Biotyp häufig in Sozial- und Pflegeberufen. Er nimmt die Verantwortung bereitwillig und klaglos auf sich und macht seine Sache ausgezeichnet. Zivilisationen gründen sich auf die Stabilität der Gärtner und Bauern.

Körperbautypus

Die Keimdrüsen produzieren die Geschlechtshormone Testosteron, Östrogen und Progesteron. Der Gärtner- und Bauern-

Typ ist an seinem runden, weichen Körperfett und an den stark ausgeprägten Geschlechtsmerkmalen zu erkennen, er wirkt fruchtbar bzw. mütterlich, besonders die Frau mit ihrer sanduhrähnlichen Figur. Männer haben oft eine starke Körperbehaarung auf Brust und Nacken, Rücken, Armen und Handgelenken. Wenn sie an Gewicht zulegen, erhält ihr Gang oft ein ganz eigenes stolzes Watscheln.

Gärtner und Bauern neigen zu schlechter Ernährung und damit zur Gewichtszunahme; aus diesem Grund sind sie anfällig für Rücken- und Knieleiden. Aufgrund ihrer dominierenden Hormone haben Frauen dieses Typs häufig mit PMS zu kämpfen.

Gärtner und Bauern können ihre Figur durch extremes Training verändern – dann sehen sie aus wie ihr Gegenstück, der Tänzer –, sobald sie jedoch mit dem Training aufhören, wird die Figur wieder üppig.

Mentale und emotionale Aspekte

Bauern und Gärtner haben meist eine starke Libido und ein fürsorgliches Wesen. Sie sind der Inbegriff des Nährenden und in pflegenden und hegenden Berufen zu finden, als Arzt, Krankenpfleger/schwester, Lehrer, Sozialarbeiter, Büroleiter, Koch, Vollzeit-Vater/Mutter und natürlich als Gärtner und Bauer. Sie sind diejenigen, die darauf schauen, dass alle genug zu essen und zu trinken haben und nachts gut schlafen. Gärtner und Bauern verfügen meist über eine enorme Begeisterungsfähigkeit. Sie sind oft in die Liebe verliebt, verlieben sich rasch und lieben leidenschaftlich. Sie beschützen ihre Familien hingebungsvoll: Drohen Sie einem ihrer Kinder, und Sie haben es augenblicklich mit einem Löwen/Löwin zu tun. Gärtner und Bauern sind loyal und verlässlich, fleißig und aufopfernd, aber sie verzeihen schwer.

Gärtner und Bauern neigen dazu, ihren eigenen Wert zu un-

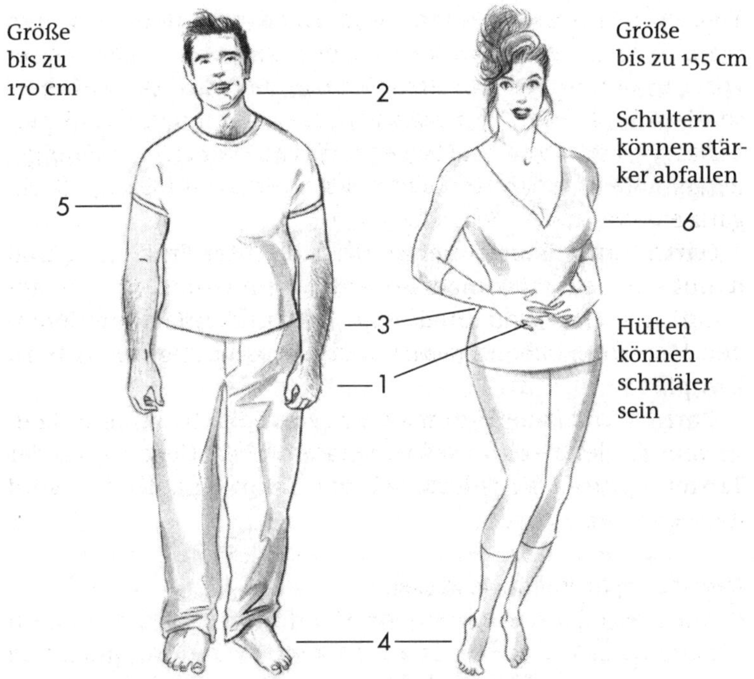

Der Gärtner und Bauer: Kleine Gestalt, kurze Beine (im Verhältnis zum Körper), kaum sichtbare Muskeln, ausgeprägtes Gesäß und Brust, ausgeprägte Taille und Hüften bei Frauen.

1 Weiche, nicht knochige Hände mit spitz zulaufenden, aber dicklichen Fingern.
2 Kopf, der im Verhältnis zum Körper eher groß wirkt, weiche, volle und/oder runde – keine prägnanten Gesichtszüge.
3 Kurze, dicke Knochen, aber eher grazil wirkende, jedoch kräftige Gelenke.
4 Kleine, weiche Füße mit kurzen, stumpfen Zehen; an Ferse und Zehen gleich breit.
5 *Männer:* breiter, gewölbter, konturenloser Brustkorb ohne erkennbare Muskulatur.
6 *Frauen:* voller, konturenlos wirkender Brustkorb, mittelgroße bis große Brüste.

terschätzen, daher arbeiten sie hart und gewissenhaft und gönnen sich kaum Pausen. Dieser Biotyp arbeitet jeden Tag bis spät in die Nacht hinein, kehrt nach der Grippe als Erster wieder an seinen Arbeitsplatz zurück und übernimmt freiwillig anderer Leute Arbeit. So viel Einsatz kann zu stressbedingten Krankheiten führen.

Gärtner und Bauern sind ausgezeichnete Zuhörer und rücksichtsvolle Zeitgenossen – können aber auch zum Klatschen neigen. Sie sind selten Märtyrerfiguren, denn ihre positive Ausstrahlung kommt auch in den schwierigsten Situationen zum Tragen. Sie können das Leben in vollen Zügen genießen – und dabei eine ganze Party mitreißen.

Gärtner und Bauern sind im Innern ihres Wesens sehr häuslich. Sie konzentrieren ihre Energie auf den Bereich, in dem sie mit ihrer Familie leben. Sie sind häufig imagebewusst und sammeln gern allerlei Schnickschnack – von Porzellan über Gemälde bis zu Pappschachteln voller kleiner Kostbarkeiten. Schmuck sammeln beide Geschlechter gern. Dieser Biotyp ist sehr gastfreundlich. Er wird Sie ziemlich sicher zu einem gemütlichen Plausch am Kamin mit einer Tasse Kaffee und selbst gebackenem Kuchen einladen. Sein Kühlschrank ist voll, der Vorratsschrank enthält alles für Notfälle. Er weiß immer, wo das Heftpflaster ist, wenn jemand sich eine Schürfwunde zuzieht, und er sorgt auch dafür, dass immer Heftpflaster da ist. Aber erwarten Sie nicht zu viel Mitleid: Der Gärtner und Bauer ist äußerst fürsorglich, aber er erwartet Gehorsam, also bitte keinen Unfug!

Dieser Biotyp ist der Angelpunkt der Familie, er hält den Kontakt zu Eltern und Kindern, sogar zu entfernten Kusinen. Sein soziales Gewissen zeigt sich eher im kleinen Kreis als im großen – er kümmert sich eher um einen kranken Nachbarn als um weit hergeholte Probleme.

Biotyp 5:	***Tänzer***
Drüse:	***Hypophyse und Keimdrüsen***

Berühmte Tänzer

Winona Ryder	Ann Robinson
Christina Ricci	Lucy Liu
Deborah Bull	
Tom Cruise	Michael J. Fox
Jasper Conran	

Der Tänzer ist evolutionsgeschichtlich gesehen der jüngste Biotyp – er ist vor etwa 30 000 bis 40 000 Jahren entstanden und das Ergebnis der Vermischung zweier Biotypen – des Pfadfinders und des Gärtners und Bauern. Auch heute noch können Sie diese beiden Biotypen auf der Straße zusammen wandeln sehen: beispielsweise einen hünenhaften, durchtrainierten Sportler Hand in Hand mit einem zarten Dolly-Parton-Typ, der ihm kaum bis zur Brust reicht. Klinische Studien zeigen, dass diese beiden sehr oft, wenn auch nicht immer, Tänzer-Kinder in die Welt setzen.

Der Unterschied zwischen den Tänzern und den anderen Biotypen (Pfadfinder, Jäger und Sammler, Pionier und Gärtner und Bauer) liegt in der Tatsache begründet, dass die vier als Antwort auf die Anforderungen eines Lebens in der Wildnis mit wilden Tieren oder auf eine neue Eiszeit entstanden. Tänzer sind der Inbegriff des Städters. Sie entwickelten sich aus einer gewandelten sozialen Kultur heraus, als die Menschen begannen, ein eher strukturiertes, dauerhaftes Lebensgefühl zu entwickeln und in stabilen Gemeinschaften zu leben, Dörfer, Städte, Königreiche und später Weltreiche gründeten. Tänzer sind charmante und entschlossene Typen mit einem ausgeprägten Sinn für Humor. Sie verbinden die dynamische Natur des Pfadfinders, die sie zum Überleben in großen Gemeinschaften benötigen, mit der Stabilität des Gärtners und Bauern. Sie sind äußerst anpassungsfähig und flexibel und antworten sehr schnell auf soziale und umgebungsbedingte Anforderungen.

Die Menschheit ist nach wie vor in Entwicklung begriffen, und für die kommenden Jahrzehnte und Jahrhunderte ist ein Rückgang der ursprünglichen Überlebens-Typen und die Entstehung weiterer Kombinationen zu erwarten.

Körperbautypus

Der Tänzer ist der einzige Biotyp, der zwei dominante Drüsen und somit zwei hormonelle Wirkungsweisen in sich vereinigt, und zwar die Hypophyse (wie der Pfadfinder) und die Keimdrüsen (wie der Gärtner und Bauer). Beim Tänzer ist die Hypophyse nicht für die Körpergröße verantwortlich (der Tänzer ist der kleinste Biotyp), sondern für kräftige Knochen und Bänder. Die Keimdrüsen liefern die Sexualhormone, die den Tänzern ihr typisches graziles Aussehen verleihen, hinter dem eine überdurchschnittliche körperliche Kraft verborgen ist: Tänzer sind Schmetterlinge aus Stahl.

Balletttänzer sind das beste Beispiel: Sie wirken geradezu überirdisch, wenn sie über die Bühne schweben, sind körperlich aber so stark wie Bantamgewichtsboxer. Sie können unglaubliche körperliche Torturen durchstehen, leiden aber in der Folge auch darunter. Sie neigen zu Gelenkschäden und Muskelschmerzen mit chronischen Leiden wie Nacken- oder Rückenschmerzen.

Mentale und emotionale Aspekte

Der kleine, feurige Tänzer ist oft ein höchst amüsanter, unterhaltsamer Zeitgenosse – und äußerst schlagfertig. Beruflich ist er vielseitig. Er ist oft auf künstlerischen oder anderen kreativen Gebieten erfolgreich, für die Kraft, Hingabe und Disziplin in gleichem Maße gefragt sind. Ihr eigener Antrieb lässt Tänzer

Größe
bis zu
170 cm

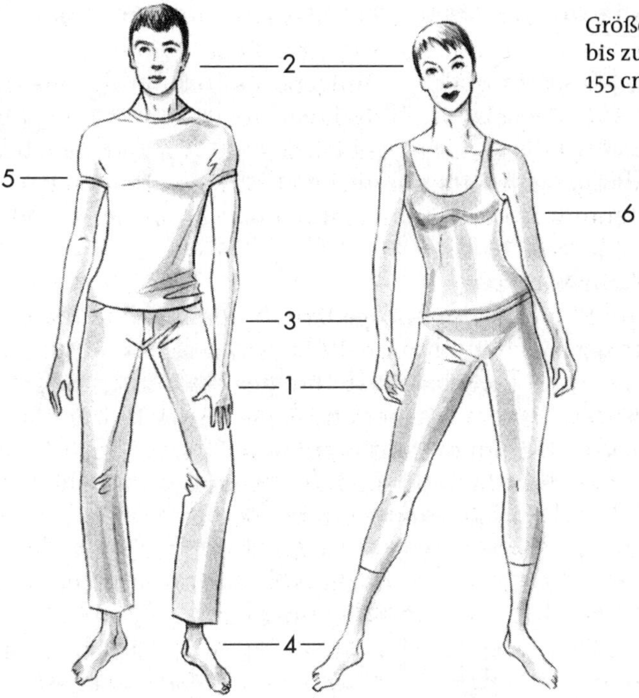

Größe
bis zu
155 cm

Der Tänzer: Relativ gerader, flacher Rumpf, der sehr jugendlich wirkt; der Körperbau wirkt grazil, ist aber sehr kräftig, mit drahtiger Muskulatur.

1 Kleine, kräftige Hände mit zart wirkenden Fingern.
2 Kopf, der im Verhältnis zum Körper eher klein wirkt, mit ebenmäßig und scharf gezeichneten Zügen (werden oft als elfenhaft bezeichnet).
3 Kurze, grazil wirkende Knochen, die jedoch kräftig sind.
4 Kleine, weiche Füße, die zur Ferse hin schmaler werden.
5 *Männer:* schmaler Brustkorb mit leichten Knochen (beinahe jungenhaft).
6 *Frauen:* schmaler, zierlich wirkender Brustkorb mit mittelgroßen bis kleinen Brüsten (beinahe wie ein Teenager).

bis an die Spitze vordringen, wo sie dann oft plötzlich alles hinschmeißen und sich anderen Dingen zuwenden. Tänzer lassen sich häufig von der Stimmung des Augenblicks tragen, zeigen sich allem gewachsen und machen dann ihren Abgang, wann es ihnen passt. Sie neigen auch in ihren Gefühlen zur Unberechenbarkeit, wechseln von einem Moment auf den anderen von sensibel und liebevoll zu unberührt, sogar schroff.

Tänzer sind in mancher Hinsicht widersprüchlich, zum Teil, weil sie zwei Typen in sich vereinen. Sie haben einen eisernen Willen und meinen, angetrieben von der Hypophysen-Dominanz des Pfadfinders, sie könnten mit allem fertig werden. Aber die Dinge können ihnen über den Kopf wachsen, sodass die Keimdrüsen des Gärtners und Bauern unter extremer Belastung nicht mehr mithalten können.

Ihr schwacher Punkt ist die Neigung zur Sucht, die sich in unterschiedlicher Weise äußern kann, von Suchtverhalten – in beinahe jedem denkbaren Bereich, vom Einkaufen über die Arbeit bis zur Liebe und zum Sex – bis zu ausgeprägten Suchtkrankheiten wie Alkoholismus, Drogensucht oder Essstörung. Sie beschäftigen sich exzessiv mit einer Sache oder Person, wollen alles darüber wissen, um sie dann plötzlich fallen zu lassen wie eine heiße Kartoffel und sich ganz anderen Dingen zuzuwenden.

Das Leben eines Tänzers mag wie ein Tollhaus erscheinen, er sucht aber auch die Ruhe. Der Tänzer ist kühl und verschlossen – bis er explodiert. Seine Persönlichkeit neigt dann dazu, die »Bombe platzen zu lassen«.

Die Kommunikationsfähigkeit ist gut, Tänzer finden es aber schwierig, mit Menschen zu verhandeln, die ihren Standpunkt nicht verstehen. Eine typische Aussage für einen Tänzer in einer schwierigen Situation ist etwa: »Ich habe es ihm/ihr schon gesagt, aber er/sie versteht mich nicht; es ist sinnlos, mit ihm/ihr auch nur darüber zu reden.«

Tänzer haben es gern einfach, solange es anspruchsvoll genug ist – genau wie sie selbst. Im Haus eines Tänzers werden sie vermutlich Shaker-Möbeln und Gebrauchsgegenstände von Philippe Starck oder ähnlich klare Design-Linien vorfinden. Was das Auftreten betrifft, sind Tänzer sehr selbstbewusst und achten sorgsam auf ihr Aussehen. Sie orientieren sich an der neuesten Mode, kreieren jedoch keine eigenen Trends (das entspricht wieder mehr dem verträumten, kreativen Jäger und Sammler).

So wie die Balletttänzer, von denen sie ihren Namen haben, sind Tänzer leichtfüßig – und zwar körperlich und geistig, wendige Charaktere, die in jeder Situation die Komik erkennen können und auch bei dunklen Wolken den Silberstreif am Horizont sehen.

2
Die fünf Biotyp-Diäten – Ernährung nach der Natur

Das Adam & Eva-Schlankheitsprogramm bringt Erfolg, weil es einfach ist. Wie schon gesagt, bildeten sich durch die Anpassung an die sich wandelnden Lebensbedingungen im Lauf der Evolution des Menschen unterschiedliche Biotypen heraus, und jeder dieser Biotypen gedeiht mit einer anderen Kost. Das ist, kurz zusammengefasst, das Grundprinzip dieser Diät.

Da es nur eine Hand voll Nahrungsmittelgruppen gibt – Fleisch, Fisch, Gemüse/Salat/Früchte, Getreide, Nüsse und Samen –, und da wir alle – mehr oder weniger – zur selben Zeit unsere Mahlzeiten einnehmen, mögen die Unterschiede marginal erscheinen. Lassen Sie sich nicht täuschen! Kleine Umstellungen können radikale Veränderungen mit sich bringen. Bevor wir uns den einzelnen Ernährungsplänen zuwenden, haben wir uns mit einigen allgemeinen Richtlinien zu beschäftigen. Konzentrieren wir uns zu allererst auf die Genussmittel. Sie sollen wissen, dass Sie sich täglich eine Leckerei und ein Genussmittel gönnen können! Vielleicht möchten Sie das gar nicht, aber wenn Sie möchten, dann ist das okay. Und weiter sollten Sie bedenken, dass die Ratschläge für Auswahl und Zubereitung der Nahrungsmittel zwar keine ehernen Gesetze sind, Sie werden sich aber umso besser fühlen und umso mehr Erfolge erzielen, je konsequenter Sie sich an das Programm halten.

Lust und Genuss

Alkohol: Sie werden feststellen, dass Alkohol in der Kategorie »Meiden Sie nach Möglichkeit« erscheint, aber wer nicht ohne auskommt, sollte sich sein tägliches Glas guten(!) Wein gönnen – eventuell mit Mineral- oder Sodawasser gespritzt.

Kaffee: Kaffeeliebhaber können sich täglich ein bis zwei Tassen frisch zubereiteten Kaffee aus ökologischer Produktion (das ist wichtig) gönnen, vorzugsweise morgens, damit die Nachtruhe nicht beeinträchtigt wird. Am besten wäre koffeinfreier Kaffee, aber machen Sie sich deswegen nicht verrückt. Wer keinen koffeinfreien Biokaffee bekommen kann (Sie sollten es ernsthaft versuchen), nimmt Produkte, die mit Wasser entkoffeiniert werden (nicht mit Äthanol). Alle koffeinfreien Kaffees und Tees aus ökologischer Produktion werden mit Wasser entkoffeiniert, was bedeutet, dass Sie weniger Chemikalien zu sich nehmen.

Schokolade: Wenn Sie während der ersten 14 Tage Ihrer Biotyp-Diät Lust auf Schokolade verspüren, entscheiden Sie sich für Karobprodukte aus dem Reformhaus oder Naturkostladen. Dann können Sie sich pro Tag mit einem oder zwei Stück Bioschokolade verwöhnen, wenn Sie möchten. Lassen Sie sie langsam auf der Zunge zergehen, um sie wirklich zu genießen. Auf Seite 68 und in Kapitel 8 finden Sie einige Vorschläge für gesunde Leckereien – köstliche, befriedigende Alternativen.

Freie Tage: Machen Sie alle zwei Wochen einen oder zwei halbe Tage Urlaub von Ihrer Diät. Essen Sie Frühstück und Mittagessen wie gewohnt und essen und trinken Sie für den Rest des Tages, was Sie wollen.

Und nicht zu vergessen:

- Essen Sie, wann immer es möglich ist, frische, nicht verarbeitete(!) Biolebensmittel (siehe Seite 62 f.). Das schließt auch Fleisch und Milchprodukte mit ein. Wir erwähnen die Biolebensmittel bei den folgenden Ernährungsplänen nicht immer ausdrücklich, empfehlen Ihnen aber, Bioprodukte, wo immer es geht, den konventionellen, den Industrieprodukten vorzuziehen. Ökologische Erzeugnisse sind den konventionellen in jeder Hinsicht überlegen, und das kann, was Ihre Gesundheit angeht, ein großer Unterschied sein.
- Kartoffeln sind ein relativ »neues« Knollengemüse und sollten von allen Typen eher sparsam verzehrt werden. Sie gehören daher nicht in die Kategorie »Wurzel- und Knollengemüse«, wenn sie nicht ausdrücklich angeführt werden.
- Essen Sie regionale und saisonale Nahrungsmittel.
- Versuchen Sie, alle konventionellen Schweinefleischprodukte (wie Pasteten, Schinken und Speck) zu meiden, auch frisches Schweinefleisch, weil Schwein meist noch mehr Zusätze enthält als anderes konventionell erzeugtes Fleisch; Schweinefleisch hat auch einen hohen Fettgehalt. Gelegentlicher Biospeck- oder Schinkengenuss ist jedoch kein Problem.
- Meiden Sie stark verarbeitete Produkte wie Konserven, Instant- und Fertigprodukte. Sie haben meist einen geringeren ernährungsphysiologischen Wert und enthalten oft zusätzlichen Zucker und Salz. Ausnahmen bilden einige Fischkonserven (Tiefseefisch wie Thunfisch und Sardinen), die sofort eingefroren oder in Dosen konserviert werden und daher relativ frei von Zusätzen und Verunreinigungen sind.
- Bekommen Sie kein frisches Obst oder Gemüse, nehmen Sie Tiefkühlware, sie ist okay. Die Palette von tiefgekühlten Bioprodukten ist mittlerweile ziemlich groß.

- Viele Menschen vertragen die modernen Weizensorten und Weizenprodukte nicht. Versuchen Sie alte Getreide wie Dinkel, Emmer, Kamut und Quinoa (siehe Seite 69), sie sind im Reformhaus und bereits in vielen Naturkostläden und Supermärkten erhältlich. Diese Getreide lösen weniger häufig allergische oder Unverträglichkeitsreaktionen aus.
- Verwenden Sie Bioöle (kaltgepresstes Olivenöl, extra vergine). Kochen Sie im Wok. Meiden Sie Frittieren: Es kann den Kaloriengehalt mancher Speisen um bis zu 1500 Prozent erhöhen. Außerdem enthält Frittiertes jede Menge freie Radikale (die mit ernsthaften Zellschädigungen in Zusammenhang gebracht werden, die z. B. zu Krebs und Herzerkrankungen führen).
- Denken Sie daran, dass Kaffee und Tee aus konventioneller Produktion mit größeren Mengen Kunstdünger, Herbiziden und Pestiziden behandelt werden als alle anderen Lebensmittel – greifen Sie also zu Biomarken, wo immer möglich.
- Achten Sie darauf, dass aromatisierte Tees und Getränke keine künstlichen Aromastoffe oder Zusätze enthalten.
- Alle Biotypen profitieren von frisch gepressten Biogemüsen und Biofrüchten; siehe das Kapitel *Frisch gepresste Säfte bringen den Stoffwechsel in Schwung*, das Ihnen Kombinationsideen und ein gutes Entschlackungsprogramm empfiehlt. Eigentlich sollten alle Biotypen frischen Saft zum Frühstück oder zwischendurch trinken.

Warum Biolebensmittel?

Die Naturheilkundemediziner vertreten die Auffassung, dass gute Nahrung die Grundlage für Leben und Gesundheit ist und unser Leben die Qualität der Nahrung widerspiegelt. Geben Sie Ihrem Körper die bestmögliche Nahrung, und er wird es Ihnen mit blühender Gesundheit lohnen.

Frische, naturbelassene, nicht verarbeitete Lebensmittel sind immer die besten, aber Biolebensmittel sind die allerbesten. Wir empfehlen biologische Produkte nicht so sehr wegen ihres Nährstoffgehalts, sondern vielmehr weil sie deutlich weniger (und in den meisten Fällen keine) Chemikalien enthalten.

Wir leben in einer dicken Brühe von Chemikalien verschiedenster Art. Jede Substanz für sich genommen mag nicht schädlich sein, aber alle zusammen können einem Chemiewaffenangriff gleichkommen. Wenn wir die Wahl haben – wie bei der Nahrung –, macht es Sinn, sich für die gesündeste Variante zu entscheiden. Wir verwenden unsere körperliche Energie nicht besonders effizient, wenn unser Organismus einen Teil der aus der Nahrung aufgenommenen Nährstoffe dafür einsetzen muss, die synthetischen Zusätze derselben loszuwerden. Nehmen Sie den Supermarkt-Apfel: Er kann bis zu fünfzigmal gespritzt worden sein, bevor er im Regal landet, und er hat vermutlich davor einige Zeit in einem LKW verbracht. Er wurde vielleicht mit Wachs und anderen Chemikalien behandelt, damit er sein schönes Aussehen behält und länger im Regal liegen kann. Bis wir ihn verzehren, ist der Vitamin- und Mineralstoffgehalt dieses Apfels vermutlich beinahe null, und was noch an Nährwert übrig ist, benötigt unser Körper, um die Chemikalien unschädlich zu machen, mit denen dieser Apfel behandelt wurde. In Wahrheit haben wir von diesem Apfel also gar nichts.

Wenn wir Lebensmittel aus konventioneller Produktion essen – sowohl pflanzliche als auch tierische –, riskieren wir, gleichzeitig eine Mischung chemischer Substanzen aufzunehmen, ohne dass uns jemals jemand gefragt hätte, ob wir das wollen. Einzelne Substanzen werden getestet und für »unbedenklich« befunden, die Kombination dieser Substanzen wurde jedoch niemals getestet, sie kann durchaus unbekannte und langfristige Auswirkungen auf unseren Körper haben. Pflanzliche Nahrungsmittel können Rückstände von Düngern, Pestiziden und Herbiziden enthalten. Industriell gezüchteten Tieren werden routinemäßig Medikamente verabreicht, um Krankheiten vorzubeugen und Ertrag und Gewicht zu erhöhen. Dazu gehören die Antibiotika in der Rinderzucht, die sowohl der Krankheitsvorbeugung als auch der Wachstumsförderung dienen, und die antimikrobiellen Wirkstoffe beim Geflügel. Eier aus herkömmlicher Landwirtschaft (auch Freilandeier) können ebenfalls chemische Rückstände enthalten. Besonders bedenklich ist Fleisch eines Industrieschweins und Produkte daraus, weil Schweinefleisch zusätzlich einen hohen Fettanteil hat, der ein optimaler Speicher für Toxine aller Art ist, die damit an den Konsumenten weitergegeben werden.

Es gibt noch andere, offensichtliche Bedenken gegen »Tierfabriken«, in denen die Tiere mit den fein gemahlenen Überresten anderer Tiere gefüttert werden. Vielen Pflanzenfressern wird eine Ernährung mit tierischem Eiweiß aufgezwungen. Aus genau diesem Grund ist BSE entstanden. Die Krankheit hat, soweit wir wissen, die Artenschranke überschritten und bis zu dem Zeitpunkt, zu dem dieses Buch geschrieben wurde, den Tod von 99 Menschen verursacht.

Die ökologische Landwirtschaft ist bestrebt, ohne Kunstdünger und chemisch-synthetische Pestizide und Nitrate auszukommen, das heißt, sie belastet weder Boden noch Frucht noch Wasser und Luft, im Gegenteil, sie sorgt für fruchtbaren Boden und fördert Artenvielfalt. Biovieh wird nicht routinemäßig und prophylaktisch mit Medikamenten behandelt, Erkrankungen jeder Art werden häufig mit homöopathischen Mitteln und Heilkräutern (sogar mit Akupunktur und Chiropraktik) kuriert. Außerdem kann ein biologisches Nahrungsmittel keine unerlaubten künstlichen Zusätze enthalten, da die Einhaltung der strengen Vorschriften ständig von den zuständigen Behörden überprüft wird. Wer sich für Bioprodukte entscheidet, kann sicher sein, dass sie so frei von Toxinen sind, wie es ein modernes Nahrungsmittel nur sein kann.

Das Diktat von Werbung und Industrie

Die Auswahl unserer Nahrungsmittel wird uns heute zu einem großen Teil von Werbung und schlechter Ernährungsberatung diktiert. Bevor Sie mit dem Adam & Eva-Schlankheitsprogramm beginnen, sollten Sie die wichtigsten Fakten über unsere Lebensmittel kennen und den Grund, warum ein Umdenken und Handeln nötig sind.

Alles in Butter

In der Werbung heißt es, verzichten Sie auf Butter und nehmen Sie Margarine, das senkt den Cholesterinspiegel. Margarine ist aber ein künstliches Produkt und enthält gehärtete Fette, die der Organismus nur schwer zerlegen und verwerten kann. Außerdem liefert sie gefährliche »Transfettsäuren«, die mit vielen gesundheitlichen Problemen, auch mit Krebs, in Zusammenhang gebracht werden.

Butter ist dagegen ein Naturprodukt, das Vitamine, Enzyme Fette und Mineralstoffe enthält, die für eine gute Gesundheit unerlässlich sind. Entscheiden Sie sich für Butter, wo immer es möglich ist, und greifen Sie zu Biobutter, dann ist der Unterschied noch größer. Es sei noch kurz erwähnt, dass einige der neuen Margarinen nicht konventionell produziert sind und über die gesundheitlichen Vorteile reiner, hochwertiger Pflanzenöle verfügen. Diese Margarinen haben wir für Sie im Anhang im Kapitel *Der Vorratsschrank – Lebensmittel für alle fünf Biotypen* (siehe Seite 303) aufgelistet.

Rein, weiß und schädlich

Raffinierter, weißer Zucker hat, ebenso wie Weißmehl, keinen ernährungsphysiologischen Wert; er liefert nur rasch verfügbare Energie in Form einfacher Kohlenhydrate. Die meisten wertvollen Substanzen in Zucker und Mehl wurden bei der Herstellung entfernt. (Ironischerweise wird der wertvolle Teil des Weizens dann als »gesundes« Kleieprodukt vermarktet.)

Isst man raffinierte Lebensmittel regelmäßig, enthält man dem Körper nicht bloß Nährstoffe vor, man gefährdet auch seine Gesundheit allgemein. Viele Menschen leiden heute an Verdauungsstörungen, weil sie Weizen oder Gluten nicht vertragen, oder an Problemen mit dem Blutzucker (wie etwa reaktiver Hypoglykämie), weil unsere Ernährung auf zu vielen raffinierten Kohlenhydraten aufgebaut ist – besonders auf zu viel weißem Zucker.

Wir verputzen im 21. Jahrhundert in zwei Wochen die Menge Zucker, die unsere Vorfahren im 18. Jahrhundert pro Jahr verzehrten. Diese Steigerung auf 2600 Prozent hat gewaltige Auswirkungen auf die Körperchemie. Unser Organismus ist für diese toxische Belastung nicht ausgelegt.

Reduzieren Sie die Belastung, und Ihre Gesundheit wird sich augenblicklich verbessern.

Das ist wissenschaftlich erwiesen. Forschungen belegen eindeutig, dass eine Ernährung nach unseren Richtlinien langfristig der Vorbeugung degenerativer Erkrankungen sowie von Krebs und Herzerkrankungen dient.

Gentechnisch veränderte (modifizierte) Lebensmittel

Über Jahrtausende hinweg hat der Mensch sich die natürlichen Gesetze der Natur in der Landwirtschaft zu Nutze gemacht. Landwirte und Gärtner hatten immer einen Blick dafür, welche Pflanzen robuster waren und mehr Erträge brachten, und wählten diese Sorten dann für die weitere Nutzung aus. Nach denselben Prinzipien ging man bei Nutztieren vor, so wurden Kühe größer, Pferde schneller, und Schafe produzierten mehr Wolle. (Verglichen mit den landwirtschaftlichen Erträgen im Mittelalter sind unsere ausgesprochen üppig.) Gegen diese Art der Agrarwissenschaft ist nichts einzuwenden, sie arbeitet mit natürlicher Auswahl und Kreuzung und bringt Pflanzen und Tiere hervor, die den veränderten Bedürfnissen und Bedingungen angepasst sind.

Gentechnisch veränderte Nahrungsmittel repräsentieren jedoch eine radikale Abkehr von den Naturgesetzen. Die Gentechnik greift ins Erbgut ein. Künstlich werden Gene anderer Arten in das Erbgut einer Pflanze eingebracht. Diese Technik wird bereits seit über 25 Jahren angewendet, hauptsächlich in der Pharmaindustrie, in den letzten Jahren aber verstärkt auch bei Nutzpflanzen und sogar bei Tieren. Ziel ist es, die jeweilige Nutzpflanze oder das Nutztier auf unterschiedliche Weise zu verändern, und zwar immer aus kommerziellen Gründen, die mit Nährwert und Gesundheit nichts zu tun haben. So kann die gentechnische Veränderung Pflanzen resistent gegen bestimmte Schädlinge machen oder weiche Früchte länger haltbar. Zu diesem Zweck wurden beispielsweise menschliche Gene in Fische eingebracht und Skorpiongene in Tomaten.

Obgleich die Verfechter der Gentechnik (fast alle haben wirtschaftliche Interessen) schwören, der Vorgang wäre exakt und ungefährlich, wird das von vielen anderen, unabhängigen Experten bestritten. Man kann nicht genau vorhersagen, welche die Nebenwirkungen sein werden oder welche Langzeitfolgen dieser immens beschleunigte unnatürliche Vorgang haben wird.

Die Biologie unseres Körpers ist nicht darauf ausgelegt, mit gentechnisch veränderten Lebensmitteln fertig zu werden, es gibt keinen natürlichen Vorgang, der diese Hybriden dekodieren und aus dem System entfernen kann. Gegenwärtig können wir keine genetisch veränderten Lebensmittel empfehlen. Bioprodukte sind auf keinen Fall gentechnisch verändert; das Bioprodukt ist per Gesetz tabu.

Süße Leckereien

Der Nachtisch ist keineswegs gestrichen, Sie können aus einer Vielzahl von Möglichkeiten wählen, wie es den Vorschlägen für Ihren Biotyp entspricht. Die folgenden Desserts sind für alle Typen geeignet.

- Frisches Obst
- Fruchtschale (siehe Seite 291)
- Früchtetraum (siehe Seite 292)
- Rote Früchte (rote Johannisbeeren, Erdbeeren und Himbeeren – frisch oder tiefgekühlt) mit drei bis vier Teelöffeln saurer Sahne, Frischkäse, Hüttenkäse oder Joghurt
- Melonenwürfel (alle Sorten) in fettarmem Naturjoghurt mit frischer Minze und/oder Zimt
- Trockenobst, eingeweicht und gedämpft, warm oder kalt, mit saurer Sahne, Frischkäse, Hüttenkäse oder Joghurt (in der Saison durch Rhabarber ersetzen, aber nicht aus Konserven)
- Wassermelone und Kiwi (oder andere erlaubte frische Früchte), in Scheiben, überlappend angeordnet.

Gute Getreide

Unsere Getreide sind die Samen und Früchte von Gräsern. Sie tragen die Kraft des Keimlings in sich, der sich zu einer neuen Pflanze entfalten möchte. Ganze Getreidekörner – sie bestehen aus Frucht- und Samenschale, Aleuronschicht, Keimling und Mehlkörper – sind reich an Ballaststoffen, komplexen Kohlenhydraten, Vitaminen und Mineralstoffen. Beim Mahlen wird jedoch die äußere Schicht und oft auch der Keim (beides zusammen bildet die Kleie) entfernt. Dabei gehen etwa 22 Nährstoffe verloren, von denen einige dem Mehl dann wieder zugesetzt werden müssen, wobei dieser Vorgang auf irreführende Weise als »Anreichern« bezeichnet wird. Die Kleie umfasst die äußeren Schalen des Getreidekorns, in denen B-Vitamine, Proteine, Fette und Mineralstoffe sowie viele Ballaststoffe enthalten sind, ebenso den Keim, der reich an Protein, mehrfach ungesättigten Fettsäuren, Vitaminen und Mineralstoffen ist.

Dinkel, Emmer und Kamut sind alte Formen des Weizens, die in der Antike in Ägypten und im Mittelmeerraum kultiviert wurden. Sie waren die Grundnahrungsmittel der römischen Legionen auf ihren Feldzügen. Diese alten Getreide enthalten mehr Eiweiß und weniger Gluten als die modernen Formen.

Quinoa, eine alte getreideähnliche Pflanze, war den südamerikanischen Inkas heilig, sie war so nahrhaft, so köstlich und so wichtig für ihr Überleben, dass sie sie als »chesiya mama« oder »Mutterkorn« bezeichneten. Die Samen des Quinoa sind äußerst nahrhaft, reich an Vitamin A, Eiweiß und Ballaststoffen und enthalten besonders viel von der Aminosäure Lysin sowie Kalzium, Phosphor, B-Vitamine und Vitamin E.

Ausgestattet mit einem Grundwissen über gesunde Ernährung können wir uns nun der individuellen Ernährung für Ihren Biotyp zuwenden.

Tipp für alle Typen

Stellen Sie ein Glas Mineralwasser mit einer Scheibe Zitrone auf Ihren Nachttisch, damit Sie es morgens gleich nach dem Aufwachen trinken können. Wenn Sie es nachts trinken, machen Sie sich morgens nach dem Aufwachen noch ein Glas heißes Wasser mit einer Zitronenscheibe. Wer lieber kaltes Wasser trinkt, presst die Zitrone aus, damit auch ein wenig Saft darin ist, nicht nur der Geschmack.

Ihre individuelle Biotyp-Diät

Pfadfinder

Das Grundprinzip der Pfadfinder-Diät ist die Stabilisierung der Hypophysenfunktion und der Ausgleich der Hormonschwankungen der Nebennieren und der Schilddrüse (die durch ein Übermaß an raffinierten Kohlenhydraten verursacht werden).

Was Ihnen gut tut: eine klassische Allergie-Diät

Pfadfinder kommen am besten mit einer klassischen allergenarmen Diät zurecht: reich an magerem, fettarmem Eiweiß (mit Geflügel, Fisch und etwas rotem Fleisch), Salat und grünem Gemüse, mit einigen komplexen Kohlenhydraten. Vom Menschen veränderte Lebensmittel, wie etwa raffinierte Kohlenhydrate (weißer Zucker und weißes Mehl), bekommen dem Pfadfinder nicht; er sollte auch Gluten, Milch und Milchprodukte meiden (mit Ausnahme von Butter und Joghurt).

Speziell für den Pfadfinder

Der Biotyp des Pfadfinders wird von der Hypophyse dominiert. Er mag gern Milchprodukte wie Eiscreme, Milch und Käse. Damit kann er allerdings einen Teufelskreis in Gang bringen. Das Hormon Prolaktin in der Milch kann die Hypophyse übermäßig stimulieren, was zu einem noch größeren Verlangen nach Milchprodukten führt. Wer in diesen Teufelskreis hineingerät, wird wahrscheinlich arthritische Erkrankungen und Übergewicht entwickeln.

Der Pfadfinder neigt auch zu unregelmäßigem Essen – oft nimmt er 24 Stunden gar nichts zu sich, lebt nur von Kaffee und Zigaretten – und überisst sich dann an fettreichen Dingen: »Dreimal Pommes mit Mayo, bitte.« Und – diese drei Portionen sind im Nu verschlungen: Pfadfinder neigen daher zu Verdauungsproblemen, wie sie in Kapitel 4 besprochen werden.

Mit zunehmendem Alter bevorzugen Pfadfinder Lebensmittel mit mildem Geschmack. Das einzige Leiden, das dieser Typ gern zugibt, ist ein »empfindlicher Magen«. Viele mild schmeckende Lebensmittel sind natürlich Milchprodukte, was arthritische Erkrankungen verschlimmert und zur Entstehung einer weichen, rundlichen Schicht von wässrigem Fett führt.

Der Stoffwechsel läuft beim Pfadfinder am schnellsten von allen Biotypen ab, er kann Gewicht unglaublich rasch verlieren, aber auch zunehmen. Aus Sicht der Evolution betrachtet, brauchte der Pfadfinder, um diesen Stoffwechsel aufrechtzuerhalten, immer konzentrierte Nahrung, wie den beliebtesten Schnellimbiss der amerikanischen Ureinwohner, Pemmican, eine kräftige Mischung aus gemahlenen Nüssen, Wild und Fett. Pfadfinder brauchen regelmäßig Nahrungsmittel, die langsam verdaut werden (siehe unten), und sollten in jede Mahlzeit Eiweiß (pflanzliches oder tierisches) einbauen. Kohlenhydrate sind als volles Korn erlaubt, wenn es komplexe Kohlenhydrate sind, wie etwa Mais, Weizen, Gerste, Hafer und so weiter. Denn die äußere Schicht der Getreidekörner enthält lebenswichtige Nährstoffe, darunter Vitamin E und essenzielle Fettsäuren (EFS).

Komplexe Kohlenhydrate werden langsamer aufgenommen und halten daher länger vor. Stellen Sie sich den Unterschied zwischen »langsamen« komplexen Kohlenhydraten und rasch aufgenommenem Junkfood ungefähr so vor wie den Unterschied zwischen einem Kohlefeuer und brennendem Papier.

Trotz seines starken Willens fällt es dem Pfadfinder vielleicht schwer, seine Ernährung umzustellen, beispielsweise seinen Eiweißanteil zu erhöhen. Nicht wenige Pfadfinder werden Vegetarier oder sogar Veganer, besonders wenn sie krank sind. Wenn Sie Vegetarier oder Veganer sind, müssen Sie besonders auf eine ausreichende Eiweißversorgung achten (siehe Seite 105 f.). Eine kohlenhydratreiche Ernährung bedeutet für einen Pfadfinder häufig eine Schwächung, weil Nebennieren und Hypophyse dadurch ständig überlastet werden. Die mittelbaren Auswirkungen unterdrücken die Schilddrüse.

Essen Sie reichlich

Wählen Sie abwechselnd einige dieser Nahrungsmittel:

- Eiweiß: Huhn, Perlhuhn, Pute und anderes Geflügel und Wild; fettreichen Fisch wie Lachs, Lachsforelle, Thunfisch, Makrele, Hering, Sardine; pflanzliches Protein: Tofu, Tempeh.
- Rohe Nüsse und Samen: Pinienkerne, Sonnenblumenkerne, Leinsamen, Kürbiskerne, Haselnüsse, Mandeln, Walnüsse

- Grünes Gemüse, das über der Erde wächst, 90 Prozent gegart, 10 Prozent roh

Trinken Sie reichlich
- Mineralwasser
- Kräutertee

Essen Sie maßvoll
- Mageres rotes Fleisch (aber nicht Schweinefleisch oder -produkte, mit Ausnahme von Schinken oder Speck aus biologischer Landwirtschaft gelegentlich)
- Vollkorngetreide: braunen Reis, Weizen, Roggen, Hafer, Hirse, Gerste, Dinkel, Emmer, Kamut und Quinoa
- Frisches Obst (meiden Sie Zitrusfrüchte, wenn Sie zu Arthritis neigen)
- Andere Gemüse, etwa Möhren, Knoblauch und Zwiebel, aber keine großen Wurzel- und Knollengemüse wie Kartoffeln, Pastinaken, Kohlrüben, weiße Rüben und Knollensellerie
- Oliven-, Maiskeim- und Leinöl
- Butter
- Naturjoghurt aus lebenden Kulturen

Trinken Sie maßvoll
- Koffeinfreien Kaffee und Tee (immer mit Wasser entkoffeiniert und aus biologischer Produktion; siehe Seite 60)
- Frisch gepresste Fruchtsäfte, nach Wunsch mit Kräutern gewürzt

Meiden Sie nach Möglichkeit
- Milchprodukte (außer Butter und Naturjoghurt)
- Margarine
- Raffinierte Kohlenhydrate: alle Zucker (darunter Galaktose, Glukose, Maltose, Saccharose, Fruktose und Honig); Weiß-

mehlprodukte wie Kuchen und Kekse, Weißbrot, Stärke und stärkehaltige Verdickungsmittel
- Stärkereiche, große Wurzel- und Knollengemüse wie Kartoffeln, Pastinaken, Kohlrüben, weiße Rüben und Knollensellerie

Was isst man wann

Pfadfinder kommen gut mit einfachen, natürlichen Speisen zurecht, die nicht verändert wurden. Typisch ist eine Überempfindlichkeit gegen Milchprodukte und raffinierte Produkte, die Gluten enthalten (wie Brote, Nudeln, Kuchen, Kekse, Pasteten usw. aus Industrieproduktion). Das Angebot an glutenfreien Produkten in Naturkostläden, Reformhäusern und Apotheken ist in den letzten Jahren sehr viel größer geworden, es gibt bereits zu vielen herkömmlichen Produkten glutenfreie Alternativen.

Der Pfadfinder kann zu jeder Mahlzeit Eiweiß essen. Merken Sie sich dieses alte Sprichwort: Iss morgens wie ein Kaiser, mittags wie ein König und abends wie ein Bettelmann!

Frühstück: Essen Sie ein ausgiebiges, eiweißreiches Frühstück mit Vollkorn und/oder Nüssen und Samen. Zum Beispiel Eier, Fisch, Geflügel, Vollkorn- oder Knäckebrot, ein Biosteak.

Vorschläge

- Pochierte Eier auf Vollkorntoast
- Rühreier mit Räucherlachs
- Bückling mit Butterbrot
- Pochierter, ungefärbter Schellfisch mit Butterbrot
- Käse auf Roggenbrot
- Tofu, in wenig Olivenöl gebraten
- Klassisches Bircher-Müsli (siehe Seite 294) mit extra Nüssen und Samen, über Nacht in Apfel- oder Traubensaft einge-

säuren, wie etwa tierische Fette (siehe Seite 145), meiden; Nahrungsmittel mit einem hohen Anteil an ungesättigten Fettsäuren, wie Olivenöl und Avocados, tun Ihnen gut.

Jäger und Sammler essen gern im Freien; nehmen Sie Ihre Mahlzeiten also nach Möglichkeit an einem Platz mit einer schönen Aussicht ein, auf einem Balkon oder im Garten; planen Sie öfter mal ein Picknick oder Ähnliches. Versuchen Sie, Ihre Mittagspause im Freien – in einem Park oder am Flussufer – zu verbringen.

Speziell für den Jäger und Sammler

Stellen Sie sich vor, Sie machen in Ihrer Gegend einen langen Fußmarsch, und zwar vor etwa 50 000 Jahren. Anstelle von Straßen und Gebäuden, Autos und Lastwagen ziehen Sie über Ebenen, gehen an Flüssen und Seen entlang, durch Auland und dichte Urwälder, über Hügel und Berge. Jeden Tag legten die Jäger und Sammler, Männer wie Frauen, ihre Kleidung aus Leder an, nahmen Speer und Rucksack und machten sich auf den Weg. Kleine Tiere wurden mit dem Speer erlegt und im Rucksack verstaut; Grünpflanzen, Nüsse, wilde Getreidegräser, Früchte und Samen kamen dazu. Abends versammelten sich die Jäger und Sammler ums Feuer und aßen die rohen Pflanzen und die Nüsse. Die schwer verdaulichen Dinge – Fleisch, Getreide und Samen – garten sie über Nacht in der Asche; bis zum Morgen hatten sie einen kräftigen, nahrhaften Getreidebrei und gegartes mageres Fleisch. Sobald sie gegessen hatten, machten sie sich wieder auf den Weg. Mittags gab es das restliche Fleisch mit ein wenig Grünzeug und Obst.

Wenn der von der Schilddrüse dominierte Jäger und Sammler gesund und fit ist, sorgt die reichliche Produktion von Schilddrüsenhormonen (die den Stoffwechsel regeln) dafür, dass er natürlich schlank bleibt. Da dieser Biotyp jedoch sehr empfindlich auf die geringste Veränderung reagiert, neigt der Jäger und Sammler besonders zur Gewichtszunahme, wenn Stress das Gleichgewicht stört und der Stoffwechsel träge wird.

Jäger und Sammler nehmen sehr rasch zu, und man sieht es ihnen auch an, weil das Körperfett bei diesem Biotyp irgendwie fehl am Platz wirkt. Die schlanken Handgelenke und Knöchel zeigen deutlich, dass er von Natur aus schlank sein sollte, mag der Rumpf nun auch wohlgerundet sein. Frauen nehmen oft nach der Geburt eines Kindes zu; bei Männern ist beruflicher Stress die häufigste Ursache. Die Gewichtszunahme ist aber nicht immer auf eine Unterfunktion der Schilddrüse zurückzuführen. Wird die Figur nicht birnenförmig, sondern rundet sich an Po und Bauch, dann lässt der starke Stoffwechsel des Jägers und Sammlers bei Stress die Nebennieren unter Druck geraten.

Jäger und Sammler reagieren besonders empfindlich auf jede Änderung des Essverhaltens. Bei Stress greifen sie gern zu Dingen wie Zucker, Schokolade, Kaffee, Alkohol, die rasch anregen. Den Satz »Ich weiß, dass ich das nicht sollte« hört man von ihnen sehr häufig. Wenn sie in schlechter Verfassung sind, können sie kaum ohne diese Art der Anregung auskommen und reagieren verärgert, wenn von einer Umstellung der Ernährung die Rede ist.

Wenn dieser Biotyp körperlich unter Stress steht, ist das Fitnessstudio keine Lösung; es stimuliert die Nebennieren nur noch mehr. Dieser Typ braucht Entspannung und Ruhe in Verbindung mit mäßiger Bewegung, dann kann er auch die Umstellung seines Essverhaltens bewältigen.

Essen Sie reichlich

Wählen Sie abwechselnd einige dieser Nahrungsmittel:

- Eiweiß: Eier, Geflügel, Fisch – vor allem fettreichen Fisch wie Hering, Makrele, Sardinen und Lachs – oder pflanzliches Eiweiß wie Tofu und Tempeh
- Gemüse und Obst: Wählen Sie vor allem Gemüse, das über der Erde wächst, und essen Sie es als Salat. Wählen Sie harte Früchte wie Äpfel und Birnen. Essen Sie 90 Prozent gegart und 10 Prozent roh.

Trinken Sie reichlich

- Mineralwasser
- Kräutertee

Essen Sie maßvoll

- Vollkorngetreide: braunen Reis, Weizen, Roggen, Hafer, Dinkel, Emmer, Kamut und Quinoa
- Maiskeim-, Lein- und Olivenöl
- Butter
- Andere frische Früchte
- Eiweiß: Biofleisch und rotes Fleisch (Schweinefleisch und Speck *nur* aus ökologischer Landwirtschaft)

Trinken Sie maßvoll

- Koffeinfreien Kaffee und Tee (immer mit Wasser entkoffeiniert und aus biologischer Produktion; siehe Seite 60)
- Frisch gepresste Fruchtsäfte, mit Kräutern gewürzt

Meiden Sie nach Möglichkeit

- Raffinierte Kohlenhydrate: alle Zucker (also Galaktose, Glukose, Maltose, Saccharose, Fruktose und Honig); Weißmehlprodukte wie Kuchen und Kekse, Weißbrot, Stärke und stärkehaltige Verdickungsmittel

- Frittierte Speisen (im Wok Gegartes ist erlaubt)
- Margarine
- Kartoffeln und andere große stärkereiche Wurzel- und Knollengemüse, wie etwa Kohlrüben, Pastinaken und Knollensellerie
- Koffeinhaltigen Kaffee und Tee, Getränke mit Kohlensäure, Alkohol (siehe Seite 60), Fruchtsäfte (außer frisch gepresste; siehe Kapitel 6 und Seite 62)

Was isst man wann

Jäger und Sammler sind Morgenmenschen; das Schlimmste, was sie tun können, ist auf ein gutes Frühstück verzichten (wie etwa ein über Nacht eingeweichtes Müsli mit Samen und Nüssen, Eier mit Biospeck oder Bücklinge mit Biovollkornbrot), das sie stabilisiert. Zwischendurch gibt es Nüsse und Samen. Wer aber zu jeder der drei Hauptmahlzeiten gut isst, wird damit einen langen Tag durchhalten und nichts zusätzlich brauchen.

Frühstück: Eine ausgiebige, eiweißreiche Mahlzeit mit Eiern, Geflügel, fettreichem Fisch und/oder Vollkornbrot, Knäckebrot, Getreidebrei oder Müsli mit Nüssen.

Vorschläge

- Eier mit Speck (Bio), Vollkorn- oder Roggentoast
- Biospeck mit Pilzen und Tomaten, dazu Toastbrot
- Rührreier mit Räucherlachs auf Roggen- oder Dinkeltoast
- Weiche(s) Ei(er) mit Toast oder Butterbrot
- Klassisches Bircher-Müsli (siehe Seite 294)
- Schellfisch (ungefärbt), in gewürztem Wasser pochiert, dazu Brot
- Sardinen auf Toast
- Bücklinge mit Butterbrot

- Sojajoghurt mit Nüssen und Samen
- Bio-Nuss- oder Erdnussbutter auf Vollkorntoast

Mittagessen: Das Mittagessen sollte eine leichte Mahlzeit sein und aus Eiweiß und Gemüse oder Salat bestehen. Es kann Käse, rotes Fleisch, Geflügel, fettreichen Fisch und pflanzliches Protein enthalten, Gemüse oder Salat.

Vorschläge
- Gegrilltes Hähnchen mit grünem Gemüse
- Hähnchen, gebraten mit Olivenöl, Wein und Kräutern und mit roten und gelben Paprikastreifen und Zucchini serviert
- Gegrillte Seezunge oder anderer Fisch mit Spinat und gerösteten Pinienkernen
- Fischstücke in Folie mit Saisongemüse gebraten
- Gebratener Lachs oder Kabeljau mit Zitronen-Olivenöl (siehe Seite 254) und Zucchini
- Kalifornische Spieße (siehe Seite 259)
- Gebratene Putenbrustfilets mit Brokkoli
- Röstgemüse (siehe Seite 288)
- Röstgemüse mit Ziegenkäse oder Parmesan
- Vegetarische Würstchen und grüne Bohnen mit gerösteten Mandelblättchen

Abendessen: Das Abendessen ist ähnlich wie das Mittagessen, ergänzt durch harte Früchte.

Vorschläge
- Avocado mit grünem Salat und Getreidekeimlingen
- Große Schüssel Obstsalat mit Nüssen und Naturjoghurt, falls gewünscht
- Suppe mit Räuchertofu und Grüngemüse der Saison
- Blumenkohlsalat (siehe Seite 271)

- Salat mit Räuchertofu, Brokkoli, Pilzen, Zuckermais und Ananas (siehe Seite 282)
- Gemüsesticks mit Hummus, Guacamole, Tsatsiki (Sie können die Dips ruhig fertig kaufen)

Brot

Viele Menschen meinen, Brot müsse aus Weizenmehl bestehen. Damit haben sie nicht so Unrecht, aber dazu ist zu sagen: Die heute verwendeten Weizensorten verursachen vielen Menschen Verdauungsbeschwerden, und es gibt auch in Supermärkten, nicht nur in Naturkostläden und Reformhäusern, eine Menge besser verträgliche Alternativen, wie etwa Roggenbrot oder Pumpernickel. Halten Sie Ausschau nach Broten ohne oder nur mit geringem Weizenanteil.
Versuchen Sie auch Brote aus alten Formen des Weizens, wie etwa Kamut und Dinkel, die weit seltener Überempfindlichkeitsreaktionen auslösen. Kamut und Dinkel werden auch für Nudeln und andere Weizenprodukte verwendet. Probieren Sie auch gelegentlich Hafer- oder Reiswaffeln, die ebenfalls köstliche Alternativen zu Brot sind.

Pioniere

Bei der Ernährung des Pioniers kommt es vor allem auf ein stabilisierendes Schema an, das die Nebennieren unterstützt und nicht überfordert. Reduziert man die physische Belastung auf diese Weise, kennt die Leistungsfähigkeit des Pioniers keine Grenzen.

Eiweiß	*Stärke*
Pute	Müsli
Rindfleisch	Nudeln
Schalentiere	Pasteten und Kleingebäck
Schweinefleisch	Reis
Wild	Sojabohnen und Sojadrink
	Tofu

Essen Sie reichlich

Wählen Sie abwechselnd einige dieser Nahrungsmittel:

- Vollkorngetreide und Getreideprodukte: braunen Reis, Roggen, Gerste, Hafer, Buchweizen, Hirse, Vollkornweizen, Dinkel, Emmer, Kamut, Quinoa (als Getreidekörner gekocht oder in Form von Brot, Nudeln oder Pfannkuchen)
- Hülsenfrüchte: Bohnen, Linsen, Erbsen, Kichererbsen, Tofu, Tempeh
- Gemüse und Salate der Saison: besonders grünes Gemüse, rohe Salate, Wurzelgemüse, Chicoree und alle bitteren Blattgemüse, Tomaten
- Obst der Saison, aber keine Bananen und Weintrauben

Trinken Sie reichlich

- Stilles Mineralwasser
- Kräutertee

Essen Sie maßvoll

- Fisch: vor allem fettreichen Fisch, z. B. Lachs, Makrele, Hering, Sardine, Thunfisch und weißen Fisch
- Geflügel: ohne Haut
- Eier: nicht mehr als drei pro Woche
- Oliven-, Maiskeim- und Leinöl
- Rohe Nüsse und Samen: Kaufen Sie sie mit der Schale und nicht geröstet

- Kartoffeln
- Bio-Kuh- oder Ziegenmilchbutter
- Biovollmilch von Kuh, Ziege oder Schaf
- Bio-Kuh-, Ziegen- oder Schafmilchjoghurt (ohne Frucht)

Trinken Sie maßvoll
- Koffeinfreien Kaffee und Tee (immer mit Wasser entkoffeiniert und aus biologischer Produktion; siehe Seite 60)
- Frisch gepresste Fruchtsäfte, nach Wunsch mit Kräutern gewürzt

Meiden Sie nach Möglichkeit
- Salz und salzige Speisen
- Rotes Fleisch
- Schweinefleisch und -produkte (gelegentlich Biospeck oder Bioschinken ist okay)
- Schalentiere
- Frittierte Speisen (wenn nötig, lieber leicht in einem Esslöffel Olivenöl braten)
- Käse
- Margarine
- Raffinierte Kohlenhydrate: alle Zucker (darunter Galaktose, Glukose, Maltose, Saccharose, Fruktose und Honig); Weißmehlprodukte wie Kuchen und Kekse, Weißbrot, Stärke und stärkehaltige Verdickungsmittel
- Koffeinhaltige Getränke, etwa Kaffee, Tee und Cola
- Kohlensäurehaltige Getränke
- Alkohol (siehe Seite 60)

Was isst man wann

Versuchen Sie, die Mahlzeiten im Verlauf des Tages zu steigern, sodass Sie zum Frühstück weniger essen als zu Mittag und zu Mittag weniger als zum ausgiebigen Abendessen. Die Ernährung für den Pionier basiert auf der Trennkost. Das bedeutet, Eiweiß und Kohlenhydrate nicht gleichzeitig zu essen. Sie können also beispielsweise ein weiches Ei zum Frühstück essen, dann aber kein Butterbrot. Ebenso können Sie Toast essen, aber nicht mit Speck.

Im Allgemeinen sollte Obst nicht mit Kohlenhydraten und Eiweiß gegessen werden, sondern zwischendurch, Sie können aber eine Obstmahlzeit einlegen, bei der Sie Obst mit Salat oder rohem Gemüse, Naturjoghurt, Nüssen und Samen (Mandeln, Haselnüssen, Paranüssen und Pinienkernen), Sonnenblumen- und Kürbiskernen kombinieren. Melone isst man besser nicht zusammen mit anderen Nahrungsmitteln, maximal mit Naturjoghurt.

Das mag anfangs verwirrend klingen, man gewöhnt sich aber sehr rasch daran. Die folgende Übersicht erleichtert die Sache.

Frühstück: Das Frühstück sollte leicht sein und aus Obst und Getreideprodukten bestehen. Beispielsweise aus Roggen- oder Weizenvollkornbrot oder Knäckebrot, zuckerfreiem Müsli, Trockenfrüchten, Haferbrei, frischem Obst oder Joghurt. Im Allgemeinen bekommen Pioniere ein leichtes Frühstück, ein etwas ausgiebigeres Mittagessen und ein großes Abendessen. Nichtsdestotrotz: Starre Regeln gibt es nicht, Sie können Ihr Frühstück ganz nach Ihrem persönlichen Geschmack ausrichten.

Vorschläge

Stärkemahlzeit (Kohlenhydrate):

- Drei Stück frisches Obst nach Wahl
- Trockenobst, über Nacht in Fruchtsaft (Apfel, Birne, Trauben) eingeweicht, mit etwas Schafmilchjoghurt
- Getreide-Pops mit Sojamilch

Die 3 Lebensmittelgruppen und ihre Kombinationsfähigkeit

Eiweiß	*Neutral*	*Stärke/ Kohlenhydrate*
Fleisch Fisch Käse Eier Milchprodukte	Gemüse (außer Kartoffeln) Salate Fette und Öle (auch Butter und Sahne) Frischkäse (Doppelrahmstufe) Kräuter und Gewürze *Auch,* aber in geringen Mengen, Rosinen, Nüsse und Samen	Brot Nudeln Kartoffeln Reis Getreide
Zu kombinieren mit: allen Gemüsen außer Kartoffeln Salat	*Zu kombinieren mit:* entweder Eiweiß oder Stärke	*Zu kombinieren mit:* allen Gemüsen Salat allen Nüssen und Samen Hülsenfrüchten Butter, Sahne und natürlichem Frischkäse

Siehe auch Richtlinien für Vegetarier (Seite 105).

- Haferbrei mit Kokosmilch
- Sommerpudding (siehe Seite 295)
- Toast mit Pilzen und Tomaten
- Müsli (siehe Basisrezepte Seite 293) mit ungesüßter Sojamilch und/oder einem Klecks Biosahne, falls gewünscht
- Haferbrei mit Rosinen und Biohonig; mit vollfetter Sahne, falls gewünscht
- Zuckerfreie Getreideflocken mit Sojamilch, plus Biosahne, falls gewünscht
- Obstsalat (ohne Melone) mit gehackten Nüssen, Honig und Naturjoghurt aus lebenden Kulturen, dazu Vollkorntoast und Fruchtaufstrich

Eiweißmahlzeit (ist schwerer, also nicht zu viel davon):

- Speck (unbedingt Bio-) mit Ei
- Rühreier mit Räucherlachs oder Tomaten
- Pochierte Eier mit Spinat
- Bücklinge

Mittagessen: Essen Sie mittags etwas mehr, und zwar Gemüse, Salat und Getreideprodukte. Beispielsweise gedämpftes Gemüse, Vollkorn in irgendeiner Form (siehe Seite 69) und frisches Obst.

Vorschläge

Stärkemahlzeit (Kohlenhydrate) – kleines Mittagessen oder Vorspeise:

- Spargel oder Artischocken, warm, mit Zitronenbutter oder Mayonnaise
- Avocado, Porree und Tomaten mit Basilikumvinaigrette (siehe Seite 284)
- Geröstete und enthäutete Paprikaschoten mit Olivenöl und Parmesan

- Gemüsesuppe (versuchen Sie einmal geröstete Tomaten und geröstete, enthäutete, rote Paprikaschoten, im Mixer mit Brühe und Kräutern püriert, heiß oder kalt, darüber Frischkäse und Pesto oder Tapenade – siehe Seite 283)
- Spinatsalat mit Pumpernickel

Eiweißmahlzeit – kleines Mittagessen oder Vorspeise:
- Frische Garnelen mit Panzer, dazu hausgemachte Mayonnaise (siehe Seite 284)
- Parmaschinken mit reifen Birnen und/oder Mangos und/oder Feigen
- Blumenkohlsalat mit Vogel-Brot*
- Salat aus Gurken und Frühlingszwiebeln mit Kichererbsen oder Hummus
- Avocado mit grünem Salat
- Maiskolben mit Bohnensprossensalat

Stärkemahlzeit (Kohlenhydrate) – größeres Mittagessen:
- Risotto oder Nudeln mit Kräutern, Pilzen, Tomaten usw., mit Olivenöl und Butter (siehe Quinoa-Risotto, Seite 257), aber ohne Parmesan (eventuell vegetarischen Parmesan oder Frischkäse)
- Pellkartoffeln mit gebackenen Bohnen (ohne Zucker) und Salat
- Vollkornbrot mit Biobutter oder Olivenöl, belegt mit Avocado und Salat
- Marinierter Möhrensalat (siehe Seite 270) oder Ananas-Gurken-Salat mit Vollkornreis (warm oder kalt)

* Anm. d. Übers.: Ein Vollwertbrot aus Biogetreide, Hafer und frischem Joghurt; entwickelt von Dr. Vogel, Naturarzt.

Eiweißmahlzeit – größeres Mittagessen:
Reichen Sie dazu Gemüsechips, falls gewünscht (aber keine Kartoffelchips; keine Kartoffeln zu diesen eiweißbetonten Gerichten)

- Gegrilltes: Fisch, Hähnchen, Lamm oder Rindfleisch (Bio) mit Gemüse und Salat
- Caesar-Salad (ohne Croutons) mit gebratenem Speck, Hähnchenfleisch oder Thunfisch
- Geräucherte Forellenfilets mit Mangoscheiben, dazu Salat aus Brunnenkresse mit Vinaigrette
- Omelette »fines herbes« mit Käse, Tomaten oder Pilzen
- Gegrillte Königsgarnelen mit Salat oder Röstgemüse
- Krabbensalat mit Avocado und Artischockenherzen
- Salat Tricolore: Tomaten, Mozzarella und Avocado mit Basilikum, Olivenöl und Balsamicoessig oder Zitrone

Abendessen: Das Abendessen sollte größer ausfallen und Eiweiß oder Getreide, Gemüse, Salat und Obst umfassen. Beispielsweise Geflügel oder Fisch, Bohnen wie Gartenbohnen, Limabohnen (weiße Bohnen) oder Linsen, Gemüse und Obst. Die Vorschläge für das Mittagessen eignen sich zum Teil als Vorspeisen, zum Teil als leichteres Abendessen.

Vorschläge

Stärkemahlzeit (Kohlenhydrate):

- Wählen Sie aus den Vorschlägen für das Mittagessen, ergänzen Sie mit Obst.
- Nudeln mit Pesto, gerösteten Paprikaschoten und Pinienkernen, dazu Salat
- Pilzrisotto mit Gurken-Tomaten-Salat
- Ciabatta belegt mit Tomaten, Basilikum, Pinienkernen, sonnengetrockneten Tomaten und roten Zwiebeln, überbacken (Bruschetta)

- Gebackene Kartoffel mit Ratatouille (siehe Seite 287), dazu Salat
- Kartoffelpüree mit Knoblauch und Rosmarin, darüber Röstgemüse aus Tomaten, Zucchini, Zwiebel, Knoblauch, Paprikaschoten und Auberginen, gehacktes Basilikum und reichlich schwarzer Pfeffer
- Pauls Wurzelgemüsetopf (siehe Seite 289), mit warmer Kräuter-Foccacia

Eiweißmahlzeit:
Reichen Sie dazu frisches Gemüse oder Salat; zum Nachtisch Käse. Oder wählen Sie aus den Vorschlägen für das Mittagessen.

- Austern, Räucherlachs, Forelle, Aal oder marinierte Krabben
- Jakobsmuscheln mit Spargel oder auf thailändische Art mit Sojasauce und Ingwer und kurz gebratenem Blattgemüse
- Fischsuppe mit Rouille (scharfe Würzpaste)
- Wildgeflügel oder Wachtel, gegrillt, mit Zucchinistücken, Spargel, Artischockenherzen und jungen Erbsen, in Olivenöl und Weißwein gegart und abschließend mit reichlich gehackter frischer Minze gewürzt
- Estragon-Hähnchen, aus Saft und Sahne eine Sauce bereiten, falls gewünscht
- Rosa gebratene Ente oder Entenbrust mit grüner Pfeffersauce
- Lammkrone mit Knoblauch und Rosmarin
- Scharf angebratener Thunfisch mit Tapenade (siehe Seite 283), verrührt mit Korianderblättern und geröstetem Knoblauch (ohne Schale)
- Kleiner Sägebarsch, im Ganzen, mit Kräutern gefüllt (oder Forelle)
- Gebratener Kabeljau mit Senfkruste und Bratensaft
- Lachs, kalt oder warm, mit grüner Mayonnaise
- Rinderfilet, nach Wunsch mit Pâté und Oliven gefüllt

Hinweis

Manche Pioniere kommen mit Mahlzeiten aus Eiweiß, Gemüse und Salat besser zurecht, als wenn sie mit stärkebetonten Gerichten abwechseln.

Gärtner und Bauern

Gärtner und Bauern haben meist hohe Werte bei den Geschlechtshormonen Östrogen und Testosteron und neigen zu Hormonschwankungen. Eine lacto-vegetabile Ernährung hält den Hormonhaushalt im Gleichgewicht und beschleunigt den Energieumsatz des Körpers.

Was Ihnen gut tut: eine lacto-vegetabile Ernährung

Wie die Pioniere haben Gärtner und Bauern einen eher langsamen Stoffwechsel, brauchen also leicht verdauliche Nahrungsmittel, die sofort Energie liefern. Würzige Gerichte sollten sie besser meiden.

Daraus ergibt sich, dass Gärtner und Bauern letztlich mit einer lacto-vegetabilen Ernährung am besten zurechtkommen. Neben Milchprodukten sollten sie täglich reichlich Gemüse, Salat und Obst essen, dazu Vollkornprodukte in geringerer Menge. Wichtig ist, dass dieser Biotyp mittags ein wenig Eiweiß zu sich nimmt (tierisch – Fleisch oder Fisch – oder pflanzlich), er ist aber der einzige Typ, der auch mit einer streng vegetarischen Diät bestens zurechtkommt.

Gärtner und Bauern sind gesellige Menschen, die gern zusammen mit anderen kochen und auch essen. Außerdem ziehen sie ein vertrautes Umfeld vor, der Küchentisch ist also der perfekte Essplatz – egal, ob es der eigene ist oder ein anderer.

Essen Sie reichlich

- Milchprodukte: Weich- und Hartkäse (vorzugsweise von Ziege und Schaf)
- Ziegen- und Schafmilchjoghurt
- Biovollmilch
- Milchprodukte wie Quark und Crème fraîche (aber nicht Butter oder Sahne)
- Grün- und Wurzelgemüse, Salat, Endivien, Chinakohl
- Obst: Äpfel, Birnen, weiche Früchte, Datteln, Feigen, exotische Früchte
- Vollkorn und Getreideprodukte: braunen Reis, Roggen, Gerste, Hafer, Buchweizen, Hirse, Weizen, Dinkel, Emmer, Quinoa und Kamut (als Getreidekörner gekocht oder in Form von Brot, Nudeln oder Pfannkuchen)

Trinken Sie reichlich

- Mineralwasser
- Kräutertee

Speziell für den Gärtner und Bauern

Gärtner und Bauern waren die ersten Siedler, die nicht mit den Pionieren (mit denen sie sich auch heute noch gut verstehen) weiterzogen und nicht wissen wollten, was hinter dem Horizont ist. Die meisten Gärtner und Bauern sind ungewöhnlich zufrieden mit ihrer derzeitigen Situation. Sie sind zwar neugierig, wollen aber nicht wissen, was in der großen Welt passiert, interessieren sich eher dafür, was in ihrer näheren Umgebung vorgeht. Einst waren es vorrangig wohl die Pflanzen und Bodenschädlinge, heute sind es die Probleme der unmittelbaren Umgebung – das eigene Haus, die Nachbarn, die Bürokollegen.

Gärtner und Bauern leben am besten von dem, was ein

kleines Stück Land bieten kann – meist einfache Nahrungsmittel der Saison, wie Bohnen, Getreide, Gemüse und Obst. Und was kleine Nutztiere wie Ziegen oder Schafe liefern. Einige Nahrungsmittel wurden seinerzeit frisch, andere getrocknet oder konserviert gegessen. Dazu kam noch ein wenig Fisch aus den Gewässern der Gegend, Geflügel oder Wild, aber im Gegensatz zum Jäger und Sammler ging der Gärtner und Bauer nicht auf die Jagd, er verließ seine Nachbarschaft nicht.

Essen Sie maßvoll

- Fettreichen Fisch: Makrele, Hering, Bückling, Sardine, Forelle, Lachs, frischen Thunfisch, Anchovis
- Geflügel: Huhn, Pute, Perlhuhn
- Maiskeim-, Lein- und Olivenöl
- Eier: nicht mehr als drei pro Woche
- Nüsse und Samen: Haselnüsse, Mandeln, Walnüsse, Pinienkerne, Sonnenblumenkerne, Leinsamen, Kürbiskerne

Trinken Sie maßvoll

- Koffeinfreien Kaffee und Tee (immer mit Wasser entkoffeiniert und aus biologischer Produktion; siehe Seite 60)
- Frisch gepresste Fruchtsäfte, nach Wunsch mit Kräutern gewürzt

Meiden Sie nach Möglichkeit

- Rotes Fleisch
- Schweinefleisch oder -produkte (mit Ausnahme von ein wenig Bioschinken oder Biospeck)
- Gewürze
- Sahne und Eiscreme
- Frittierte und/oder fettige Speisen
- Butter und Margarine

- Raffinierte Kohlenhydrate: alle Zucker (darunter Galaktose, Glukose, Maltose, Saccharose, Fruktose und Honig); Weißmehlprodukte wie Kuchen und Kekse, Weißbrot, Stärke und stärkehaltige Verdickungsmittel
- Nichtbiologischen, koffeinhaltigen Kaffee und Tee (siehe Seite 95)
- Alkohol (siehe Seite 60)
- Kohlensäurehaltige Getränke

Was isst man wann

Dem Gärtner und Bauern entspricht Frischware aus der Gegend am meisten. Lebensmittel vom eigenen Bauernhof oder aus dem Küchengarten wären ideal. Wo das nicht möglich ist, sollte man möglichst Ware aus der Gegend kaufen und den Speisezettel nach der Saison ausrichten. Milch ist ein wichtiger Eiweißlieferant für den Gärtner und Bauern, sollte also täglich auf dem Speiseplan stehen. Frühstück und Mittagessen sind nicht zu groß, das Abendessen fällt ausgiebiger aus.

Frühstück: Eine Mahlzeit aus Obst und Getreide; beispielsweise aus frischem oder ungeschwefelten Trockenobst, eingeweicht, Joghurt, Vollkornbrot und Getreideflocken oder Knäckebrot.

Vorschläge

- Eingeweichtes Trockenobst mit Joghurt
- Klassisches Bircher-Müsli (siehe Seite 294) mit frischem Obst (wie etwa Pfirsiche, Birnen, Pflaumen, Kiwi usw.)
- Sommerpudding (siehe Seite 295)
- Frühstücks-Muffins (siehe Seite 297)
- Naturjoghurt mit eingeweichten Mandelblättchen
- Sojajoghurt mit Saisonobst
- Roggenbrot/Pumpernickel mit Frischkäse/Hüttenkäse
- Vollkornnussbrot mit Hefeextrakt

Mittagessen: Sollte eine kleine Menge fettarmes Eiweiß (wie etwa Fisch, Geflügel oder pflanzliches Eiweiß) und Getreide enthalten, dazu reichlich Gemüse und/oder Salat.

Vorschläge

- Salat Tricolore: Avocado, Mozzarella, Tomaten
- Fenchel-Pilz-Salat mit 50 g Walnüssen oder Mandeln (siehe Seite 274)
- Bohnensprossensalat mit Roggenbrot/Pumpernickel und Frischkäse/Hüttenkäse
- Suppe mit Tofu und Grüngemüse
- Salat aus dreierlei Hülsenfrüchten mit Vollkornbrot
- Gebratenes Wurzelgemüse mit Parmesan
- Gegrillter Ziegenkäse mit grünem Salat, darüber Walnussöl und Walnussstücke
- Forelle, in Folie gebraten, mit Saisongemüse oder Salat
- Gegrillte frische Sardinen oder Ölsardinen
- Klassischer Caesar-Salad mit Anchovis
- Lachsspieße mit Paprikaschoten und Pilzen
- Putenbrustfilet mit Saisongemüse oder Salat
- Gegrillte Hühnerbrust oder -keule (warm oder kalt) mit Salat
- Spargel-Käse-Pfannkuchen mit Mozzarella/Ziegenkäse (Buchweizenpfannkuchen backen, den gekochten Spargel darin einschlagen, dicht mit Mozzarella- oder Ziegenkäsescheiben belegen und unter dem Grill überbacken, bis der Käse Blasen wirft)
- Griechischer Salat (Tomaten, Feta, schwarze Oliven, Gurke)
- Nizza-Salat

Abendessen: Das Abendessen sollte ausgiebiger sein, aus Salat, Gemüse und entweder einem Vollkornprodukt oder etwas magerem Eiweiß bestehen.

Vorschläge

- Vollkornreis-Risotto oder -Salat (siehe Seite 281) mit Kräutern und eingeweichten Nüssen, dazu grüner Salat
- Vollkorn-Penne (Dinkel oder Kamut) mit Tomaten-Basilikum-Sauce und Parmesan, falls gewünscht
- Vollkorn-Spaghetti mit einer Sauce aus gerösteten Tomaten und gerösteten Paprikaschoten; mit Parmesan, falls gewünscht
- Vollkorn-Taglierini mit Erbsen, Spargel und Crème fraîche oder griechischem Joghurt
- Paprikaschoten, gefüllt mit würzigem Reis, dazu Salat
- Quinoa-Risotto (siehe Seite 257) mit Kräutern und Gemüse der Saison
- Vollkornreis-Risotto mit Gemüse der Saison
- Rote Bete mit Quinoa und Rotkohl (siehe Seite 264); gedünstetes Trockenobst, dazu Frischkäse
- Kräuter-Sauerampfer-Omelett, Tomatensalat
- Speisekürbis mit Reisfülle, dazu Tomatensauce

Top-Tipp

Griechischer Joghurt lässt sich erhitzen, wenn man ihn mit einer feuerfesten Schüssel in ein kochendes Wasserbad stellt und vorsichtig erhitzt. Nicht kochen lassen!

Tänzer

Tänzer stehen unter dem Einfluss von zwei Drüsen (Hypophyse und Keimdrüsen) und besitzen die Stärken des Pfadfinders und des Gärtners und Bauern. Ihre spezielle Ernährungsform soll für ein Gleichgewicht zwischen den beiden, voneinander abhängigen Drüsen sorgen, damit beide optimal arbeiten können.

Was Ihnen gut tut: eine halb-vegetarische Ernährung

Ganz ihrer anpassungsfähigen Natur entsprechend kommen Tänzer gut mit einer halb-vegetarischen Ernährungsform zurecht. Sie bedienen sich dabei aus allen Nahrungsmittelgruppen und müssen auch nicht alle »Regeln« einhalten. So können sie beispielsweise als Nachspeise Obst essen, müssen Gluten und Milchprodukte nicht meiden. Vom Grundsatz her ist die Ernährung ähnlich der des Gärtners und Bauern; Tänzer haben jedoch einen etwas schnelleren Stoffwechsel und brauchen mehr Nahrungsmittel, die langsam »verbrannt« werden (wie etwa Nüsse und Samen). Mittags brauchen sie jeden Tag mageres Eiweiß, so etwa Huhn, Pute, Perlhuhn oder Fisch, oder pflanzliches Eiweiß, wie etwa Tofu, um dem Leistungsabfall am Nachmittag vorzubeugen. Die lacto-vegetabile (oder vegane) Ernährung des Gärtners und Bauern bekommt ihnen nicht, wenngleich sie natürlich tierisches Eiweiß jederzeit durch pflanzliches ersetzen können. Mit Milchprodukten wie Eiscreme und Käse sollte der Tänzer vorsichtig sein, weil bei ihm wie beim Pfadfinder Milchprodukte die Hypophyse stören, was letztendlich zu arthritischen Erkrankungen und Übergewicht führen kann. Schaf- und Ziegenmilchprodukte stellen in der Regel kein Problem dar.

Speziell für den Tänzer

Der Biotyp des Tänzers mag zwar der Inbegriff des Städters sein, aber alles ist relativ. Letztendlich stammt er von einem Hirtenvolk ab. Der Tänzer entwickelte sich in einer bäuerlichen Gesellschaft, in der es Getreide, Feldfrüchte und Tierhaltung – Kühe, Ziegen, Schafe – gab.

Tänzer essen gern nach Lust und Laune: Das Mittagessen im Büro besteht oft aus handgefertigten Pralinen und einem Apfel (für die Gesundheit). Im Restaurant wählen sie gern drei Vorspeisen und ein großes Dessert.

Wie der Pfadfinder kann der Tänzer sehr heftige Vorlieben entwickeln, etwa für Milchprodukte – er träumt häufig von Eiscreme. Außerdem meint er – zu Unrecht –, er hätte die Stärke und Ausdauer des Pfadfinders geerbt. Er neigt daher dazu, Mahlzeiten auszulassen – was bei jedem Biotyp ein großer Fehler ist – oder zu Notlösungen zu greifen, wie etwa zu Vitamin B_{12}-Injektionen (ja, wir wissen, dass Geri Halliwell das tut, aber wir sind dennoch dagegen). Er ist jedoch der einzige Biotyp, der sich Mahlzeiten am Schreibtisch erlauben kann – solange sie vernünftig zusammengestellt sind und er sie auch aufisst.
Tänzer planen nicht lange voraus. Sie sind amüsante Gastgeber, die Tafel wird sehr hübsch gedeckt sein – aber aufwändige Gerichte werden nicht serviert, zumindest keine selbst zubereiteten. Das ist alles in Ordnung. Pflegen Sie diese Vorlieben und kultivieren Sie die schnelle Küche.

Essen Sie reichlich

Wählen Sie abwechselnd einige dieser Nahrungsmittel:

- Milchprodukte: Weich- und Hartkäse (vorzugsweise Ziegen- oder Schafkäse); Joghurt (Ziegen- oder Schaf-); Biovollmilch; andere Milchprodukte wie Quark und Crème fraîche (aber keine Butter oder Sahne)
- Vollkorngetreide und Getreideprodukte: braunen Reis, Roggen, Gerste, Hafer, Buchweizen, Hirse, Weizen, Dinkel, Emmer, Quinoa und Kamut (als Getreidekörner oder in Form von Brot, Nudeln und Pfannkuchen)
- Grün- und Wurzelgemüse, Salat wie Endivien, Chinakohl
- Obst: Äpfel, Birnen, weiche Früchte, Datteln, Feigen

Trinken Sie reichlich

- Mineralwasser
- Kräutertee

Essen Sie maßvoll

- Fisch aller Arten, besonders fettreichen Fisch wie Makrele, Hering, Bückling, Sardine, Forelle, Lachs, frischen Thunfisch, Anchovis
- Geflügel: Huhn, Pute, Perlhuhn
- Eier: nicht mehr als drei pro Woche
- Oliven-, Maiskeim- und Leinöl
- Nüsse und Samen: Pinienkerne, Sonnenblumenkerne, Leinsamen, Kürbiskerne, Haselnüsse, Mandeln, Walnüsse

Trinken Sie maßvoll

- Fruchtsäfte, besonders von Apfel, Birne, Pfirsich, Beeren und weichen Früchten
- Koffeinfreien Kaffee und Tee (immer mit Wasser entkoffeiniert und aus biologischer Produktion; siehe Seite 60)

Meiden Sie nach Möglichkeit

- Rotes Fleisch
- Schweinefleisch und -produkte (wirklich nur gelegentlich essen und dann Bio)
- Gewürze und würzige Speisen
- Sahne und besonders Eiscreme
- Frittierte und/oder fettige Speisen
- Butter und Margarine
- Raffinierte Kohlenhydrate: alle Zucker (darunter Galaktose, Glukose, Maltose, Saccharose, Fruktose und Honig); Weißmehlprodukte wie Kuchen und Kekse, Weißbrot, Stärke und stärkehaltige Verdickungsmittel
- Nichtbiologischen, koffeinhaltigen Kaffee und Tee (siehe oben)
- Alkohol (siehe Seite 60)
- Cola und andere kohlensäurehaltige Getränke

Was isst man wann

Der Tänzer ist der bestangepasste Typ des modernen Menschen. Seine kleine Statur und sein relativ rascher Stoffwechsel erlauben ihm, beinahe alles zu essen, solange er nicht zu viel davon isst: Er hat praktisch keine Probleme mit Überempfindlichkeitsreaktionen. Der Tänzer kann sich vegetarisch ernähren oder Fleisch essen, nach den Regeln der Trennkost leben oder nicht – für seine Gesundheit wird das keinen oder kaum einen Unterschied machen. Nur mit Kuhmilchprodukten muss er vorsichtig sein, wie schon erwähnt, weil er leicht zu viel davon isst und dann zu degenerativen Gelenkerkrankungen neigt. Das Geheimnis der gesunden Ernährung für den Tänzer liegt darin, dass er die Art der Nahrung von Tag zu Tag variiert: vegetarisch, eiweißreich, Trennkost. Wichtig ist auch, dass er mittags jeweils etwas Eiweiß (tierisch oder pflanzlich) zu sich nimmt.

Wie jeder Mensch, egal welchen Typs, muss der Tänzer lernen, auf seinen Körper zu hören und ihm das zu geben, was er im Augenblick braucht. Frühstück und Mittagessen sollten eher bescheiden, das Abendessen etwas ausgiebiger ausfallen.

Frühstück: Das Frühstück sollte eine leichte Mahlzeit aus Obst und Getreide sein. Wählen Sie frisches Obst oder eingeweichtes, ungeschwefeltes Trockenobst, Joghurt, Vollkornbrot oder Getreideflocken und Knäckebrot.

Vorschläge

- Joghurt mit frischem Obst und zwei Esslöffeln (30 g) Müsliflocken
- Sojajoghurt mit eingeweichten Samen: Weichen Sie Sonnenblumenkerne, Kürbiskerne und Sesam über Nacht in Apfel- oder Orangensaft ein
- Gepufftes Getreide mit Milch, darüber geriebener Apfel, mit Zitronensaft verrührt

- Gedämpftes Obst, verrührt mit Müsliflocken, die in Fruchtsaft eingeweicht wurden
- Klassisches Bircher-Müsli (siehe Seite 294)
- Haferbrei aus groben Haferflocken, darüber gedämpftes Obst
- Drei Stück frisches Obst, Toast mit Frischkäse
- Frischer Obstsalat mit Joghurt
- Frischer Smoothie (Obst mit Naturjoghurt pürieren)
- Frühstücks-Muffins (siehe Seite 297)
- Sommerpudding (siehe Seite 295)

Mittagessen: Ebenfalls eine leichte Mahlzeit, mit ein wenig Eiweiß, dazu Salat und/oder Gemüse und Getreide. Wählen Sie Fisch, Geflügel, Eier oder pflanzliches Eiweiß, ergänzt durch reichlich Gemüse und/oder Salat.

Vorschläge

- Tofu mit Reis, grünem Salat oder Gemüse
- Zwiebeln gefüllt mit sonnengetrockneten Tomaten, Quinoa und Anchovis
- Gedämpfter oder gegrillter weißer Fisch mit Spinat (warm oder als Salat) oder anderem Grüngemüse; Vollkornbrot
- Gebratener Kabeljau mit grünem Gemüse und Puy-Linsen
- Nizza-Salat
- Kalter Lachs mit Pilzsalat mit Sellerie oder Fenchel (siehe Seite 274)
- Geräuchertes Makrelenfilet (frisch, wenn möglich) mit Stachelbeersauce (außerhalb der Saison aus gefrorenen Früchten), Brunnenkressesalat und Mehrkornbrot
- Lachs-Mayonnaise mit Vollkornbrot und Salat (einfaches Sandwich)
- Biospeck, Pilze und Tomaten mit Vollkorntoastbrot
- Fischbällchen (-frikadellen) mit Spinat oder anderem Grüngemüse

- Sardinen auf Roggentoastbrot mit Tomaten und Brunnenkresse
- Gegrillte Seezunge mit Pilaw-Reis und Fenchelsalat
- Pochierter ungefärbter Schellfisch mit Püree aus Wurzel- und Knollengemüse (wie etwa Möhren und Sellerie)
- Bioprosciutto mit Birnen, Mango und/oder Feigen, dazu Brunnenkresse mit Olivenöl und Brot
- Grillhähnchen mit Butter/Olivenöl und Balsamicoessig, grünem Gemüse und/oder Salat, Vollkornbrot
- Hühnerbrühe mit Gemüse und Reisnudeln (oder Dinkel- bzw. Kamutnudeln)
- Fischsuppe
- Muscheln mit Frischkäse und Estragon
- Eintopf mit Tomaten, Bohnen und Speck

Abendessen: Das Abendessen sollte ausgiebiger ausfallen und Gemüse, Eiweiß in irgendeiner Form und etwas Obst umfassen. Beispielsweise Eier, Geflügel, Fisch oder pflanzliches Eiweiß, mit Gemüse, Salat und Obst zum Nachtisch.

Vorschläge

- Zuckererbsen-Avocado-Salat (siehe Seite 272)
- Karibischer Salat (siehe Seite 277), Ziegenmilchkäse und Stangensellerie, dazu Mehrkornbrot
- Blumenkohlsalat mit 50 g Walnüssen (siehe Seite 271)
- Röstgemüse (siehe Seite 288) mit Parmesan, dazu Vollkornbrot, Ziegenkäse und Obst
- Gemüseeintopf mit Vollkornreis, Früchtetraum (siehe Seite 292)
- Gado-Gado (siehe Seite 278), Obstsalat
- Quinoa-Risotto (siehe Seite 257) mit Pilzen und Kräutern oder mit Erbsen und Zucchini sowie Obst
- Vollkornreis-Risotto mit Gemüse der Saison

- Rote Bete mit Quinoa, dazu Rotkohl (siehe Seite 264)
- Würziger Linsenauflauf (siehe Seite 263) mit grünem Blattsalat
- Erbsen- oder Linsensuppe (für Nicht-Vegetarier mit einem Schinkenknochen gekocht)
- Nudeln (vorzugsweise Vollkorn-, Reis-, Dinkel- oder Kamut-) mit Sauce aus Rösttomaten und Basilikum, abschließend Käse und Obst

Richtlinien für Vegetarier

Reichlich Obst und Gemüse essen ist ein wunderbarer Einstieg in Ihr Wohlfühlprogramm, damit fördert man erwiesenermaßen die Gesundheit und beugt Krankheiten vor. Der Umstieg auf eine vegetarische (ohne Fleisch, Geflügel und Fisch) oder vegane (nur pflanzliche Nahrungsmittel) Ernährungsform ist jedoch eine schwerwiegende Entscheidung, die gründlich überlegt sein muss. Hier besteht das Risiko eines Mangels an essenziellen Nährstoffen (besonders an Eiweiß, Eisen und Vitamin B_{12}), die unentbehrlich für Gesundheit und Wohlbefinden sind. Aus diesem Grund raten wir jungen Menschen unter 18 Jahren dringend von einer veganen Ernährungsform ab.
Um diese Mängel wettzumachen, empfehlen manche vegetarischen Diäten große Mengen an Kohlenhydraten. Das gleicht zwar das Manko aus, führt aber häufig auch zu Gewichtszunahme. Vegetarier und Veganer sollten sich daher unbedingt gründlich informieren und die Mahlzeiten sorgfältig planen. In manchen Fällen ist die Einnahme von Nahrungsergänzungen angebracht, sei es täglich in Form fertiger Präparate oder in Form einer Extraportion eines bestimmten Nahrungsmittels. Wichtig ist auch, dass man frische Nahrungsmittel aus Bioproduktion wählt. Da

die hochtechnisierte moderne Landwirtschaft große Mengen an künstlichen Stickstoff-Düngern an Stelle traditioneller landwirtschaftlicher Methoden (wie Fruchtwechsels, tierischen Düngers, Brache und einfacher Dinge wie Mulch und Stallmist) einsetzt, fehlen dem Ackerboden wichtige Nährstoffe. Und damit fehlen auch den Nahrungsmitteln, die darauf wachsen, die Nährstoffe, aber das erfährt der Konsument nicht. Je mehr biologische Nahrungsmittel Sie in Ihre Ernährung aufnehmen, desto besser. Ein Vegetarier, der nur Ware aus konventioneller Landwirtschaft kauft, wird mehr essen müssen, um eine ausreichende Nährstoffversorgung zu sichern.

Potenzielle Probleme und Lösungsansätze

Problem 1: Eiweiß und Aminosäuren

Eiweiß setzt sich aus Aminosäuren zusammen. Insgesamt gibt es 20 Aminosäuren, von denen unser Körper acht – die sogenannten essenziellen Aminosäuren – nicht selbst herstellen kann, sie müssen mit der Nahrung zugeführt werden. »Vollständiges Eiweiß«, das alle acht Aminosäuren enthält, findet man in Fleisch und in Fisch. Kein pflanzliches Nahrungsmittel enthält vollständiges Eiweiß, sodass die Aminosäuren immer aus einer Kombination aus Getreide und einer oder mehreren Pflanzen stammen müssen. Vegetarier, die auch Eier und Käse essen, erhalten automatisch diese acht Aminosäuren. Eier beispielsweise sind, was das Eiweiß angeht, ein »perfektes Nahrungsmittel«. Veganer müssen jedoch, besonders wenn sie Gewicht abnehmen möchten, darauf achten, dass sie alle acht Aminosäuren erhalten. Auch Schwangere und Stillende sollten ein besonderes Augenmerk darauf richten, dass sie alle wichtigen Nährstoffe erhalten.

Die folgenden Symptome werden mit Eiweißmangel in Verbindung gebracht:

- Abfall der Leistungsfähigkeit
- Verringerte Ausdauer
- Depression
- Geringe Infektionsabwehr
- Körperliche Schwäche in Armen und Beinen, dadurch Probleme beim Gehen und Laufen, dazu allgemeine Müdigkeit
- Haarausfall und/oder fahles oder frühzeitig ergrautes Haar
- Gelenkschwellungen
- Erhöhte Kälteempfindlichkeit

Lösung

Früher nahm man an, man müsste bei jeder Mahlzeit vollständiges Eiweiß – alle acht Aminosäuren – zu sich nehmen. Neuere Forschungen der »Vegetarian Society« haben jedoch ergeben, dass diese Aminosäuren etwas länger im Körper bleiben, als man gedacht hat. Die Mahlzeiten müssen also so ausgelegt sein, dass man alle essenziellen Aminosäuren im Verlauf eines Tages aufnimmt.

Wer körperlich sehr aktiv ist, sollte die Einnahme eines Aminosäurepräparates in Erwägung ziehen.

Gute Lieferanten für »vollständiges« vegetarisches Eiweiß sind:

- Freilandeier aus ökologischer Landwirtschaft
- Milchprodukte, etwa Käse, Vollmilch und Joghurt (Butter und Sahne sind schlechte Eiweißlieferanten)
- Sojaprodukte, etwa Tofu, Tempeh, texturiertes vegetabiles Protein, vegetarische Burger, Sojadrink (-milch)
- Quorn (Pilzprotein)

Wie man vollständiges pflanzliches Eiweiß erhält
Kombinieren Sie anhand der folgenden Liste jeweils eines der Grundnahrungsmittel aus der linken Spalte mit einem oder mehreren Nahrungsmitteln aus der rechten Spalte.

Grundnahrungsmittel	*kombinieren Sie mit*
Reis	Bohnen, Erbsen, Linsen, Nüssen, Salat, rohem Gemüse
Vollkornbrot	Nussbutter und Tahini, Bohnen, Tofu, Linsensuppe, Erbsensuppe
Rohes Gemüse und Salat	Reis, Hirse, Pilzen, Paranüssen, Sesam, Tahini
Erdnüsse	Nüssen, Sonnenblumenkernen, Kürbiskernen
Haferflocken	Sojamilch, Nüssen, Samen
Weizenvollkorn-zerealien	Sojamilch, Nüssen, Samen
Hirse	Bohnen, Erbsen, Linsen, Nüssen, Samen, Rohkost, Salat, Sojamilch, Tofu
Kartoffeln	Sojamilch
Zuckermais	Bohnen

Problem 2: Vitamin B_{12} und Eisen

Vitamin B_{12} ist an der Verwertung von Aminosäuren beteiligt und aktiviert andere Vitamine, beispielsweise B5 und C, Folsäure, aber auch Eisen. Menschen, deren Organismus Vitamin B_{12} nicht ausreichend resorbieren kann oder die zu wenig davon zu sich nehmen, laufen Gefahr, eine perniziöse Anämie zu entwickeln (eine Vitamin-B_{12}-

Top-Tipps für die vegetarische Ernährung

- Kichererbsen und gebackene Bohnen sind gute Lieferanten von pflanzlichem Eiweiß.
- Essen Sie zum Frühstück fünf Mandeln. Weichen Sie die Mandeln 24 Stunden bei Raumtemperatur, nicht im Kühlschrank, ein. Nach Lehrmeinung des indischen Ayurveda können Mandeln in dieser Zeit keimen, so dass das Öl im Keimling in leicht verdauliches pflanzliches Eiweiß umgewandelt wird.
- Wer lieber keine Kuhmilch verwendet, probiert es mit Soja-, Hafer-, Reis- oder Mandelmilch (aus dem Naturkostladen und Reformhaus).

Mangel-Anämie im Gegensatz zur Eisenmangelanämie; die Ursachen sind verschieden, die Auswirkungen aber gleich, wie Sie sehen werden).

Für den Vegetarier stellen sich zwei Probleme: Vitamin B_{12} ist in pflanzlichen Nahrungsmitteln nicht vorhanden, und Eisen wird aus pflanzlichen Quellen nicht so gut aufgenommen wie aus tierischen.

Die folgenden Symptome werden mit Vitamin-B_{12}-Mangel in Verbindung gebracht:

- Nervosität
- Nervenentzündungen (Nervenschmerzen – erinnern oft an »winzige Elektroschocks«)
- Taubheit in Fingern und Zehen
- Schlechte Muskelkoordination
- Unangenehmer Körpergeruch
- PMS (prämenstruelles Syndrom)

Die folgenden Symptome werden mit Eisenmangel in Verbindung gebracht:

- Weil Eisen am Sauerstofftransport im Blut beteiligt ist, führt eine Anämie oft zu Schwindel und körperlicher Erschöpfung.
- Herzrhythmusstörungen
- Müdigkeit
- Kopfschmerzen
- Schlaflosigkeit
- Bleiche bis sehr bleiche Haut, bleiche Lippen und Bindehaut im Auge

Lösung

Um das Risiko eines Vitamin-B_{12}-Mangels zu reduzieren, sollten Vegetarier, die Milchprodukte und Eier essen, für eine tägliche Aufnahme einer der beiden Gruppen sorgen, damit sie die Mengen Vitamin B_{12}, die sie benötigen, auch erhalten.
Veganer oder Vegetarier, die kaum/keine tierische Produkte essen, sollten ein Vitamin-B_{12}-Präparat einnehmen oder Nahrungsmittel essen, die mit Vitamin B_{12} angereichert sind, etwa Hefeextrakte, Sojamilch, vegetarische Burger, einige Zerealien.
Um einem Eisenmangel vorzubeugen, nimmt man täglich einen Teelöffel Melasse ein und achtet auf einen hohen Konsum von Obst und Gemüse mit hohem Vitamin-C-Gehalt. Damit Eisen richtig aufgenommen werden kann,benötigt der Körper Vitamin C. Essen Sie neben frischem Obst und Gemüse (besonders grünem Blattgemüse) auch getrocknete Aprikosen und Feigen sowie Linsen und andere Hülsenfrüchte und Vollkornbrot.

3
Ihr Umgang mit Stress

Wie Sie Ihre stressanfälligen Organe erkennen und deren Überlastung korrigieren

Wir haben es bereits angesprochen – die Belastungen und der Stress des modernen Lebens machen vielen von uns zu schaffen, besonders den Menschen in den westlichen Industrieländern. Auch wenn die Probleme nicht ernster Natur sind, können sie die Lebensqualität erheblich beeinträchtigen. Mit Hilfe der folgenden Checklisten sollen Sie Ihre Schwachstellen herausfinden und Ihre geschwächten Organe erkennen, außerdem werden sie Ihnen sagen, wodurch Sie sie heilen können, sodass Sie vollkommene Gesundheit erfahren.

Diese Ratschläge ersetzen natürlich nicht ein Gespräch mit einem Fachmann. Wenn Sie an Ihrer Gesundheit zweifeln oder spezielle Fragen haben, suchen Sie, bitte, einen Arzt oder Heilpraktiker auf. Auch wenn die empfohlenen einfachen Veränderungen Ihre Lebensqualität nicht erhöhen, empfehlen wir Ihnen, das Gespräch mit einem Lebensberater oder Psychotherapeuten zu suchen (siehe Seite 314).

Wenn Sie die Checklisten durcharbeiten, werden Sie feststellen, dass sie alle gleich aufgebaut sind. Wer 0 Punkte erreicht, muss ganz offensichtlich nichts ändern. Wer aber, wie die meisten von uns, einige Schwächen ausfindig macht, fällt in eine von drei Problemkategorien: 1 bis 8 Punkte, 9 bis 20 Punkte, über 20 Punkte. Für die Kategorie 1 bis 8 Punkte gibt es ein Grundprogramm (siehe Seite 113 f.), das bei allen Schwachstellen Verbesserungen bringt; der erste Schritt ist die Ernährung gemäß Ihrem individuellen Biotyp. Weiter gibt es ein spezifisches Schema für ergänzende Maßnahmen, die all jenen empfohlen werden, die auf 9 bis 20 Punkte kommen. Wer auf über 20 Punkte kommt, sollte möglichst bald seinen Hausarzt oder einen anderen Fachmann aufsuchen. Sie können selbstverständlich alle Ratschläge befolgen, die hier erteilt werden, Ihr Zustand könnte aber der Diagnose und Behandlung durch einen Fachmann bedürfen, wie sie ein Buch niemals liefern kann.

Vielleicht treffen auf Sie Punkte in mehreren Abschnitten zu, weil sich die Auswirkungen der Überlastung immer bis zu einem gewissen Grad überschneiden. Beginnen Sie in diesem Fall mit der Schwachstelle, bei der Sie die meisten Punkte erreicht haben. Wurden diese Symptome erfolgreich behandelt, beantworten Sie die Fragen neuerlich. Sie werden vermutlich feststellen, dass die meisten Probleme gelöst sind. Gibt es aber immer noch einzelne Schwierigkeiten bei anderen Schwachstellen, nehmen Sie sich eine Schwachstelle nach der anderen vor.

Top-Tipp

Wenn Sie wissen möchten, ob dieses Anti-Stress-Programm funktioniert, fragen Sie Menschen, mit denen Sie häufig zu tun haben – Familienangehörige, Freunde und Arbeitskollegen. Diese registrieren jede Veränderung in Ihrem Aussehen und Verhalten sicherlich ganz genau.

Wenn Sie Ihren Biotyp nicht bestimmen konnten

Wenn Sie das Anti-Stress-Programm für Ihr schwächstes Organsystem befolgen, wird Ihr Körper eine Art Gleichgewicht erreichen. Ihre Leistungsfähigkeit wird sich verändern, Ihre Figur wird Ihrem natürlichen Biotyp zustreben. Beginnen Sie nach vier Wochen nochmals mit Schritt 3 (siehe Seite 28) der Biotyp-Bestimmung, und beantworten Sie die Fragen erneut. Wenn Sie dann immer noch kein klares Ergebnis erhalten, wiederholen Sie den Vorgang jeden Monat, bis Sie ein brauchbares Ergebnis haben.

Das Anti-Stress-Programm

Diese Ratschläge gelten für alle Biotypen und sind eine Ergänzung zu den spezifischen Regeln für die einzelnen Typen.

Betrachten Sie diese Vorgaben als Ideal und geben Sie Ihr Bestes. Wenn Sie sich bei einer Mahlzeit nicht an das Programm halten, geht die Welt nicht unter, das heißt aber nicht, dass Sie nun über den Kühlschrank herfallen und das Programm für den Rest des Tages vergessen dürfen. Verbuchen Sie den Ausrutscher unter Erfahrung und beginnen Sie von vorn. Je strenger Sie sich an das Programm halten, desto rascher werden Sie ganz fit sein.

Sie haben zwischen 1 und 8 Punkte

- Ernähren Sie sich gemäß Ihrem Biotyp und essen Sie frische Saisonware, möglichst Bioprodukte.
- Meiden Sie bearbeitete, raffinierte und Fertigprodukte.
- Kauen Sie gründlich – versuchen Sie nicht, große Stücke zu schlucken.

- Trinken Sie reichlich zimmerwarmes Wasser ohne Kohlensäure – mindestens acht große Gläser pro Tag.
- Reduzieren oder meiden Sie Zigaretten, Alkohol und koffeinhaltige Getränke; trinken Sie reichlich Wasser (siehe oben) und schwachen grünen Tee, frische Frucht- und Gemüsesäfte und mit Sodawasser gespritzte, selbst gepresste Fruchtsäfte.
- Sorgen Sie für ausreichend Ruhe und Entspannung.
- Bewegen Sie sich viel an der frischen Luft.

Sie haben zwischen 9 und 19 Punkte

- Befolgen Sie die oben genannten Ratschläge.
- Ergreifen Sie die ergänzenden Maßnahmen für Ihre spezielle Schwachstelle.
- Lernen Sie, sich zu entspannen: durch Yoga, Tai Chi, Schwimmen, Walking oder Spazierengehen, Meditieren.
- Lassen Sie sich verwöhnen durch Massage, Aromatherapie, Reflexzonenmassage.
- Bewerten Sie Ihren beruflichen Stress und verringern Sie die Belastung, wo immer es geht.
- Verbringen Sie Ihre Freizeit mit Dingen, die Ihnen *wirklich* Spaß machen. Während des Anti-Stress-Programms sollten Sie besser alle übermäßig anstrengenden Aktivitäten, wie etwa gefährliche Sportarten oder Wettkämpfe, meiden.

Sie haben über 20 Punkte

- Befolgen Sie alle bereits genannten Ratschläge.
- Suchen Sie Ihren Hausarzt oder einen anderen Stress-Fachmann auf.

Ergänzungspräparate

Der Einfachheit halber schlagen wir gewöhnlich eine morgendliche *oder* abendliche Einnahme von Ergänzungspräparaten vor (oder beides, wenn Sie zwei pro Tag benötigen). Nehmen Sie die Präparate immer zu den Mahlzeiten ein. Tipp: Legen Sie alle Präparate morgens bereit. Sanitätshäuser und Apotheken bieten kleine Aufbewahrungsbehälter an – oder durchforsten Sie die Kaufhäuser –, in denen die Pillen und Kapseln sich gut mitnehmen lassen. Manche Menschen finden es praktisch, die Präparate für die ganze Woche oder einen längeren Zeitraum übersichtlich in getrennte Fächer einzuordnen.

Sie werden feststellen, dass einige der hier genannten Produkte von der britischen Firma Biocare stammen. Da Roderick Lane an der Entwicklung von Produkten der Firma Biocare mitgearbeitet hat und diese in mehreren Fällen seine bevorzugten Produkte sind, sei es erlaubt, auf sie zu verweisen. Es bedeutet aber nicht, dass es nicht andere, ausgezeichnete Produkte auf dem Markt gibt. Andere hochwertige Marken finden Sie unter *Nützliche Adressen und Tipps* am Ende des Buches*.

Stressbedingte Verdauungsstörungen

Verdauungsprobleme sind sehr häufig, aber meist leicht zu beseitigen. Es kann sich um ein reines Verdauungsproblem oder um eine Begleiterscheinung einer stressbedingten Schwäche handeln. Wenn Sie unter einer oder mehreren der folgenden Beschwerden leiden, halten Sie sich an die einfachen Richtlinien in Kapitel 4 und an die Regeln für andere bestehende Funktionsstörungen.

* Tipp: Es geht auch ohne Internet und Import; fragen Sie Ihren Arzt oder Apotheker oder schauen Sie sich im Reformhaus um, lassen Sie sich beraten. Anm.d.Red.

Wichtiger Hinweis

Die Kreuze, die Sie in diesem Abschnitt machen, müssen Sie zu denen in den folgenden Abschnitten über Nebennieren, Schilddrüse, Leber und Hypoglykämie hinzuzählen.

Checkliste Verdauungsfunktion

- ☐ Häufige Beschwerden: Sie haben nach dem Essen immer/häufig ein ungutes Gefühl im Bauch.
- ☐ Vorübergehende Verdauungsprobleme: etwa leichte, vorübergehende Magenschmerzen (keine Blähungen) nach Käse, chinesischem Essen, würzigen Gerichten oder anderen Speisen
- ☐ Eines oder mehrere Nahrungsmittel verursachen Blähungen, Kopfschmerzen, Übelkeit oder vermehrten Durst; Sie bekommen beispielsweise von Brot Blähungen oder von Kaffee Kopfschmerzen.
- ☐ Wenig Appetit
- ☐ Häufiges Verlangen nach salzigen Dingen, wie z. B. Chips, gesalzenen Nüssen, Tiefkühlpizza usw.
- ☐ Wenn Sie müde sind, haben Sie heftiges Verlangen nach Pizza und Chips (oder anderen Industrieprodukten, die reichlich raffinierte Kohlenhydrate, Fett und Salz enthalten).
- ☐ Tägliches Verlangen nach Zucker in großen Mengen, etwa nach Süßigkeiten, Keksen, Kuchen, zuckerhaltigen Getränken
- ☐ Häufiges Verlangen nach raffinierten Kohlenhydraten, wie etwa Brot, Fertignudeln und anderen kohlenhydratreichen Speisen, auch Bananen
- ☐ Nach jeder Mahlzeit sofort heftiges Verlangen nach Süßem

- ☐ Müdigkeit und Schläfrigkeit sofort nach jeder Mahlzeit
- ☐ Essen mildert Depressionen und Ängste.
- ☐ Oft bleibt der Hunger auch nach der Mahlzeit; auch wenn man noch so viel isst, ist man selten satt und zufrieden.

Candida und Reizdarmsyndrom (RDS)

All jene Leser, bei denen Candida (auch als Candida-albicans-Infektion, Hefeninfektion, Hefensyndrom bezeichnet) oder RDS (Reizdarmsyndrom) diagnostiziert wurde, sind vielleicht auf der Suche nach spezifischen Diäten für diese zwei Syndrome. Daher möchten wir erklären, wie wir an diese beiden Erkrankungen, die zu Pauschalerklärungen für alle Probleme des Verdauungstrakts geworden sind, herangehen. Candida, ein Hefepilz, der im Darm siedelt, hat sich erst in den letzten 40 Jahren zu einem Problem entwickelt. Das liegt grundsätzlich an der häufigen Verwendung von Antibiotika (ob zur Behandlung von bakteriellen Krankheiten oder in der Viehzucht und bei der Trinkwasseraufbereitung). Antibiotika töten die »bösen Bazillen« bzw. Bakterien in unserem Verdauungstrakt, sie töten aber auch die »guten«.

Die Candida scheint immun gegen Antibiotika zu sein und überlebt die Behandlung mit einem Antibiotikum. Die in der Folge einer solchen Therapie weniger gewordenen »guten« Bakterien können die Hefen nicht mehr in Schach halten, sodass diese sich ausbreiten und den freien Platz einnehmen (und noch mehr).

Die meisten Symptome, die mit einer Candida-Infektion einhergehen, treten bei allen möglichen Verdauungsproblemen auf. Sie sind in Wahrheit Symptome einer allgemeinen Schwächung des Verdauungstrakts. Wir versuchen daher, den Verdauungstrakt zu stärken, damit er

mit derlei Herausforderungen fertig werden kann. Wir versuchen nicht, die Candida bzw. den Hefepilz abzutöten.
Reizdarmsyndrom ist eine Bezeichnung für eine Gruppe von Symptomen, die im Verdauungstrakt auftreten. Es bestehen Überschneidungen zu Candida-Infektionen; manche Ärzte halten es für schwierig, die beiden Erkrankungen zu unterscheiden. Viele der Symptome schließen auch Nahrungsmittelintoleranzen mit ein. Genauere Informationen über Probleme des Verdauungstrakts erhalten Sie in Kapitel 4.

Stressbedingte Nebennierenfunktionsstörungen

Die beiden Nebennieren sind das wichtigste System für die Stressbewältigung in unserem Körper. Wenn sie nicht richtig funktionieren, kann sich das in hohem Maß auf unsere gesamte Biochemie auswirken. Die Nebennieren sind »Doppelorgane«, die unmittelbar am oberen Ende der Nieren aufliegen und die eine Reihe von Hormonen produzieren, darunter Adrenalin, das »Kampf oder Flucht«-Hormon, das den Körper in die Lage versetzt, auf Reize und Stresssituationen zu antworten und mit ihnen zurechtzukommen.

Adrenalin veranlasst die Leber, ihre Zuckervorräte freizusetzen, damit die physischen Anforderungen in der Notsituation, etwa schnelles Laufen, harte Arbeit, hohe Konzentration, erfüllt werden können.

Die »Kampf oder Flucht«-Stressreaktion ist vor Millionen von Jahren entstanden, weil unsere Vorgänger gegen kriegerische Nachbarn kämpfen oder vor natürlichen Feinden wie dem Säbelzahntiger oder dem Berglöwen fliehen mussten. Heutzutage wird diese heftige biochemische Reaktion meist ausgelöst, wenn wir den Kontoauszug studieren, eine Auseinandersetzung mit dem Vorgesetzten haben, einen Familienurlaub planen oder stundenlang im Stau stecken. Der Unterschied ist nicht schwer zu erkennen: Unsere Vorfahren hätten die ausgeschütteten Substanzen durch Aktivität aufgebraucht – etwa durch Weglaufen, Verstecken oder Kämpfen. Wir bewegen uns dagegen nicht von der Stelle, die Substanzen durchfluten unseren Körper, sammeln sich an und werden zu einer Gefahrenquelle. Es gibt jedoch eine einfache Möglichkeit, dem vorzubeugen: Gehen Sie laufen, wenn Sie gerade eine Stresssituation hinter sich haben, oder steigen Sie einfach schnell die Treppe hinauf und hinunter, das sorgt ganz ausgezeichnet für Beruhigung, weil das Adrenalin »aufgebraucht« wird, bevor es Schaden anrichten kann. Bedenken Sie aber, dass es sich um eine Aktivität für Herz und Kreislauf handeln muss (ähnlich der »Kampf oder Flucht«-Stressreaktion), nicht um Gewichtheben. Langfristige Probleme werden sich jedoch durch körperliche Bewegung allein nicht lösen lassen. Zu viel körperliche Anstrengung kann die Stressbelastung sogar noch erhöhen, wie wir noch erklären werden.

Werden die Nebennieren durch übermäßige Anforderung überlastet oder durch Schock und Krankheit erschöpft und geschwächt, erfolgt die Stimulation der Leber durch sie nicht mehr ganz nach Plan. Das kann wiederum zu wilden Blutzuckerschwankungen führen – als wäre das Gaspedal im Auto aus Gummi. Manchmal läuft alles bestens; ein anderes Mal ist die Reaktion völlig unberechenbar. Führt eine schlechte Funktion der Nebennieren dazu, dass Blutzucker willkürlich produziert wird, kann das zu seltsamen Stimmungsschwankungen von »himmelhoch jauchzend« bis »zu Tode betrübt«

führen. Medizinisch bezeichnet man das als reaktive »Hypoglykämie«.

Eine weitere Folge einer Erschöpfung der Nebennieren können Rückenschmerzen sein. Der Körper versucht, durch eine Vergrößerung der Drüsen den Ausfall wettzumachen, ein Vorgang, der als Nebennierenhypertrophie (wörtlich: Schwellung der Nebennieren) bezeichnet wird. Die vergrößerten Nebennieren – sie vergrößern sich etwa so wie ein Muskel, der häufig im Einsatz ist – drücken auf umliegende Gewebe und Nerven, was zu Rückenschmerzen führt.

Kurze Phasen hoher Aktivität können diesen Schmerz unterdrücken, weil sie zur Ausschüttung natürlicher Schmerz mindernder Substanzen, der so genannten Nebennieren-Kortikosteroide, führen. Daraus kann allerdings ein Teufelskreis werden. Weil die Schmerzen vorübergehend nachlassen, wird die Aktivitätsphase verlängert. Das führt natürlich zu einer zunehmenden Erschöpfung der Nebennieren und zu verstärkten Beschwerden, woraufhin der Betroffene noch mehr trainiert. Manche Betroffenen trainieren zwei- bis dreimal täglich, um die Schmerzen, die mit der Erschöpfung der Nebennieren verbunden sind, zu mildern. Schließlich können sie die Belastung der Nebennieren und die Stimulation, der sie ihren Körper unterwerfen, nicht mehr aufrechterhalten. Der Körper kapituliert, folgende Leiden stellen sich ein: chronischer Rückenschmerz, Migräne, ständige Kopfschmerzen, chronische Müdigkeit, chronisches Erschöpfungssyndrom oder Drüsenfieber.

Das ist aber noch nicht alles: Die Adrenalinausschüttung führt auch zur Ausschüttung des Hormons Kortisol, das auf die Schilddrüse wirken und deren Hormonproduktion behindern kann, sodass diese Thyroxin schlechterer Qualität herstellt. Das führt zu gestörtem Wohlbefinden insgesamt und zu Müdigkeit. Frühe Warnzeichen sind oft morgendliche Müdigkeit,

Die Drüsen

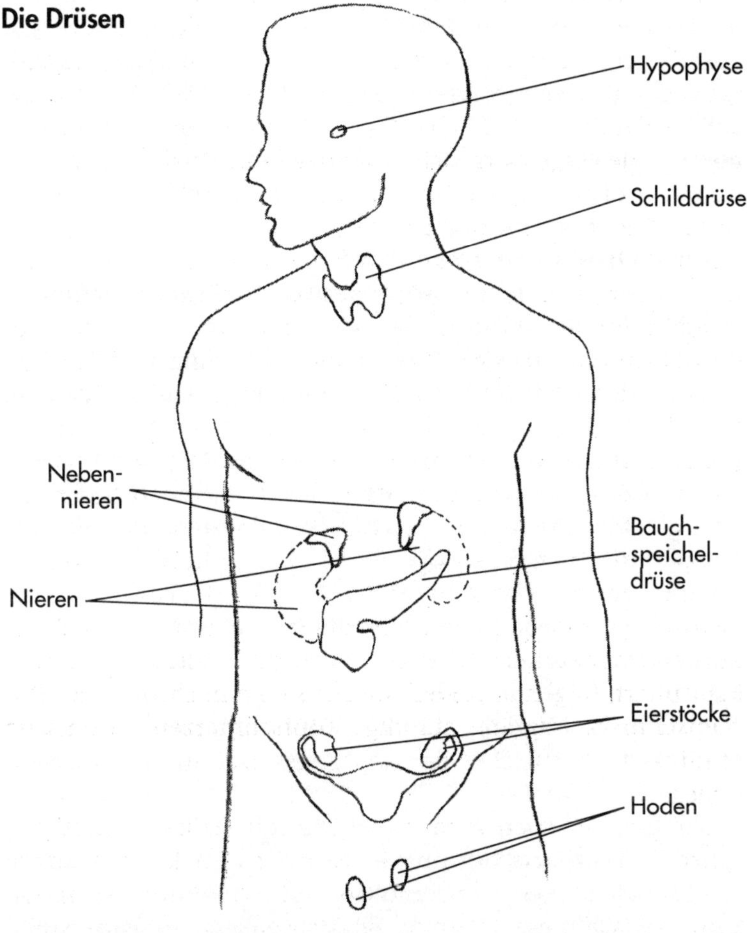
Hypophyse
Schilddrüse
Neben-
nieren
Bauch-
speichel-
drüse
Nieren
Eierstöcke
Hoden

trockene Haut, Kopfschmerzen, Depressionen, Muskelschmerzen, Schlafstörungen, sprödes Haar und schlechte Haut.

Sie sehen also schon, wie wichtig es ist, Störungen der Funktion der Nebennieren zu erkennen und zu beheben.

Checkliste Nebennierenfunktion

Jedes Kreuzchen ist 1 Punkt.

In der Vergangenheit:

- ☐ Waren Sie in Ihrer Kindheit Bettnässer?
- ☐ Litten Sie jemals vorübergehend unter Inkontinenz oder Störungen der Harnblase?
- ☐ Mussten Sie Kortison oder andere Steroide einnehmen?
- ☐ Mussten Sie sich einer Operation unter Vollnarkose unterziehen?
- ☐ Litten Sie jemals an einer schweren, gefährlichen Erkrankung wie Tuberkulose, Hepatitis, Blutvergiftung, echter Grippe, akuter Bronchialinfektion, Asthma oder einer anderen schweren Krankheit?

Haben oder hatten Sie folgende Symptome?

- ☐ ständige Müdigkeit
- ☐ Schlaflosigkeit
- ☐ niedrigen und/oder hohen Blutdruck
- ☐ Herzklopfen
- ☐ Schweißausbrüche oder ständig schweißnasse Hände und Füße (oft im Bett)
- ☐ Ohnmachtsanfälle
- ☐ Migräne und schwere Kopfschmerzen
- ☐ stechende Schmerzen hinter den Augen
- ☐ Asthma oder Atemnot
- ☐ Nackenschmerzen

- ☐ Rückenschmerzen
- ☐ Schmerzen im oberen Rücken, von den Schultern hinunter bis zu den Schulterblättern
- ☐ Nierenschmerzen (Menschen mit Nebennierenproblemen massieren oft ihre Seite, wenn sie von einem Stuhl aufstehen.)
- ☐ PMS (prämenstruelles Syndrom, siehe Seite 157)
- ☐ Ungeschicklichkeit
- ☐ Leberflecken oder bräunliche Verfärbungen auf den Handrücken
- ☐ Alkohol steigt Ihnen sofort zu Kopf; Sie sind schon von einem Glas Wein beschwipst.
- ☐ Intoleranz bzw. Unverträglichkeit von Zigarettenrauch, Parfum, Autoabgasen, Reinigungsmittelgerüchen
- ☐ roten Hautausschlag oder Nesselausschlag und fleckige Haut
- ☐ Mundtrockenheit auch nach hohem Wasserkonsum
- ☐ Verlangen/Bedürfnis, täglich Kaffee oder koffeinhaltige Getränke zu trinken
- ☐ Verlangen/Bedürfnis, täglich Alkohol zu trinken
- ☐ Probleme mit heißem Wasser oder Temperaturschwankungen
- ☐ Verlangen nach aufregenden, schnellen Sportarten, sodass man Sie schon als Adrenalin-Junkie bezeichnet (Wenn Sie diese Frage mit Ja beantworten, werfen Sie einen Blick auf die Checkliste Schilddrüsenfunktion auf Seite 131.)
- ☐ Angst
- ☐ Nervosität
- ☐ Stimmungsschwankungen
- ☐ Konzentrationsstörungen – Ideen und Gedanken sind einfach weg
- ☐ Der Gedanke an mögliche Konflikte jeglicher Art (Streit, Diskussionen, sogar Gespräche) führt sofort zu Müdigkeit.

- ☐ Sie werden mit belastenden Ereignissen, wie etwa Familientreffen, nicht fertig.
- ☐ Sie erschrecken leicht, beim geringsten Geräusch.
- ☐ Panikattacken
- ☐ Sie werden leicht emotional und/oder gehen schnell in die Luft.

Auswertung

Zählen Sie Ihre Kreuzchen. Im Idealfall sollten es 0 Punkte sein. Wenn das der Fall ist, gehen Sie weiter zur nächsten Checkliste.

Sie haben zwischen 1 und 8 Punkte

Die meisten Erwachsenen in unserer turbulenten Welt werden zwischen 1 und 8 Punkte haben. Das scheint nicht viel zu sein, dennoch können Sie darunter leiden. Schön daran ist jedoch, dass Sie heute noch etwas dagegen unternehmen können. Halten Sie sich an das allgemeine Anti-Stress-Programm (siehe Seite 113 f.), bis die Symptome verschwunden sind.

Menschen mit überlasteten Nebennieren sind oft überaktiv und essen nichts, achten Sie also besonders auf eine gute Ernährung. Essen Sie reichlich frisches Obst und Gemüse, mageres weißes Fleisch, Fisch und fettarme Milchprodukte. Die Nebennieren sind besonders empfänglich für liebevolle Fürsorge, kleine Veränderungen wirken sich daher meist sofort aus.

Anti-Stress-Programm: Nebennieren

- Biotyp-Diät: Halten Sie sich sofort an die Ernährungsrichtlinien für Ihren Biotyp. Wählen Sie frische Bioware.
- Würzen Sie nur mäßig, Gewürze wirken anregend und können Angstsymptome verschlimmern.
- Wer viele raffinierte Kohlenhydrate zu sich nimmt (wie Weißmehl und Zucker, die oft in verarbeiteten Produkten

Fünf Dinge, die Sie heute noch tun können

1. Trinken Sie zwischen den Mahlzeiten reichlich stilles, zimmerwarmes Wasser und schwachen grünen Tee, abends zum Entspannen Kamillentee.
2. Machen Sie nach der Arbeit einen gemütlichen Spaziergang oder gehen Sie schwimmen, anstatt ins Fitnessstudio zu gehen oder Wettkampf-Sportarten zu treiben.
3. Duschen oder baden Sie nicht unmittelbar vor dem Zubettgehen: Lassen Sie Ihrem Körper vor dem Schlafen zumindest 30 Minuten Zeit, wieder zur Raumtemperatur zurückzukehren.
4. Verwenden Sie zum Duschen/Baden duftende, entspannende Kräuteressenzen oder genießen Sie Aromatherapie, beispielsweise Lavendel.
5. Sehen Sie sich vor dem Schlafengehen keine aufregenden Fernsehprogramme oder Filme an, hören Sie keine schnelle, aufregende Musik.

enthalten sind), sollte diese reduzieren oder vorzugsweise ganz weglassen. Studieren Sie die Verpackungsangaben und meiden Sie Speisen mit Zucker oder zuckerähnlichen Stoffen (Maltose, Saccharose, Fruktose, Glukose, Galaktose), Sirup (Mais-, Ahorn- oder Gerstenmalzsirup) und Süßstoffen (etwa Aspartam und Saccharin).

- Hände weg vom Salzstreuer, gilt besonders für Pioniere.
- Nehmen Sie Ihren Alkohol- und Zigarettenkonsum kritisch unter die Lupe. Hören Sie ganz damit auf, wenn es geht. Wenn nicht, achten Sie darauf, dass Sie Alkohol und Zigaretten nicht als Mittel gegen Stress ansehen. Andernfalls riskieren Sie, in eine möglicherweise selbstzerstörerische Gewohnheit zu verfallen.

Sie haben zwischen 9 und 19 Punkte

Dieser Wert entspricht einer mäßig großen Belastung der Nebennieren, die zu diesem Zeitpunkt zwar noch nicht schwerwiegend ist. Ihr Zustand ist aber nicht unbedingt gut, und die Situation könnte akut werden, wenn Sie nichts unternehmen. Befolgen Sie die Vorschläge für 1 bis 8 Punkte und zusätzlich das Ergänzungsprogramm, nehmen Sie Ihren Lebensstil ernsthaft unter die Lupe und setzen Sie Ihre Prioritäten neu.

Was zu tun ist

- Halten Sie sich an die Vorschläge für 1 bis 8 Punkte (siehe Seite 124).
- Halten Sie sich an das folgende Ergänzungsprogramm.

Ein beruhigender Schluck Wasser

Probleme mit den Nebennieren werden durch Wassermangel noch schlimmer. Haben Sie stets Wasser zur Hand, sei es im Auto oder am Schreibtisch, wo Ihre »Kampf oder Flucht«-Stressreaktion nicht über den eigenen Körper hinauskommt. Bevor Sie also einen Wutanfall über andere Autofahrer oder Arbeitskollegen bekommen, nehmen Sie einen kräftigen Schluck Wasser. Das Wasser sollte still und zimmerwarm sein, kaltes Wasser wirkt oft entwässernd.

Nahrungsergänzung bei Nebennierenfunktionsstörungen

Unterstützen Sie Ihre Nebennieren mit hilfreichen Ergänzungspräparaten. Nehmen Sie diese, bis das Problem nicht mehr besteht. Beobachten Sie Ihre Reaktion, indem Sie jeden Monat die Checkliste durchgehen und Veränderungen registrieren. Sie werden sehen, dass andere Leute – Familie, Freunde,

Arbeitskollegen – weit schärfer beobachten. Sie werden Ihnen genau sagen, was los ist ...

Nehmen Sie ein:

- »Biocare Vitamin-B-Komplex« morgens*
- »Biocare Beta-Carotin« (15 mg) morgens
- »Biocare AD206«, ein spezifisches Kräuter- und Nährstoffpräparat zur Unterstützung der Nebennieren oder »Core Level Adrenal« von Nutri
- 2 g Vitamin C täglich, möglichst mitten am Nachmittag (oder auch später, wenn Sie es vergessen), vorzugsweise in Form von Magnesiumascorbat oder Kaliumascorbat (beide nicht sauer), nicht als Natriumascorbat
- Spurenelemente-Komplex zum Abendessen; versuchen Sie »Multi-mineral Complex« von Biocare oder jeden anderen Spurenelemente-Komplex, der Chrom GTF (Glukosetoleranzfaktor) enthält
- 1 g Magnesium zum Abendessen; versuchen Sie »Biomagnesium« von Biocare oder andere gute Produkte; in Kombination mit dem Spurenelemente-Komplex beruhigt das Geist und Nerven und fördert den guten Schlaf

Homöopathische Therapie

- Nehmen Sie 10 Tropfen »Adrenal Liquescence« von New Vistas Ireland zweimal täglich, etwa 20 Minuten vor dem Frühstück und Abendessen. Nehmen Sie die Tropfen zunächst 28 Tage lang ein; wenn dann bereits eine deutliche Besserung durch alle Maßnahmen eingetreten ist, können Sie die Tropfen absetzen. Wenn nicht, nehmen Sie die Tropfen weitere 28 Tage.

* Für alles Folgende gilt: Sollte die Zusendung der genannten Produkte Schwierigkeiten bereiten, fragen Sie Ihren Arzt oder Apotheker nach analogen/gleichwertigen Präparaten. Anm. d. Red.

Lernen Sie, sich zu entspannen
Üben Sie Ihre liebste Entspannungstechnik täglich, ob Sie nun Musik hören, Yoga oder Tai Chi machen, meditieren, entspannt schwimmen, im Garten arbeiten, kochen oder einen gemütlichen Spaziergang im Park machen. Entspannung ist ein wesentlicher Bestandteil Ihres Lebens, kein Luxus, räumen Sie ihr also täglich ein wenig Zeit ein. Auch wenn Sie noch so beschäftigt sind – planen Sie Zeit zum Entspannen ein.

In Kapitel 7 finden Sie unsere Vorschläge zu Meditation und kreativem Visualisieren.

Taxieren Sie Ihren beruflichen Stress
Wie ist die Situation am Arbeitsplatz, wie groß ist der Stress – gibt es Alternativen, andere Jobs, andere Arbeitsformen? Schon kleine Veränderungen können einen großen Unterschied machen:

- Machen Sie eine Liste mit all den Dingen, die Sie an jedem Tag tun müssen (möglichst am Vorabend, damit Sie sich danach wirklich entspannen können), und ordnen Sie die Dinge nach Wichtigkeit; haken Sie ab, was erledigt ist.
- Planen Sie mehr Zeit für die einzelnen Tätigkeiten ein: Seien Sie realistisch! Sie ersparen sich und anderen eine Menge Stress und Angst.
- Vergessen Sie nicht, Fahr- und »Problem«-Zeiten einzuplanen, wenn Sie von A nach B kommen müssen.
- Informieren Sie die anderen, wenn Sie zu spät dran sind; nehmen Sie das Handy mit, wenn kein Festnetzanschluss verfügbar ist.

Top-Tipp

Tanken Sie das Auto, bevor der Zeiger auf null steht.

Überdenken Sie, was Ihnen Spaß macht
Nehmen Sie Ihre Freunde und Ihr Gesellschaftsleben genauer unter die Lupe: Sind Sie viel mit Menschen zusammen, die ständig überdreht sind, für die ein Leben ohne Extreme undenkbar wäre? Partys und Alkohol können lustig sein, können gut tun – in Maßen. Im Übermaß belasten sie die ohnehin überlasteten Nebennieren noch mehr. Weder Drogen noch Nikotin sind in *irgendeiner* Weise gut für Sie. Schreiben Sie auf, was Sie wirklich gern tun, welche Menschen Sie wirklich gern treffen. Führen Sie nur die an, die Ihnen wirklich Lebensfreude, Trost und Wärme vermitteln, und machen Sie diese zu Fixpunkten in Ihrem Leben.

Sie haben 20 Punkte oder mehr
Sie sind gefährlich nahe an einer akuten Störung der Nebennieren und sollten Ihren Lebensstil und Ihre Ernährung sofort umstellen. Suchen Sie Ihren Hausarzt oder einen ausgebildeten Fachmann für Naturheilkunde auf.

Wenn Sie über lange Zeit Rückenschmerzen haben, konsultieren Sie einen Chiropraktiker oder Osteopathen. Die Wirbelsäule könnte Blutgefäße oder Nerven, die zu den Nebennieren führen, beeinträchtigen und dadurch Funktionsstörungen auslösen.

Stressbedingte Schilddrüsenfunktionsstörungen

Probleme mit der Schilddrüse gehören heute zu den am weitesten verbreiteten und am häufigsten nicht erkannten hormonellen Störungen in der westlichen Welt. Die Schilddrüse reguliert über das Hormon Thyroxin den Stoffwechsel des gesamten Körpers und der einzelnen Körperzellen. Wenn sie nicht gut funktioniert, hat das weitreichende Auswirkungen auf Körper und Gehirn.

Menschen mit Schilddrüsenproblemen haben, auch wenn es sich um geringfügige Probleme handelt, oft das Gefühl, das Leben ginge an ihnen vorbei: Sie können sich einfach zu nichts aufraffen. Häufigstes Symptom ist eine konstante, leichte Müdigkeit. Auch wenn sie gesund und glücklich sind, fühlen sich Menschen mit einer Schilddrüsendysfunktion immer ein wenig müde. Andere häufige Symptome sind schlechte Verdauung und Gewichtszunahme, trockene Haut, sprödes Haar, brüchige Fingernägel, schütteres Haar im Stirnbereich sowie Störungen des Gedächtnisses, der emotionalen Stabilität und der Libido.

Man kann eine geringfügige Störung der Schilddrüse mit einer Stimulation durch intensives körperliches Training ausgleichen. Die Symptome gehen dann kurzfristig zurück, auf lange Sicht führt das jedoch häufig zu einer Erschöpfung der Nebennieren und der Schilddrüse. Der Grund liegt darin, dass diese Menschen das Bedürfnis haben, mindestens zweimal täglich intensiv zu trainieren, um sich einigermaßen »lebendig« zu fühlen. Körperliche Bewegung ist gesund, wenn man sich aber zweimal am Tag gewaltig verausgaben muss, um einigermaßen »lebendig« zu sein, dann ist etwas faul.

Überprüfung der Schilddrüsenfunktion

Die Hauptursache für eine Schilddrüsendysfunktion ist die Unterfunktion der Schilddrüse, neuere Forschungen zeigen jedoch, dass es auch ein sekundäres Problem gibt, nämlich wenn Menschen unter Stress minderwertiges Thyroxin (Schilddrüsenhormon) produzieren, das seine Aufgaben im Körper nicht voll erfüllen kann. Das heißt, Thyroxin wird zwar normal produziert, aber es hat nicht die erforderliche Qualität – als würde der Körper Paraffin herstellen, wenn Raketentreibstoff gefragt ist.

Aus naturheilkundlicher Sicht erfolgt die exakteste Bestimmung der Aktivität der Schilddrüse durch Messung der Basaltemperatur, in der sich die Stoffwechselrate widerspiegelt. Das ist die Geschwindigkeit, mit der der Körper Fette, Kohlenhydrate und Eiweiße aus der Nahrung und aus seinen Speichern in Energie umwandelt. Die Stoffwechselrate wird von der Schilddrüse bestimmt. Ist die Schilddrüsenfunktion nicht ausreichend, ist die Basaltemperatur niedrig und umgekehrt.

Der beste Test – und der billigste und einfachste – ist die axillare Temperaturmessung nach Barnes, bei der die Temperatur in der Achselhöhle gemessen wird; sie zeigt die Auswirkungen der Schilddrüse auf die Zellen.

Checkliste Schilddrüsenfunktion

Jedes Kreuzchen ist 1 Punkt.

Welche der folgenden Punkte treffen auf Sie zu – ob gegenwärtig oder in der Vergangenheit?

- ☐ Sie stehen morgens müde auf – sind kein »Morgenmensch«, am Nachmittag fühlen Sie sich leistungsfähiger.
- ☐ Mehr Schlaf hilft auch nicht: Egal, wie lange Sie schlafen, Sie sind immer müde.
- ☐ Lethargie
- ☐ konstant niedrige Körpertemperatur, etwa unter 36,8° C
- ☐ ständiges Frösteln
- ☐ Man erwärmt sich nur schwer, wenn man gefroren hat.

- ☐ Hauttrockenheit, Neigung zu Ekzemen
- ☐ rissige Haut an den Fersen
- ☐ dünnes, schütteres und/oder brüchiges Haar, das langsam wächst
- ☐ Haarausfall an den Augenbrauen
- ☐ schwache, langsam wachsende Fingernägel
- ☐ Wasseransammlungen, etwa Schwellungen an Augenlidern und im Gesicht, Neigung zu geschwollenen Füßen, Knöcheln oder Händen
- ☐ kalte Hände und Füße
- ☐ Kopfschmerzen
- ☐ Migräne im Vorderkopf oder Gesichtsbereich
- ☐ steife Gelenke und Muskeln
- ☐ nächtliches Gliederzucken
- ☐ nächtliche Krämpfe
- ☐ Herzrhythmusstörungen
- ☐ Neigung zu mitunter scheinbar grundlosen blauen Flecken
- ☐ schlechte Verdauung
- ☐ unregelmäßiger Appetit/gar kein Appetit
- ☐ Gewichtsprobleme, Gewichtsabnahme unmöglich
- ☐ Verstopfung oder unberechenbarer Stuhlgang
- ☐ hoher Cholesterinspiegel
- ☐ Verlust der Libido
- ☐ unregelmäßige oder ausbleibende Menstruation
- ☐ Knoten in der Brust
- ☐ erschwerte Empfängnis
- ☐ Fehlgeburten – Schwangerschaften enden nach dem ersten Drittel
- ☐ fettige Haut im Gesicht
- ☐ langsames und/oder undeutliches Sprechen
- ☐ Störung des Kurzzeitgedächtnisses
- ☐ schlechte Koordination, Ungeschicklichkeit
- ☐ Nervosität und/oder nervöse Erregung

- ☐ Ängste
- ☐ Saisonal abhängige Depression (SAD) – »Winterdepression«

Auswertung

Zählen Sie Ihre Kreuzchen. Im Idealfall sollten es – wie bei den Nebennieren – 0 Punkte sein. Wenn das der Fall ist, gehen Sie weiter zur nächsten Checkliste.

Sie haben zwischen 1 und 8 Punkte

Das mag wenig erscheinen, aber Sie fühlen sich vielleicht dennoch müde und unwohl. Die gute Nachricht lautet, einfache Umstellungen der Ernährung können das in Ordnung bringen.

Anti-Stress-Programm: Schilddrüse

- Beginnen Sie sofort mit der Diät für Ihren Biotyp. Wählen Sie Frischware, möglichst aus ökologischer Landwirtschaft.
- Wenn Sie viele Kohlenhydrate essen, wie etwa weißen Zucker und Mehl sowie Fertigprodukte, reduzieren Sie diese oder lassen Sie sie ganz weg.
- Meiden Sie Nahrungsmittel mit Zucker oder zuckerähnlichen Stoffen (Maltose, Saccharose, Fruktose, Glukose, Galaktose), Sirup (Mais-, Ahorn- oder Gerstenmalzsirup) und Süßstoffe (etwas Aspartam und Saccharin).
- Nehmen Sie Ihren Alkohol- und Zigarettenkonsum kritisch unter die Lupe. Hören Sie damit auf, wenn es geht. Wenn nicht, achten Sie darauf, dass Sie Alkohol und Zigaretten nicht als Mittel gegen Stress ansehen. Andernfalls riskieren Sie, in eine selbstzerstörerische Gewohnheit zu verfallen.

Fünf Dinge, die Sie heute noch tun können

1. Geben Sie Kaffee, Schwarztee und Alkohol auf. Trinken Sie reichlich schwachen grünen Tee und stilles, zimmerwarmes Wasser.
2. Streichen Sie Erdnüsse, Soja in jeder Form, Kohl (und alle Angehörigen der Kohlfamilie wie Rosenkohl, Brokkoli, Grünkohl und Blumenkohl) und Senf von Ihrem Speiseplan. Diese Nahrungsmittel blockieren die Aufnahme von Jod, das für die Schilddrüse unerlässlich ist.
3. Essen Sie Schalentiere oder Tiefseefisch wie Barsch, Schellfisch oder Kabeljau, weil diese reichlich Jod enthalten.
4. Essen Sie jodreichen Seetangsalat oder streuen Sie Noriflocken über Ihre Speisen.
5. Üben Sie sich in Stille: Verharren Sie einige Augenblicke in völliger Ruhe, atmen Sie langsam und gleichmäßig, lassen Sie den Blick aus dem Fenster in die Ferne schweifen.

Vergessen Sie nicht: Menschen mit Schilddrüsendysfunktion essen oft, um gegen ihre Antriebslosigkeit anzukämpfen; sie gehen ständig an den Kühlschrank, naschen immer wieder und setzen sich doch nie zu einer richtigen Mahlzeit. Sie halten sich für schwache Esser, nehmen aber in Wahrheit mit all den Snacks zwei- bis dreimal mehr Kalorien zu sich als mit einer einzigen anständigen Mahlzeit.

Sie haben zwischen 9 und 19 Punkte

Dieser Wert steht für eine mäßig große Belastung der Schilddrüse, die zu einem akuten Problem werden kann, wenn keine Maßnahmen getroffen werden. Halten Sie sich an das Anti-

Stress-Programm für 1 bis 8 Punkte (siehe Seite 133) und gehen Sie mit speziellen Nahrungsergänzungspräparaten gegen Ihre Schilddrüsenschwäche vor.

Was zu tun ist
Halten Sie sich an die Vorschläge für 1 bis 8 Punkte (siehe Seite 133 f.).

- Halten Sie sich an das folgende Ergänzungsprogramm.

Nahrungsergänzung bei Schilddrüsenfunktionsstörungen
Nehmen Sie diese Ergänzungspräparate, bis das Problem behoben ist. Beobachten Sie Ihre Reaktion, indem Sie die Fragen monatlich durchgehen und Veränderungen festhalten.

Nehmen Sie ein:

- Eine Kapsel »Biocare Vitamin-B-Komplex« zum Frühstück (Achtung: Der Harn kann davon sehr gelb werden, das ist völlig okay.)
- 2 g Vitamin C zum Frühstück
- 500 mg L-Tyrosin (eine Aminosäure) zum Frühstück und Abendessen
- Einen Spurenelemente-Komplex zum Abendessen, etwa »Multimineral Complex« von Biocare oder vergleichbare Präparate, die Chrom GTF (Glukosetoleranzfaktor) enthalten
- 500 mg Magnesium zum Abendessen, etwa »Biomagnesium« von Biocare oder andere gute Produkte; in Kombination mit dem Spurenelemente-Komplex beruhigt es Geist und Nerven und fördert den guten Schlaf.
- Leinöl, zwei Kapseln à 1 g täglich, eine zum Frühstück und eine zum Abendessen; Sie können es durch ein anderes Präparat mit essenziellen Fettsäuren ersetzen, etwa durch Nachtkerzenöl, Borretschöl oder Öl der schwarzen Johannisbeere

Nehmen Sie eines der folgenden Präparate ein:

- Seetang (wegen seines hohen Jodgehalts): in Kapselform oder bei jeder Mahlzeit als Flocken (Nori oder Wasabi) über die Speisen gestreut

oder

- »TH207 von Biocare« (ein pflanzliches Schilddrüsenpräparat); nehmen Sie davon täglich zwei Kapseln, eine zum Frühstück und eine zum Abendessen

oder

- »Core Level Thyro« von Nutri; zweimal täglich, eine Kapsel zum Frühstück und eine zum Abendessen

Top-Tipp

Sorgen Sie dafür, dass Ihnen nicht kalt ist. Damit entlasten Sie die Schilddrüse und bleiben leistungsfähiger. Nützen Sie sonnige Sommertage zu einem ausgiebigen Sonnenbad. Vergessen Sie aber nicht, sich sorgfältig einzucremen. Wir empfehlen biologischen Sonnenschutz, ob andere Produkte auf lange Sicht ungefährlich sind, wird noch erhoben. Tragen Sie im Winter warme Kleidung und gehen Sie möglichst oft in die Sauna, um Ihre Kerntemperatur zu erhöhen.

Homöopathische Therapie

Nehmen Sie jeweils 10 Tropfen »Thyroid Liquescence« von New Vistas Ireland zweimal täglich, mindestens 20 Minuten vor dem Frühstück und Abendessen. Nehmen Sie die Tropfen zunächst 28 Tage lang ein; wenn die Maßnahmen insgesamt dann zu einer deutlichen Besserung geführt haben, können Sie aufhören. Wenn nicht, nehmen Sie die Tropfen weitere 28 Tage.

Sie haben 20 Punkte oder mehr

Sie sind gefährlich nahe an einer akuten Unterfunktion der Schilddrüse, wir empfehlen Ihnen, den Hausarzt oder einen qualifizierten Fachmann für Naturheilkunde aufzusuchen. Eventuell müssen Sie für einige Zeit Thyroxin als verschreibungspflichtiges Medikament einnehmen. Wenn Sie über lange Zeit Nacken- oder Rückenschmerzen haben, konsultieren Sie einen Chiropraktiker oder Osteopathen. Die Wirbelsäule könnte Blutgefäße oder Nerven, die zur Schilddrüse führen, beeinträchtigen und dadurch Funktionsstörungen auslösen. Gehen Sie auch noch zum Fragebogen für die Wirbelsäule auf Seite 164.

Stressbedingte Leberfunktionsstörungen

Alles, was in Ihrem Körper vor sich geht, betrifft früher oder später die Leber. Sie ist unser größtes und kompliziertestes Organ, wiegt beim Mann im Durchschnitt 1,8 Kilogramm, bei der Frau 1,3 Kilogramm. Die Leber ist die Zentralstelle für alle Routineabläufe des täglichen Lebens – und davon gibt es mehr als 200 – und hat mehr Aufgaben als jedes andere Organ oder System.

Was Ihre Leber leistet

- Die Leber ist die Zentrale der Blutbahn. Sie ist das einzige Organ, das mit zweierlei Blut versorgt wird: Eines bringt frische Nährstoffe aus Magen und Darm, das andere kommt direkt vom Herzen und bringt frischen Sauerstoff. In jeder Minute passieren 1,8 Liter Blut die Leber.
- Die Leber ist auch die Schaltstelle für Elimination und Wie-

derverwertung, das heißt, sie entscheidet, welche Gift- und Abfallstoffe zerlegt und ausgeschieden und welche von Leberenzymen in nützliche Substanzen umgewandelt werden.

- Als Schaltstelle für die Ausscheidung kommt der Leber auch eine große Bedeutung für das Immunsystem (der körpereigenen Abwehr gegen Eindringlinge) zu; hoch entwickelte Zellen (die sogenannten Kupffer-Sternzellen) übernehmen die Funktion der Müllabfuhr und zerstören Viren, Bakterien, abgestorbene Zellen, teilweise verdaute Eiweiße in der Blutbahn, die zu allergischen Reaktionen führen können, und andere unerwünschte Eindringlinge.
- Die Leber ist der unentbehrliche Glykogenspeicher (die dort gespeicherten Zucker liefern unsere Lebensenergie), daneben speichert sie auch die Vitamine A, B und D sowie Spurenelemente.
- Die Leber ist eng mit der Zerlegung der Hormone Adrenalin und Thyroxin verbunden sowie mit deren Umwandlung in Bestandteile, aus denen andere nützliche biochemische Substanzen entstehen.

Unsere Leber ist ein außergewöhnlich leistungsfähiges Organ und wird – wenn sie gesund ist – mit allem fertig, was auf sie zukommt. Heute aber sind wir solchen Unmengen von toxischen Substanzen ausgesetzt, dass sie sich anreichern, die Leber ständig belasten und ihre optimale Funktion beeinträchtigen.

Die Leber reagiert sehr empfindlich auf schädliche Stoffe. Der wichtigste schädliche Stoff ist der Alkohol – hoher Alkoholkonsum über einen langen Zeitraum ist die häufigste Ursache für Leberleiden. Ein einziges alkoholisches Getränk kann theoretisch bis zu eine Million Gehirn- und Leberzellen absterben lassen.

Andere Substanzen, die – im Übermaß genossen – der Leber Probleme bereiten können, sind Kaffee, Zucker, Erfrischungsgetränke, Schmerzmittel und andere Arzneimittel. Sie erhöhen die Arbeitslast der Leber. Auch die Antibabypille erhöht, da es sich um ein synthetisches Hormon handelt, die Belastung für die Leber, das Gleiche gilt für die Hormonersatztherapie.

Technische Stoffe wie Toner und Tinte in Kopiergeräten sind ein Problem für empfindliche Menschen, anderen machen sie nichts aus. Toner und Tinte geben Lösungsmittel an die Umgebung ab, die in die Leber gelangen und dort entgiftet werden müssen; das bereitet ähnliche Probleme wie der Lösungsmittelmissbrauch (»Schnüffeln«).

Die Geschichte von der Leber, der Gallenblase und dem unentbehrlichen Fett

Leber und Gallenblase gehören zwar nicht zusammen, haben aber eine gemeinsame Funktion. Die Leber produziert Galle, die in der Gallenblase gespeichert wird, einem kleinen, muskulösen Schleimhautsack, der Galle in den Lebergallengang befördert, wo sie sich mit den von der Bauchspeicheldrüse abgegebenen Enzymen verbindet. Die Galle emulgiert Fette, etwa so wie ein Reinigungsmittel. Fett wird zu einer trüben, milchigen Substanz, die von Enzymen zerlegt werden kann. Wenn Sie eine schlechte Leberfunktion und daher zu wenig Galle und Enzyme haben, kann der Körper Fette nicht zerlegen. Das ist ein großes Problem, denn Fett ist unerlässlich für das ungestörte Funktionieren unseres Organismus.

Gute Fette, häufig als essenzielle Fettsäuren oder EFS (siehe Seite 145) bezeichnet, sind ab der Entstehung des Lebens an einer ganzen Reihe von Vorgängen im Körper beteiligt. Ein Mangel an EFS kann die Fruchtbarkeit beeinträchtigen, EFS sind entscheidend für die gesunde Entwicklung des Babys im Mutterleib, besonders die der Augen und des Gehirns. Frauen mit Kinderwunsch sollten möglichst schon sechs Monate vor einer Schwangerschaft mit der Einnahme von EFS beginnen. Stillen ist wichtig, weil die Muttermilch reich an EFS ist. Das könnte mit ein Grund dafür sein, dass Forschungen für gestillte Babys einen höheren IQ ergeben als für Flaschenkinder. (Manche Babynahrungen enthalten nun EFS; suchen Sie auf dem Etikett nach DHA – Docosahexaensäure.)

Gute Fette sind gut für das Herz. Mehrfach ungesättigte Fettsäuren (Omega-6 aus pflanzlichen Quellen wie Sonnenblumenkernen und Soja und Omega-3 aus fettreichem Fisch) sind essenziell, weil der Körper sie nicht selbst herstellen kann. Omega-3-Fettsäuren helfen gegen Schmerzen und Morgensteifigkeit bei rheumatoider Arthritis und können Erleichterung für Asthmatiker bringen. Ein Mangel an Omega-3-Fettsäuren kann die Entstehung eines nicht insulinabhängigen Diabetes begünstigen. Einfach ungesättigte Fettsäuren (wie in Olivenöl, Rapsöl, Avocados und Nüssen enthalten) tragen zur Senkung gefährlicher Cholesterinwerte bei und schützen vor Herzerkrankungen und Schlaganfall. Forschungen deuten darauf hin, dass eine weitere essenzielle Fettsäure, die Eicosapentaensäure (EPA), Gewichtsverlust bei Patienten, die an einer Krebserkrankung des Magen-Darm-Trakts leiden, verhindern kann. Einige Studien liefern auch Hinweise, dass EPA bei psychischen Störungen hilft, auch bei allen Formen von Depressionen. Schon regelmäßiger Fischverzehr (fischölreiche Fische) wirkt sich aus.

Eine weitere Fettsäure, die konjugierte Linolsäure (CLS), fördert die Gewichtsabnahme. Sie erhöht die Fettverbrennungsrate und unterstützt die Entgiftungsprozesse der Leber. CLS kann in Form von Präparaten eingenommen

werden und kommt natürlich in vollfetter Biomilch und Biorindfleisch vor, den wichtigsten Nahrungsmitteln der groß gewachsenen, schlanken Massai in Ostafrika.
Wer zu wenig Fett isst, riskiert, auf lange Sicht eine ganze Reihe von Beschwerden zu entwickeln, etwa nervöse Ängste, Depressionen und andere psychische Störungen, Unruhe der Gliedmaßen (»Restless-legs-Syndrom«), Gelenksteifigkeit, PMS, Menstruationsstörungen, trockene Haut, brüchige Nägel, stumpfes Haar, Müdigkeit, Trockenheit der Scheide, Schmerzen beim Geschlechtsverkehr und vorzeitige Alterung.

Checkliste Leberfunktion

Jedes Kreuzchen ist 1 Punkt.

In der Vergangenheit:
Trifft einer der folgenden Punkte auf Sie zu?

- ☐ Lebererkrankungen wie Hepatitis oder Zirrhose
- ☐ Drüsenfieber, myalgische Enzephalomyelitis (ME, *E. benigna myalgica)* oder Epstein-Barr-Virus
- ☐ Diabetes, selbst oder in der Familie
- ☐ Gallensteine oder Entfernung der Gallenblase
- ☐ anhaltendes Übergewicht von mindestens drei Kilo
- ☐ ständig sehr hoher Körperfettanteil, bedingt durch neun Kilo oder mehr Übergewicht
- ☐ Arbeit oder häufiger Kontakt mit Reinigungsmitteln für die Trockenreinigung
- ☐ Arbeit oder häufiger Kontakt mit Farben, Lacken und Lösungsmitteln (Klebern)
- ☐ Arbeit oder häufiger Kontakt mit Holzschutzmitteln oder landwirtschaftlichen Spritzmitteln und Chemikalien
- ☐ Arbeit oder häufiger Kontakt mit giftigen Chemikalien

Haben oder hatten Sie folgende Symptome?

- ☐ Alkoholkonsum – öfter als viermal die Woche
- ☐ geringe Alkoholtoleranz – Sie sind sehr schnell beschwipst oder betrunken
- ☐ regelmäßige Einnahme von Schmerzmitteln und/oder Mitteln gegen Kopfschmerz oder Migräne
- ☐ Zuckerreiche Speisen werden schlecht vertragen, Reaktion mit erhöhtem Durst, Stimmungsschwankungen und Ängsten
- ☐ Schokolade wird schlecht vertragen, Reaktion mit Durst, Stimmungsschwankungen und Ängsten
- ☐ Ölige oder fettige Speisen werden schlecht vertragen, Reaktion mit Übelkeit, Kopfschmerzen, Blähungen
- ☐ natürliche Abneigung gegen Sahne, Butter und Käse
- ☐ Neigung zu rascher Gewichtszunahme
- ☐ hohe Cholesterinwerte
- ☐ chronischer Juckreiz
- ☐ Migräne
- ☐ dicke Rillen an den Fingernägeln
- ☐ chronische Verstopfung
- ☐ übelriechende Darmwinde
- ☐ blasse, fettige Stühle, die »schwimmen«
- ☐ erhöhte Blutungsneigung, schlechte Blutgerinnung
- ☐ chronische Müdigkeit
- ☐ ständiges Schlafbedürfnis
- ☐ Müdigkeit nach dem Essen
- ☐ Schmerzen auf der rechten Seite des Bauches
- ☐ stechender Schmerz unter den Schulterblättern
- ☐ akute Nackenschmerzen
- ☐ dunkle Ringe oder Säcke unter den Augen
- ☐ Empfindlichkeit gegen Chemikalien: Parfum, Abgase und Ähnliches werden schlecht vertragen

Auswertung

Wie bei Nebennieren und Schilddrüse sollten Sie in einer idealen Welt 0 Punkte haben. Die Belastungen des modernen Lebens führen aber dazu, dass die meisten Menschen zwischen 1 und 8 Punkte haben werden. Auch hier können einfache Umstellungen des Lebensstils Hilfe bringen.

Sie haben zwischen 1 und 8 Punkte

Das mag wenig erscheinen, aber Sie fühlen sich vielleicht dennoch müde und unwohl. Die gute Nachricht lautet, einfache Umstellungen der Ernährung können das in Ordnung bringen. Halten Sie sich an die Anti-Stress-Programme für Nebennieren- und Schilddrüsenfunktionsschwäche (siehe Seite 124 f. und 133 f.).

- Das Wichtigste, was Sie zur Unterstützung Ihrer Leber tun können, ist gründliches Kauen der Speisen. Darauf kommen wir in Kapitel 4 genauer zu sprechen. Kurz gesagt, wenn wir langsam essen und gründlich kauen, können wir bereits viele Probleme lösen, weil sich die biochemische Last reduziert. Wer das Essen halb gekaut hinunterschlingt, überfordert die ohnehin überlastete Leber noch mehr.
- Achten Sie darauf, mehr Grüngemüse zu essen und mehr Wasser zu trinken.
- Schrauben Sie den Konsum von Kaffee, Tee, koffeinhaltigen Getränken und Zucker zurück. Trinken Sie lieber schwachen grünen Tee und reichlich stilles, zimmerwarmes Wasser.
- Trinken Sie Säfte! In Kapitel 6 lesen Sie Genaueres über unser fünftägiges Saftprogramm zur Entgiftung.
- Wenn Sie regelmäßig gesättigtes Fett essen (siehe Seite 145), reduzieren Sie es so weit wie möglich und achten Sie sorgfältig darauf, wie viele ungesättigte Öle und Fette Sie zu sich nehmen. Beobachten Sie, wie es Ihnen geht, wenn Sie Fette

Fünf Dinge, die Sie heute noch tun können

1. Nehmen Sie heute mehrmals einige Tropfen Bach-Notfalltropfen (»Rescue«).
2. Trinken Sie Ingwertee. Kaufen Sie entweder fertige Teebeutel oder stellen Sie den Tee selbst her, was vorzuziehen wäre: Schälen und reiben Sie ein etwa 2,5 Zentimeter großes Stück Ingwer, geben Sie es in eine Tasse oder einen Becher und gießen Sie mit kochendem Wasser auf. Gießen Sie immer wieder kochendes Wasser nach (je länger Ingwer zieht, desto stärker wirkt er); Sie können den Tee auch kalt mit Eis und Zitrone trinken.
3. Kaufen oder machen Sie einen frischen Biosaft aus Apfel, Möhre und Ingwer oder verarbeiten Sie das Fruchtfleisch eines großen Stückes Wassermelone im Mixer mit frischer Minze zu einem Saft (siehe Seite 216).
4. Nehmen Sie sibirischen Ginseng in Kapselform oder als Tee: Nehmen Sie einen Teebeutel für eine kleine Teekanne und trinken Sie diesen Tee zweimal täglich.
5. Machen Sie sich eine große Schüssel Obstsalat aus frischen Biofrüchten, etwa aus Äpfeln, Birnen, Ananas, Papaya, Erdbeeren, Blaubeeren, Nektarinen, Pfirsichen, Melonen, Kiwis oder Mango.

und Öle jeglicher Art essen; wenn Ihnen davon übel wird oder andere Beschwerden wieder auftreten, versuchen Sie, möglichst wenig Fett zu essen, bis es Ihnen besser geht. Bedenken Sie jedoch, dass Fett eine wichtige Aufgabe in unserem Körper hat und eine vollkommen fettfreie Ernährung über mehr als einige Wochen gefährliche Auswirkungen haben kann.

Fett – die Tatsachen

Ungesättigte, »gute« Fette

Nehmen Sie reichlich Nahrungsmittel mit essenziellen Fettsäuren zu sich (EFS, auch bekannt unter Omega-3- und Omega-6-Fettsäuren):

- Fettreichen Fisch, wie Makrele, Hering, Bückling, Sardine, Forelle, Lachs, frischen Thunfisch und Anchovis
- Biovollmilch
- Gemüse, etwa Süßkartoffeln, Erdnüsse, grüne Blattgemüse
- Avocados
- Nüsse, Samen, Walnüsse, Mandeln und Leinsamen (gemahlen)
- Oliven-, Raps-, Soja- und Sonnenblumenöl
- EFS-Ergänzungspräparate wie Nachtkerzenöl, Borretschöl, Öl der schwarzen Johannisbeere, Leinöl, Hanföl

Gesättigte, »schlechte« Fette

Essen Sie mäßig viel:

- Fleisch, etwa Biorindfleisch, Huhn, Wild und Lamm
- Eier

Sowohl Fleisch als auch Eier werden zu den »schlechten Fetten« gezählt, weil sie gesättigt sind; sie enthalten jedoch durchaus Fette, die der Körper braucht, und können gesund sein, wenn man magere Stücke wählt und mäßige Mengen verzehrt.

Grillen Sie Fleisch nach Möglichkeit, dabei bleiben die essenziellen Fettsäuren erhalten. Wählen Sie Bioware, denn nur Biorindfleisch und Biovollmilch enthalten essenzielle Fettsäuren, Produkte aus konventioneller Landwirtschaft nicht. Denken Sie daran, überschüssiges Fett vor der Zubereitung zu entfernen.

Reduzieren Sie:

- Schmalz
- Bratensauce
- Kokosfett
- Palmöl
- Industriemargarine – sie hat keinen ernährungsphysiologischen Wert, ist also weder gutes noch schlechtes Fett, die Leber/Gallenblase muss aber dennoch damit fertig werden
- Butter und Hartkäse – reduzieren Sie diese, wenn Sie Ihrem Biotyp nicht entsprechen

Sie haben zwischen 9 und 19 Punkte

Dieser Wert deutet auf eine mäßig große Belastung der Leber hin, die zwar noch nicht bedrohlich ist, aber vielleicht zu gestörtem körperlichen und seelischen Befinden führt. Unbehandelt kann das Problem zu einer akuten Erkrankung werden.

Wir schlagen vor, dass Sie sich an die Vorschläge für 1 bis 8 Punkte halten und zusätzlich das Ergänzungsprogramm Leberfunktion beachten. Da Menschen mit einer schlechten Leberfunktion meist rasch ungehalten werden, sollten Sie sich um alle Aspekte Ihres Daseins kümmern. Alle stressbedingten Hormonschwankungen, Gallenanfälle, Kopfschmerzen oder Überanstrengungen jeglicher Art erschweren der Leber ihre Arbeit und lassen sie nicht heilen. Sorgen Sie daher für viel Ruhe, mäßige, aber regelmäßige Bewegung an der frischen Luft und reservieren Sie einen Teil Ihrer Zeit für Hobbys und Freunde.

Was zu tun ist

- Befolgen Sie die Vorschläge für 1 bis 8 Punkte (siehe Seite 143).
- Halten Sie sich an das folgende Ergänzungsprogramm.

Nahrungsergänzung bei Leberfunktionsstörungen

Das Schwergewicht liegt hier auf der Reinigung und Unterstützung der Leber.

Nehmen Sie ein:

- 2 g Vitamin C, eines zum Frühstück und eines zum Abendessen (wählen Sie nicht-saure Formen, wie etwa Kaliumascorbat oder Magnesiumascorbat)
- 50 mg Vitamin B_3 (Niazin), einmal täglich, zum Frühstück

Beruhigende Tees:

- *Ingwertee:* Kaufen Sie entweder Teebeutel oder stellen Sie den Tee selbst her: Schälen und reiben Sie ein etwa 2,5 cm großes Stück Ingwer, gießen Sie mit kochendem Wasser auf und lassen Sie ihn fünf oder besser zehn Minuten ziehen. Trinken Sie diesen Tee immer, wenn Sie Ihre Verdauung beruhigen müssen.

Wer keinen Ingwer mag, versucht es mit folgenden Möglichkeiten. Die Anweisungen gelten für alle Tees: mit kochendem Wasser übergießen, fünf bis zehn Minuten ziehen lassen, nach Wunsch durch ein Sieb gießen und trinken.

- *Lakritzwurzeltee:* Mahlen Sie die Wurzel zu einem groben Pulver und geben Sie zwei gehäufte Teelöffel (10 g) in einen Becher kochendes Wasser. Dreimal täglich trinken.
- *Bockshornkleetee:* ein Teelöffel (5 g) auf einen Becher kochendes Wasser; dreimal täglich trinken.
- *Löwenzahnwurzeltee:* einen gehäuften Teelöffel (5 g) auf einen Becher kochendes Wasser; dreimal täglich trinken.

Ergänzungspräparate und Ingwertee (oder einer der anderen Tees) in Kombination mit Ihrer Biotyp-Diät sollten zu einer deutlichen Besserung führen. Fühlen Sie sich nach 28 Tagen noch nicht deutlich besser, ergreifen Sie zusätzlich eine der folgenden Maßnahmen:

- »Biocare's Hepaclear-T« (Tee zur Unterstützung der Leber), fünf Becher täglich, nach Anleitung auf der Packung zubereitet
  oder
- Schwedenbitter (eine Mischung von Kräutern für die Leberfunktion, aus Apotheke oder Reformhaus), dreimal täglich zwischen den Mahlzeiten
  oder
- »Core Level Liver« von Nutri; zweimal täglich einnehmen, jeweils zum Frühstück und Abendessen
  oder
- »Biocare's Hep 194«; zweimal täglich zu den Mahlzeiten
- Sie könnten es auch mit 1000-mg-Kapseln der Mariendistel versuchen; vier Wochen lang täglich einnehmen.

Homöopathische Therapie
Nehmen Sie dreimal täglich einen Teelöffel »Liver Liquescence« von New Vistas Ireland, jeweils zwischen den Mahlzeiten. Zunächst für 28 Tage; wenn durch all diese Maßnahmen eine deutliche Besserung eintritt, können Sie mit den Tropfen aufhören. Wenn nicht, nehmen Sie sie weitere 28 Tage.

Sie haben 20 oder mehr Punkte

Sie nähern sich einem Zustand potenzieller Krisen und sollten sofort Ihren Hausarzt oder einen Facharzt aufsuchen. Die Leber spielt eine zentrale Rolle bei allen Körperfunktionen; bei einem länger bestehenden Problem der Leber sollten Sie sofort fachliche Hilfe in Anspruch nehmen. Die Leber ist ein sehr widerstandfähiges Organ mit einer außerordentlichen Fähigkeit zur Selbstheilung. Das hat allerdings einen großen Nachteil: Störungen der Leber bleiben oft jahrelang vollkommen unbemerkt, auch wenn es sich um ein potenziell gefährliches Problem, wie etwa Gallensteine oder Leberinfektionen geringen Grades, handelt.

Stressbedingte Zuckerstoffwechselstörung – Hypoglykämie

Hypoglykämie bedeutet »Niedriger Blutzucker«, das heißt Absinken des Blutzuckers unter Normalwert. Diese Störung ist von einem schwankenden Blutzuckerspiegel gekennzeichnet. Es handelt sich nicht um eine Krankheit, sondern um ein Symptom, das darauf hindeutet, dass der Zuckerstoffwechsel (er wird von Schilddrüse, Nebennieren, Hypophyse, Leber und Bauchspeicheldrüse gesteuert) bis zu einem gewissen Grad außer Kontrolle geraten ist. Eine Hypoglykämie tritt ein, wenn weniger Glukose (der Zucker, der im Körper die Energie liefert) ins Blut gelangt, als verbraucht wird.

Zum ersten Mal wurde dieses Problem im *Buch Genesis* beschrieben. Nach der Feldarbeit fühlte sich Esau so schwach, dass er dachte, er müsse sterben. Sein Bruder Jakob erklärte sich bereit, ihm eine Schale roter Linsensuppe zu geben, wenn er dafür die Rechte des Erstgeborenen erhielte. Durch die Schale Suppe erholte Esau sich und konnte weitermachen wie zuvor (nur ohne seine Rechte als Erstgeborener ...).

Die häufigste Ursache der »modernen« Hypoglykämie ist der Konsum zu vieler raffinierter Lebensmittel, besonders von weißem Zucker und weißem Mehl. Diese besitzen nicht mehr das ganze Spektrum an natürlichen Vitaminen. Ohne diese Vitamine, Mineralstoffe und Spurenelemente funktioniert das Steuerungssystem des Zuckerstoffwechsels nicht richtig. Wenn man gelegentlich raffinierte Nahrungsmittel isst, verursacht das vermutlich kein Problem, aber die Geschichten vieler Betroffener zeigen unweigerlich, dass diese in erster Linie von stark bearbeiteten Lebensmitteln und reichlich raffiniertem Zucker leben.

Ein ausgeglichener Blutzuckerspiegel ist äußerst wichtig für ein effizientes Arbeiten des Gehirns und des zentralen Nervensystems (ZNS) – beide zusammen leiten unser Denken und Verhalten. Eine schwere Hypoglykämie kann einen intelligenten, ruhigen, besonnenen Menschen in ein stotterndes, zitterndes Wrack verwandeln, das mit seinem Leben kaum noch fertig wird – siehe Esau. Gehirn und Nervensystem steuern auch die Hormonausschüttung; der erniedrigte Blutzucker betrifft daher auch diese. Weil sich der Blutzucker auf Leber, Nebennieren und Schilddrüse auswirkt, spielt die Hypoglykämie eine Rolle bei einer ganzen Reihe unterschiedlichster Erkrankungen, nämlich bei:

- Asthma
- Heuschnupfen
- Ekzemen
- Erkrankungen der Nasennebenhöhlen
- Rheumatoider Arthritis
- akutem rheumatischem Fieber und anderen entzündlichen Erkrankungen, die mit Allergien zusammenhängen
- Diabetes mellitus
- Multipler Sklerose (MS)
- Magengeschwüren
- Herzerkrankungen
- Menière-Krankheit (einer Störung des Innenohrs, die mit Drehschwindel, Ohrensausen und einseitigem Gehörverlust verbunden ist)

- Müdigkeit und Erschöpfung
- neuropsychiatrischen Störungen wie z. B. Depression, Hypermanie, Schizophrenie, Nervenzusammenbruch, Alkoholismus, Sucht und Magersucht
- asozialem Verhalten, etwa Hyperaktivität und Strafffälligkeit
- nachlassenden Leistungen bei Kindern
- PMS (prämenstruellem Syndrom) und unregelmäßiger Menstruation

Da das Nervensystem (Gehirn und Wirbelsäule) sehr stark von einer regelmäßigen Versorgung mit Glukose abhängig ist, sind die auffälligsten und dramatischsten Symptome einer Hypoglykämie meist neurologische und psychiatrische. Hypoglykämien können Symptome beinahe aller neurologischen und psychiatrischen Störungen aufweisen, es ist daher unerlässlich, dass eine korrekte Diagnose gestellt wird, bevor man Menschen mit ungeeigneten Medikamenten oder Methoden behandelt.

Fällt der Blutzuckerspiegel rasch unter den normalen Wert, wird Adrenalin ausgeschüttet, und die folgenden, an Panikattacken erinnernden Symptome können auftreten:

- Schweißausbrüche
- Nachtschweiß
- Schwäche
- Hunger
- beschleunigter Puls
- Angstgefühle

Fällt der Blutzuckerspiegel langsam, über zwei oder mehr Stunden ab, treten folgende Symptome auf:

- Kopfschmerzen
- verschwommenes Sehen
- geistige Verwirrung
- Doppelbilder

- abgehacktes Sprechen
- Koma (selten)
- Krämpfe (selten)

Hält die Hypoglykämie mehrere Stunden an, können wieder andere Symptome auftreten:

- Temperamentsausbrüche
- extreme Depression
- lange Schläfrigkeit
- Unruhe
- negative Einstellung
- Persönlichkeitsveränderungen
- emotionale Labilität
- manisches Verhalten

Checkliste Hypoglykämie (erniedrigter Blutzucker)

Jedes Kreuzchen ist 1 Punkt.

Haben medizinische Untersuchungen oder Tests bei Ihnen jemals eines oder mehrere der folgenden Ergebnisse erbracht:

☐ Diagnose Diabetes
☐ Diagnose erniedrigter Blutzucker (Hypoglykämie)
☐ Wurde in Ihrem Harn je Zucker festgestellt?
☐ Wurden in Ihrem Harn je Ketone festgestellt?

Sind bei Ihnen zu irgendeinem Zeitpunkt einige der folgenden Symptome aufgetreten?

☐ Der Harn riecht nach Birnen-Bonbons.
☐ Sie sind ständig durstig.
☐ Die Ohren jucken.
☐ Sie verspüren ständigen Harndrang.

- ☐ Sie müssen bei Nervosität immer essen.
- ☐ Ihr Appetit ist stark übersteigert (etwa wenn Sie fünf Donuts für Kollegen kaufen, alle allein aufessen und nochmals einkaufen gehen müssen).
- ☐ Sie sind zwischen den Mahlzeiten ständig hungrig.
- ☐ Sie sind vor den Mahlzeiten reizbar.
- ☐ Es gibt in Ihrer Familie beim Essen immer Streit.
- ☐ Sie fühlen sich zwischen den Mahlzeiten schwach und zittrig, verspüren dabei aber nicht unbedingt Hunger.
- ☐ Sie fühlen sich sehr schwach, wenn eine Mahlzeit ausfällt.
- ☐ Sie bekommen Herzklopfen oder Herzrhythmusstörungen, wenn eine Mahlzeit ausfällt.
- ☐ Müdigkeit und Zittrigkeit werden durch Essen besser.
- ☐ Sie sind nach dem Essen müde.
- ☐ Sie wachen morgens mit Kopfschmerzen auf.
- ☐ Sie haben nachmittags Kopfschmerzen.
- ☐ Süßigkeiten, Kuchen und Kekse verursachen Ihnen Übelkeit.
- ☐ Sie haben am Nachmittag Verlangen nach Kaffee, Tee oder Süßigkeiten.
- ☐ Sie leiden regelmäßig unter Stimmungsschwankungen oder unerklärlichen Ängsten.
- ☐ Sie haben ein ungewöhnliches oder ständiges Verlangen nach Süßigkeiten oder Knabbereien.
- ☐ Sie haben gar kein Verlangen nach Essen.
- ☐ Sie haben seit kurzem Heißhunger auf bestimmte Nahrungsmittel.
- ☐ Sie haben ein besonderes Verlangen nach Bananen oder Möhren.
- ☐ Sie wachen frühmorgens auf und brauchen etwas zu essen.
- ☐ Schnittwunden und blaue Flecken heilen nur langsam.
- ☐ Sie sind sehr anfällig für Viren und kleinere Infekte.

Auswertung

Wie immer sollten Sie idealerweise 0 Punkte haben. Wenn dies der Fall ist, gehen Sie weiter im Buch.

Sie haben zwischen 1 und 8 Punkte

Dieser Wert ist bei Erwachsenen heute sehr häufig. Er deutet zwar nicht auf ein ernstes Problem hin, vielleicht haben Sie aber dennoch das Gefühl, dass es mit Ihrer Leistungsfähigkeit und Gesundheit nicht immer zum Besten steht. Sie können das durch einfache Veränderungen beheben. Es kommt darauf an, dass der Blutzuckerspiegel im Tagesverlauf ausgewogen ist und Bauchspeicheldrüse, Leber und Nebennieren nicht zu sehr belastet werden. Halten Sie sich an die folgenden Ernährungsrichtlinien, aber mogeln Sie nicht!

Anti-Stress-Programm: Hypoglykämie

Diese Ernährungsrichtlinien sehen drei mäßig große Mahlzeiten, zwei Zwischenmahlzeiten und eine Spätmahlzeit vor dem Schlafengehen vor. Die Regeln lauten:

- Mahlzeiten müssen immer pünktlich eingenommen werden; wählen Sie die Zeiten selbst, aber lassen Sie niemals mehr als drei Stunden dazwischen vergehen.
- Zwischenmahlzeiten wie Nüsse, Samen, Reiswaffeln, Roggenknäckebrot, Studentenfutter (ohne Rosinen) sind Voraussetzung für eine ausgewogene Nährstoffaufnahme.
- Meiden Sie raffinierte Lebensmittel jeglicher Art (Zucker und andere stark bearbeitete Produkte).
- Trinken Sie keine koffeinhaltigen Getränke.

Essen und trinken Sie:

- Fleisch, Geflügel, Fisch und Meeresfrüchte
- Milchprodukte (Milch, Butter, Käse, Joghurt) und Eier

- Nüsse
- Traditionelle Nussbutter aus Erdnuss, Cashewkernen oder Mandeln (wählen Sie Marken ohne Zucker- oder Honigzusatz)
- Vollkorngetreide (Reis, Weizen, Roggen, Hafer, Dinkel, Emmer, Kamut)

Essen und trinken Sie nicht:

- Zucker jeder Art, auch Honig und Melasse
- Weißmehlprodukte wie etwa Nudeln oder weißen Reis
- Datteln, Rosinen und andere Trockenfrüchte (zu hoher Zuckergehalt)
- Erfrischungsgetränke und Fruchtsäfte, denen Zucker, Konservierungs- oder Aromastoffe zugesetzt sind. Vielleicht tragen sie die Aufschrift »Frisch gepresst«, studieren Sie dennoch die Packungsangaben.
- Kaffee oder starken Schwarztee
- Pasteten, Kuchen, Kleingebäck, Konfekt, Eiscreme
- Alkoholische Getränke

Zwischenmahlzeiten, Snacks sind entscheidend

Achten Sie darauf, zwischen den Mahlzeiten etwas zu essen, damit Ihr Blutzuckerspiegel alle drei Stunden Nachschub erhält. Wählen Sie Zwischenmahlzeiten aus dem Abschnitt »Essen Sie reichlich« Ihrer individuellen Biotyp-Diät.

Gute Zwischenmahlzeiten, Snacks sind:

- Nüsse und Samen
- Milchmixgetränke: Vollmilch mit frischem Obst, aber ohne Zucker
- Frische harte Früchte wie Äpfel und Birnen
- Roggenknäckebrot
- Bei Hypoglykämie kann Fett hilfreich sein, eine gute Zwischenmahlzeit wäre daher ein Roggenknäckebrot mit Biobutter und 25 g Käse.

- Wenn nichts anderes aufzutreiben ist, essen Sie lieber ein Stück Käse oder die Frikadelle aus einem Hamburger, bevor Sie hungrig bleiben.

Sie haben zwischen 9 und 19 Punkte

Dieser Wert steht für mäßige Hypoglykämie. Hypoglykämie kann sich auf alle Hormonsysteme auswirken, daher kann sich Ihr Zustand, der im Moment nicht schlimm ist, zu einem akuten Problem entwickeln, wenn Sie nichts dagegen unternehmen. Halten Sie sich an das Anti-Stress-Programm für 1 bis 8 Punkte (siehe Seite 154) und gehen Sie mit speziellen Ergänzungspräparaten gegen Ihre Bauchspeicheldrüsenschwäche vor.

Was zu tun ist

- Befolgen Sie die Vorschläge für 1 bis 8 Punkte (siehe Seite 154 f.).
- Halten Sie sich an das folgende Ergänzungsprogramm.
- Wenn Sie gleichzeitig eine andere Schwachstelle behandeln, verdoppeln Sie die Dosis der Präparate nicht.

Nahrungsergänzung bei Hypoglykämie

Nehmen Sie ein:

- Vitamin-B-Komplex, eine Kapsel morgens
- Chrom GTF, 200 µg zum Frühstück
- Verdauungsenzyme zu jeder Mahlzeit. Versuchen Sie nach Möglichkeit, »Polyzyme Forte« von Biocare zu bekommen; besteht eine eindeutige Überempfindlichkeit gegen bestimmte Nahrungsmittelgruppen, wie etwa Blähungen durch Weizen oder Kopfschmerzen durch Kaffee, nehmen Sie »Spectrumzyme« von Biocare.
- »Sucroguard« von Biocare, zweimal täglich zum Frühstück und Abendessen, oder »Carbomet« von Nutri, jeweils eines zu jeder Mahlzeit

- »Multi-Mineral Complex« von Biocare, eine Kapsel zum Abendessen
- Magnesium (500 mg) zum Abendessen; wählen Sie »Bio-Magnesium« von Biocare oder andere gute Produkte; in Kombination mit dem Spurenelemente-Komplex beruhigt es Geist und Nerven und fördert den guten Schlaf

Sie haben über 20 Punkte

Sie nähern sich jenem Stadium, in dem gefährliche Hypoglykämien eintreten können, und sollten sofort Ihren Hausarzt oder einen Facharzt aufsuchen. Störungen des Blutzuckers können zu gefährlichen Situationen führen, etwa durch Einschlafen am Steuer, Migräne, Sehstörungen, verschwommenes Sehen, Angst- und Panikattacken.

Blutzucker und PMS (prämenstruelles Syndrom)

Zumindest die Hälfte aller Frauen im gebärfähigen Alter leidet an Problemen in den etwa zehn Tagen vor der Regelblutung. Etwa 150 Symptome werden in Zusammenhang mit diesem Problem genannt, zu den häufigsten gehören:

- Blähungen
- Gewichtszunahme
- Ziehen in Brust, Rücken oder Unterbauch
- Reizbarkeit
- Depressionen
- Aggressionen
- Ängste und Spannungszustände
- Müdigkeit
- Konzentrationsverlust

Das prämenstruelle Syndrom umfasst eine Gruppe von etwa 150 Symptomen, die die Gesundheit auf allen Ebenen beeinträchtigen, auch das emotionale Wohlbefinden. Ein behandlungsbedürftiges Ausmaß erreicht PMS bei etwa 3 bis 8 Prozent aller Frauen. Diese schwerste Form des PMS wird als prämenstruelle Dysphorie (PMD) bezeichnet, dabei sind die emotionalen Symptome wie Depression, Stimmungsschwankungen, Ängste und Spannungen bedeutend stärker ausgeprägt.

Die Definition dieser hormonellen Störung, die am ehesten allgemein akzeptiert wird, lautet: »Im ›Prämenstruum‹ beständig auftretende Symptome bei Symptomfreiheit im ›Postmenstruum‹.« Das bedeutet:

1. Die Symptome treten ausschließlich in der zweiten Hälfte des Zyklus (der so genannten Lutealphase) auf.
2. Nach Beginn des stärksten Tages der Menstruation verschwinden die Symptome vollständig für mindestens sieben Tage.
3. Die Symptome treten in drei aufeinander folgenden Zyklen auf.

Bei dieser Definition ist eine Verwechslung des PMS mit chronischen Erkrankungen nicht möglich, weil während der Regelblutung Beschwerdefreiheit besteht.

Einige Fachleute meinen, die einzige effektive Therapie bei PMS wäre eine mit synthetischem Progesteron; in der Praxis stimmt das aber nicht immer. Eine große Anzahl an Betroffenen profitiert von einer Progesteron-Behandlung nicht merklich; in einer großen Studie beobachteten nur 29 Prozent der Frauen einen Rückgang der Symptome um 50 Prozent, in anderen Fällen trat anfänglich eine Besserung ein, die dann verschwand.

Während der letzten fünf Jahre wurden auch Fluoxetin (Prozac) und andere stimmungsverändernde Wirkstoffe

wie Benzodiazepine, die wir auch als Tranquilizer kennen, gegen PMS eingesetzt. Aber wie alle synthetischen Medikamente haben auch diese Nebenwirkungen, die mit höheren Dosen schlimmer werden. Eine multizentrische Studie zeigte, dass Frauen mit PMS während der Einnahme dieser Substanzen deutlich weniger unter Spannungen, Reizbarkeit und Dysphorie litten. Bei der Gruppe, die täglich 60 mg Fluoxetin (Prozac) einnahm, wurden aber auch starke Nebenwirkungen beobachtet.
Häufige Nebenwirkungen sind:

- Störungen des Magen-Darm-Trakts, etwa Übelkeit, Erbrechen, Dyspepsie (Durchfall, Verstopfung) und Bauchschmerzen
- (Über-)Empfindlichkeitsreaktionen
- Mundtrockenheit
- Nervosität
- Angst
- Kopfschmerzen
- Schlaflosigkeit
- Verlust der Libido und sexuelle Störungen

Häufige Nebenwirkungen von Benzodiazepinen, die in einer Studie 37 Prozent der Frauen halfen, vor allem gegen Reizbarkeit und Niedergeschlagenheit, sind:

- Benommenheit
- Schläfrigkeit
- verschwommenes Sehen
- Bewegungs- und Gangunsicherheit

Seltener können auch auftreten:

- Konzentrationsstörungen
- Verwirrtheit
- Halluzinationen

- akute Erregungszustände, Reizbarkeit, Wutanfälle, Aggressionen und feindseliges Verhalten

Wie bei vielen hormonellen Problemen betrifft auch das prämenstruelle Syndrom nicht nur ein Hormonsystem. Nicht nur schwankende Östrogen- und Progesteronspiegel spielen eine Rolle, sondern auch Adrenalin und Thyroxin. Sehen Sie sich die Checklisten für Schilddrüse und Nebennieren nochmals an, Sie werden dort alle häufigen PMS-Symptome wiederfinden. Die Lösung besteht darin, die Steuerung des Blutzuckers als jenen Faktor, der allen drei Hormonsystemen (Nebennieren, Schilddrüse und Keimdrüsen) gemein ist, zusammen mit der Leber zu behandeln. Ein ausgeglichener Blutzuckerspiegel (Blut-Glukose-Konzentration) wird die Stimmungsschwankungen deutlich reduzieren; die meisten Betroffenen beobachten auch, dass die Krämpfe zurückgehen und die Periode weniger lang dauert.

Was zu tun ist

Wenn Sie an PMS leiden, stellen Sie sich das Hormonsystem vor wie die Zentralheizung eines Hauses. Das mit Glukose beladene Blut ist wie das zirkulierende heiße Wasser, die Hormone sind die Zeitsteuerung, und die vom Blutzuckerspiegel beeinflusste Reaktion der Nebennieren ist der Thermostat. Das Problem bei Ihrer hormonellen Zentralheizung besteht darin, dass der Regelmechanismus nicht verlässlich funktioniert, und zwar aufgrund von Problemen, die wir bereits besprochen haben (also Problemen der Nebennieren, der Schilddrüse, der Keimdrüsen und der Leber). Das führt zu einem plötzlich abfallenden Blutzucker, und diese Pegelbewegungen lösen Stimmungsschwankungen aus, vom Weinkrampf bis zur Mordlust. Dann ist die Versuchung groß, sich mit Schokoladenkeksen voll zu stopfen, was vorübergehend Erleichterung schafft, das Problem aber verschlimmert. Die wirkungsvollste Weise, den Regelmechanismus in Gang zu halten, ist ein ausgeglichener Blutzuckerspiegel, und den erreichen Sie durch regelmäßige Mahlzeiten, zwischen denen nicht mehr als drei Stunden Pause liegen. Wenn Sie etwas Essbares in den Mund stecken, schalten Sie sozusagen manuell die Heizung an, damit das Wasser erhitzt wird und das Haus nicht auskühlt. Auch wenn Sie nicht hungrig sind, sollten Sie alle drei Stunden essen. Das Bedürfnis, eine Mahlzeit auszulassen, kann in manchen Fällen auf einen abfallenden Blutzucker hindeuten, der wiederum zu einem Adrenalinschub mit all den damit verbundenen Symptomen (siehe Seite 151 f.) führt. Halten Sie sich an die Empfehlungen bei Hypoglykämie, und achten Sie auf regelmäßige Zwischenmahlzeiten (siehe Seite 155).

Das soll keine Einladung zum Überessen sein. Sie sollten mäßige Mengen in regelmäßigen Abständen zu sich nehmen. Sie sollten unter keinen Umständen eine Mahlzeit aufschieben oder auslassen; dasselbe gilt für Ergänzungspräparate, die Ihnen empfohlen wurden. Bei manchen Frauen mit schlimmem prämenstruellen Syndrom kann eine Verspätung von 15 Minuten bei einer Mahlzeit zu einer Hypoglykämie führen, die mehrere Tage lang ziemliche Beschwerden macht. Sie müssen vielleicht in den beiden Wochen vor und während der Regel eine gehörige Portion Selbstdisziplin aufbringen, aber Sie werden damit viel erreichen.

Da alle Hormone über die Leber verarbeitet werden, ist auch eine gute Leberfunktion von entscheidender Bedeutung. Gehen Sie daher die Checkliste Leberfunktion durch (siehe Seite 141) und halten Sie sich an die Richtlinien für Ihr Testergebnis im Anti-Stress-Programm: Leber. Wie bereits gesagt, bitte nehmen Sie Ergänzungspräparate nicht doppelt ein.

Stressbedingte Wirbelsäulenleiden

Wirbelsäulenfunktion

Die meisten Menschen verschwenden kaum je einen Gedanken an ihre Wirbelsäule. Aber das gesamte Muskel-, Nerven-, Organ- und Drüsensystem hängt im wahrsten Sinn des Wortes an der Wirbelsäule. Die Wirbelsäule ist die Datenautobahn, auf der Gehirn und Körper über das Nervensystem Informationen austauschen. Sie beeinflusst so unsere Gedanken, unser Gedächtnis, unsere Lernfähigkeit und unser gesamtes Bewusstsein. Sie muss also in guter Verfassung sein. Viele Menschen meinen, einen Osteopathen oder Chiropraktiker müsste man nur aufsuchen, wenn man Rückenschmerzen hätte. In Wahrheit machen sich Probleme der Wirbelsäule häufig an einem Arm oder Bein bemerkbar. Im Mittelpunkt eines Wirbelsäulenproblems steht dann ein großes Gelenk wie Hüfte, Knie oder Ellbogen.

Manche Wirbelsäulenprobleme verursachen keine Schmerzen, sondern nur allgemeine Schwäche, etwa einen geschwächten Arm oder ein Bein, das sich schwer heben lässt, wenn man die Treppe hinaufgeht. Manchmal verlagert sich der Schmerz und damit das Problem in einen anderen, damit in Verbindung stehenden Körperteil und fühlt sich an wie Arthritis, Kribbeln, Schwäche oder Muskel- bzw. Gelenkschmerzen (siehe Illustration Seite 165).

In der Theorie ist das alles wohl bekannt und wird vielleicht bei Routineuntersuchungen festgestellt. Was jedoch selten beachtet wird, ist das Problem der verzerrten neuralen Rückmeldung an innere Organe. Das klingt kompliziert, ist aber ganz einfach. Das funktioniert so: Wenn ein Nerv etwas zusammengedrückt wird, reagiert er ein wenig wie ein geknickter Gartenschlauch – der Wasserhahn ist voll aufgedreht, aber es kommt nur ein dünnes Rinnsal aus dem Schlauch. Das verzweifelte Organ verlangt mehr und mehr und erhält immer weniger, bis es schließlich erschöpft ist und nicht mehr weiterarbeitet.

Übergewicht kann dabei eine bedeutende Rolle spielen: Je mehr Gewicht wir herumschleppen, desto größer wird die Neigung zur Kompression von Nerven. Vier bis neun Kilogramm Übergewicht entsprechen einem kleinen Kind – oder einem Rucksack mit 20 Dosen Bohnen –, das man den ganzen Tag mit sich herumträgt und das man nachts auf der Brust liegen hat. Ein schlimmer Rücken kann das Leben ziemlich erschweren. Er verursacht nicht nur Schmerzen, er kann sich auch über das Nervensystem auf unglaublich viele körperliche und emotionale Funktionen auswirken. Nerven steuern Blutgefäße, Drüsenfunktion, Schmerz, Tastsinn. Sie liefern eigentlich alle unsere Wahrnehmungen, innere wie äußere. Eine geschädigte Wirbelsäule kann sich sogar auf das Immunsystem auswirken, und zwar indem Infektionen länger brauchen, bis sie verschwinden. Obwohl man ziemlich leicht ein Rückenproblem bekommt und fast alle von uns zu irgendeinem Zeitpunkt eines gehabt haben, lösen sich die meisten Rückenprobleme von selbst. Sie treten gewöhnlich durch irgendein körperliches Trauma auf, etwa Heben, Autounfall, immer wiederkehrende Bewegungsabläufe (wie etwa Tippen), schlechte Schlafgewohnheiten (wie etwa auf mehreren Kissen und einer weichen Matratze liegen), sogar ungünstige Sofas und Autositze, die alle zu einer geringfügigen Anpassung und Verzerrung der

Wirbelsäule führen. Wenn die Wirbel nicht mehr korrekt angeordnet sind, können empfindliche Nerven gereizt, komprimiert und manchmal eingeklemmt werden. Das kann sich, wie in den Kapiteln *Stressbedingte Nebennierenfunktionsstörungen* und *Stressbedingte Schilddrüsenfunktionsstörungen* (Seite 118 und 129) beschrieben, auf die Funktion aller Drüsen und Organe auswirken. Die Behandlung eines Wirbelsäulenproblems kann kurze oder lange Zeit dauern. Allgemein gilt, je länger das Problem besteht, desto aufwändiger ist die Behandlung. Es lohnt sich, Rückenprobleme und Ernährungsprobleme gemeinsam in Angriff zu nehmen.

Checkliste Wirbelsäule

Jedes Kreuzchen ist 1 Punkt.

Haben medizinische Untersuchungen oder Tests bei Ihnen jemals eines oder mehrere der folgenden Ergebnisse erbracht?

- ☐ hoher oder niedriger Blutdruck
- ☐ Leberschwellung (führt zu innerer Verdrängung und zu Druck auf Wirbelsäule und Nerven) oder Hepatomegalie (Lebervergrößerung)

Sind bei Ihnen zu irgendeinem Zeitpunkt einige der folgenden Symptome aufgetreten?

- ☐ Kopfschmerzen
- ☐ Müdigkeit
- ☐ Sehstörungen
- ☐ Hörstörungen, Tinnitus oder partielle Taubheit
- ☐ Sinus-Kopfschmerz – fühlt sich an wie Migräne im Gesicht
- ☐ Schmerzende Nebenhöhlen – können von Druck auf Nerven und/oder Bandscheiben im Nacken kommen

Die Wirbelsäule und ihre Beziehung zu Drüsen und Organen

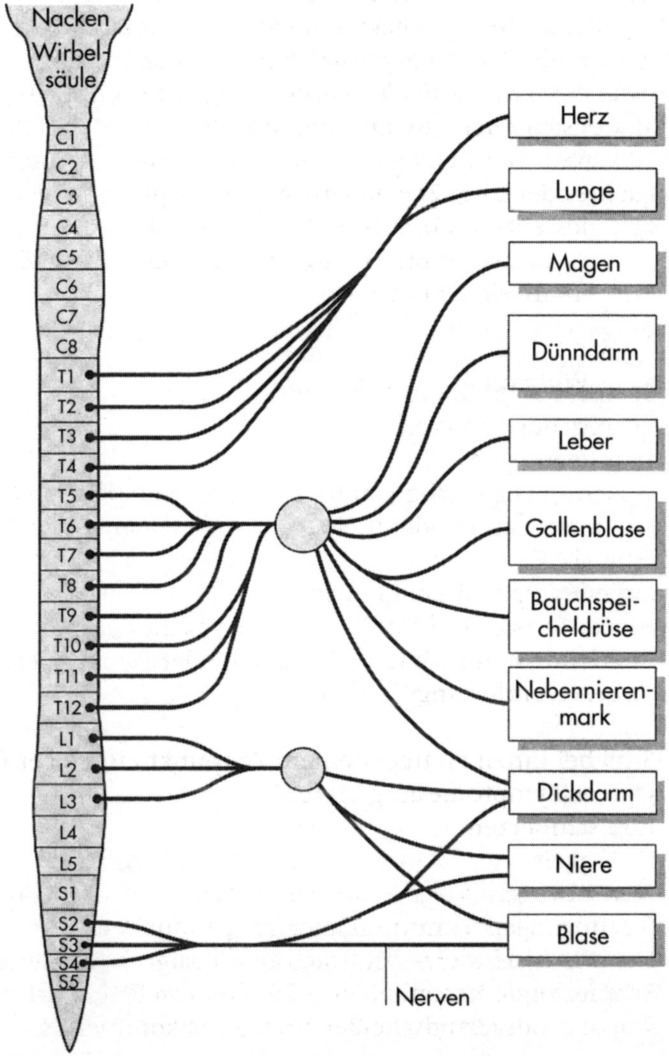

- ☐ Druck auf den Nebenhöhlen – Gefühl, als ob die Nebenhöhlen eingedrückt würden
- ☐ Heuschnupfen oder andere Inhalationsallergien – also gegen Stoffe in der Luft, die die Nebenhöhlen irritieren, wie etwa Autoabgase, Pollen, Hausstaub, Tabakrauch, Hausstaubmilben oder feine Sägespäne
- ☐ Halsschmerzen
- ☐ Husten
- ☐ Mandelentzündung
- ☐ Heiserkeit und Stimmverlust
- ☐ Kurzatmigkeit
- ☐ Nackensteifigkeit
- ☐ Schulterschmerzen
- ☐ Schmerzen im Nacken oder seitlich davon
- ☐ Tennisarm
- ☐ Schmerzen in der Brust
- ☐ Beklemmung in der Brust
- ☐ Muskelschmerzen
- ☐ Muskelsteifigkeit
- ☐ Gelenkschmerzen
- ☐ Ischias
- ☐ Knieschmerzen
- ☐ Schmerzen im unteren Rücken
- ☐ Schmerzen am Steiß
- ☐ Schwäche in den Beinen
- ☐ Unregelmäßige Menstruation
- ☐ PMS
- ☐ Anzeichen von Überlastung der Nebennieren
- ☐ Anzeichen von Überlastung der Schilddrüse
- ☐ Störungen des Blutzuckerspiegels
- ☐ Nierenschmerzen
- ☐ Verdauungsstörungen
- ☐ Reizdarmsyndrom

- ☐ Verstopfung
- ☐ Reizungen der Harnblase
- ☐ Störungen der Prostata
- ☐ Hämorrhoiden

Auswertung

Sie haben zwischen 1 und 8 Punkte

Studien zeigen, dass die überwältigende Mehrheit der Erwachsenen zur irgendeinem Zeitpunkt Rückenschmerzen hat. Das mag kein ernstes Problem sein, kann aber sehr wohl die Ursache dafür sein, dass Sie sich manchmal unglaublich schlecht fühlen. Einfache Stretch- und Haltungsübungen (siehe Seite 169 f.), viel trinken (Wasser) und Entspannung bringen solche niedrigen Werte oft wieder in Ordnung.

Top-Tipp

Schlafen Sie niemals mit mehr als einem Kissen; versuchen Sie es mit einem orthopädischen Kissen oder mit einem weichen Daunenkissen, das Sie so zusammenknüllen können, dass es den Nacken stützt.

Sie haben zwischen 9 und 19 Punkte

Das deutet auf ein mäßig großes Problem der Wirbelsäule hin. Unbehandelt kann es sich rasch zu einem akuten Problem auswachsen. Wenn Sie in diesem Bereich liegen, sollten Sie Ihre Haltung und Ihre Sitzmöbel am Arbeitsplatz und zu Hause sowie die Sitze im Auto genauer unter die Lupe nehmen. Auch eine weiche Matratze kann das Problem verschlimmern: Wenn der Kauf einer neuen, härteren nicht möglich ist, versuchen Sie, ein Brett darunter zu legen. Wenn Sie immer nach dem Autofahren Rückenschmerzen haben, versuchen Sie es mit einem Rückenstützkissen. Auch wenn Sie nach dem Fernsehen Rückenschmerzen oder -krämpfe haben, müssen Sie darauf achten, dass Sie aufrecht sitzen (siehe Seite 171 f.), und dass der Bildschirm gerade vor Ihnen steht; machen Sie während des Fernsehens Stretchübungen (siehe Seite 169).

Wenn Sie Mitglied in einem Fitnessstudio sind, sollten Sie das Gewichtheben besser verschieben, bis Sie eine kräftige Rückenmuskulatur ausgebildet haben. Bewegungssysteme wie Yoga, Tai Chi, Feldenkrais, Pilates und Ballet können viel dazu beitragen (Einzelheiten und Adressen siehe Seite 307 ff.). Therapien wie Alexander-Technik (die man auch selbst durchführen kann), Hellerwork, Rolfing und Muskel-Physiotherapie bringen auch sehr viel.

Ein hoher Wert aus der Checkliste Wirbelsäule sollte in jedem Fall sehr ernst genommen werden. Vielleicht ziehen Sie in Erwägung, einen Chiropraktiker oder Osteopathen aufzusuchen.

Sie haben 20 oder mehr Punkte

Sie kommen in den Bereich einer akuten Störung der Wirbelsäule und brauchen vielleicht eine Zeit lang eine spezielle Behandlung. Wir schlagen Ihnen vor, einen Chiropraktiker, Osteopathen oder Orthopäden oder einen Fachmann für Naturheilkunde aufzusuchen. Außerdem sollten Sie sich an die oben erteilten Ratschläge halten.

Gehen Sie gerade

Ihre Haltung lässt ziemlich genau darauf schließen, wie Sie sich fühlen. Wenn Sie deprimiert sind, sehen Sie auch so aus – hängende Schultern, nach vorn gebeugt, Blick auf den Boden gerichtet. Tun Sie Ihrer Wirbelsäule – und Ihrer psychischen Verfassung – etwas Gutes, indem Sie gerade stehen und den Blick geradeaus richten. Stellen Sie sich vor, wie ein goldener Faden in Verlängerung der Wirbelsäule Ihren Kopf in Richtung Himmel zieht. Denken Sie positiv – und sehen Sie auch so aus.

Dehnübungen

Machen Sie diese Stretchübungen mindestens einmal am Tag, vorzugsweise öfter. Einige dieser Übungen können Sie im Sitzen durchführen – also auch am Schreibtisch, beim Fernsehen oder auf Reisen, beziehungsweise wenn Sie aus anderen Gründen nicht stehen können. Halten Sie die Spannung zunächst jeweils für 10 Sekunden und steigern Sie dann allmählich auf 60 Sekunden. Vergessen Sie nicht, dabei langsam und gleichmäßig zu atmen – halten Sie nicht die Luft an. Wenn Ihnen eine Position Schmerzen bereitet, hören Sie sofort auf. Suchen Sie Ihren Hausarzt auf, wenn die Schmerzen anhalten.

- *Ganzkörper-Dehnung 1:* Stellen Sie sich auf die Zehenspitzen und strecken Sie Ihre Fingerspitzen ganz weit nach oben, sodass sich die Wirbelsäule in die Länge streckt.
- *Ganzkörper-Dehnung 2:* Setzen Sie sich oder legen Sie sich hin, strecken Sie die Zehen vom Körper weg, die Hände über den Kopf und die Finger ganz nach oben, so weit wie möglich.
- *Ganzkörper-Dehnung 3:* Stehen Sie aufrecht, die Beine hüftbreit geöffnet, die Arme hängen locker herunter; schwingen Sie seitlich sanft hin und her – wenn Sie nach links schwingen, geht der Kopf nach rechts, und

die rechte Ferse hebt sich; wenn Sie nach rechts schwingen, geht der Kopf nach links, und die linke Ferse hebt sich. Führen Sie diese Bewegung langsam und rhythmisch aus, singen Sie dazu ein Wiegenlied oder ein Spiritual.

- *Rückendehnung:* Sie sitzen oder stehen, die Füße sind hüftbreit auseinander, die Arme in Schulterhöhe nach vorn gestreckt; verschränken Sie die Finger und drücken Sie sie nach vorn, wobei die Handflächen zu Ihnen zeigen; lassen Sie das Kinn dabei locker fallen.
- *Brustdehnung:* Im Sitzen oder Stehen verschränken Sie die Finger hinter dem Körper in Gesäßhöhe mit den Handflächen nach oben; drücken Sie die Hände dann nach unten und nach oben so weit es Ihnen angenehm ist.
- *Dehnen im Sitzen:* Sie sitzen auf dem Boden, Beine geöffnet, und lassen die Hände mit ausgebreiteten Fingern langsam nach vorn wandern; wenn Sie nicht mehr weiter nach vorn können, halten Sie die Position 10 bis 60 Sekunden und lassen die Hände dann wieder zurückwandern.
- *Leistendehnung:* Sie sitzen auf dem Boden, die Beine sind angewinkelt auf dem Boden; legen Sie nun die Fußsohlen zusammen und ziehen Sie die Füße so weit heran, wie es Ihnen angenehm ist.

Bildschirmarbeit und Fernsehen – das Sitzen

Viele Rückenprobleme sind darauf zurückzuführen, wie wir mit unserem Körper am Schreibtisch und vor dem Bildschirm umgehen. Diese einfachen Richtlinien verbessern Ihre Haltung:

- Die Füße stehen flach auf dem Boden; passen Sie gegebenenfalls die Stuhlhöhe an.
- Der Stuhl sollte den Rücken so abstützen, dass er gerade ist, aber nicht nach vorn gedrückt wird.
- Die Stuhlkante sollte nicht in die Kniekehlen oder gegen die Unterseite der Oberschenkel drücken.
- Sitzen Sie immer aufrecht vor dem Bildschirm, hängen Sie nicht nachlässig im Sessel.
- Der Computerbildschirm oder Fernsehapparat sollte erhöht aufgestellt sein, sodass sich das obere Ende in Augenhöhe befindet und Sie nicht nach unten schauen müssen.
- Der Bildschirm sollte direkt vor Ihnen stehen, damit Sie sich nicht verdrehen müssen.
- Wenn Sie bei der Arbeit am Schreibtisch spüren, wie die Muskeln sich verspannen, summen Sie leise aus der Brust vor sich hin – das lässt die Brusthöhle vibrieren und entspannt die innere Muskulatur.

4
Verdauung, Nahrungsmittelintoleranzen – und der »Kau-Kult«

Unverträglichkeitsreaktionen (oft auch als Allergien oder Empfindlichkeiten bezeichnet) gegen Nahrungsmittel waren die großen Übeltäter des ausgehenden 20. Jahrhunderts, ihnen wurden alle häufigen Probleme, von Blähungen und Übelkeit über Müdigkeit nach dem Essen, Kopfschmerzen, Verstopfung und Durchfall bis zu Wasserretention im Bauchraum und, natürlich, Gewichtszunahme rund um den Bauch, angelastet.

Diese Symptome überlagern sich zum Teil mit Reizdarmsyndrom (RDS) und Candida-Infektion (Hefepilzinfektion). Viele Ärzte geben zu, dass man diese Probleme nur schwer trennen und kaum eine bestimmte Ursache nennen kann. Wie bereits im letzten Kapitel erwähnt, meinen wir, dass der wirkliche Verursacher all dieser Probleme ein kränklicher Verdauungstrakt ist.

Die Probleme beginnen meist schon, wenn wir das Essen in den Mund stecken – mit anderen Worten beim Kauen (oder Nichtkauen), was eine Kettenreaktion von schlimmen Folgen im Verdauungstrakt auslöst. Wir werden noch näher darauf eingehen, aber kurz gesagt – je besser Sie kauen, desto kleiner sind die Teilchen, die in den Magen gelangen, und desto leichter können sie verdaut werden. Kauen regt auch die Produktion von Magensäure, Verdauungsenzymen und Galle an, sodass die Nahrung gut verarbeitet werden kann.

Grundsätzlich besteht natürlich kein Zweifel, dass manche Menschen bestimmte Nahrungsmittel nicht vertragen. Durch die Einhaltung Ihrer Biotyp-Diät sollten Sie aber ohnehin jene Nahrungsmittel erhalten, die Ihnen und Ihrer Konstitution entsprechen. Viele Menschen stellen fest, dass ihre Probleme gänzlich verschwinden, wenn sie richtig kauen, sich gemäß Biotyp ernähren und etwas für ihre stressanfälligen Organe und Systeme tun.

Warnung

Echte (oder »klassische«) Allergien mit Reaktion des Immunsystems können sehr gefährlich, sogar lebensbedrohlich sein. Die häufigsten Auslöser solcher Allergien sind Erdnüsse, Fisch, Schalentiere und Weizen (wie bei Zöliakie). Wenn Sie befürchten, eine echte Allergie zu haben, sollten Sie Ihren Hausarzt aufsuchen und sich immer streng an die medizinischen Vorschriften halten. Unter *Nützliche Adressen und Tipps* finden Sie auch nähere Angaben zur »Anaphylaxis Campaign«, einer britischen Initiative, die regelmäßig darüber informiert, in welchen Nahrungsmitteln welche Allergene enthalten sind.

Wie Sie die Ursache Ihrer Beschwerden herausfinden

Beginnen Sie mit Ihrer individuellen Biotyp-Diät. Identifizieren und behandeln Sie Ihre stressbedingten Funktionsstörungen.

Wenn die Probleme nach vier Wochen immer noch bestehen, arbeiten Sie folgendes Programm Schritt für Schritt durch, um die Ursache für Ihre Beschwerden ausfindig zu machen und zu behandeln.

Schritt 1
Wahrscheinliches Problem: Verdauungsschwäche

Lösung:

- Kauen Sie gründlich; kauen Sie so lange, bis Sie wirklich spüren, dass der Bissen in sehr kleine Stücke zerlegt ist, und schlucken Sie dann erst. Stärkehaltige Nahrungsmittel kaut man, bis sie süßlich schmecken.
- Essen Sie nicht unterwegs.
- Springen Sie nicht vom Tisch auf, bis Sie wirklich fertig gegessen haben.
- Bleiben Sie nach dem Essen möglichst noch 10 Minuten sitzen.
- Machen Sie nach dem Abendessen einen gemütlichen Spaziergang.

Wenn das nur eine geringfügige oder gar keine Besserung Ihrer Beschwerden bringt, gehen Sie weiter zu Schritt 2.

Schritt 2
Wahrscheinliches Problem: Mangel an Verdauungsenzymen

Lösung:

- Wenn das Problem nur nach Fleischkonsum aufzutreten scheint, nehmen Sie Verdauungsenzyme (wie etwa »Polyzyme forte« von Biocare) und Salzsäurepräparate (wie etwa »Hypo-D« von Nutri oder »HCL & Pepsin« von Biocare)* zu jeder Mahlzeit. Nehmen Sie keine Salzsäurepräparate, wenn Sie ein Magengeschwür haben.
- Wenn Sie mit anderen Nahrungsmitteln als Fleisch Probleme haben, nehmen Sie zu jeder Mahlzeit Verdauungsenzyme.

Wenn das keine Veränderung bringt, gehen Sie weiter zu Schritt 3.

Schritt 3
Wahrscheinliches Problem: eine echte Nahrungsmittelunverträglichkeit

Lösung:

- Holen Sie fachlichen Rat von Ihrem Hausarzt, einem Arzt mit Schwerpunkt Nahrungsmittelunverträglichkeiten (davon gibt es nicht viele, Sie müssen vielleicht länger suchen), einem Fachmann für Naturheilkunde oder einem qualifizierten Ernährungsberater ein. Weitere Informationen erhalten Sie unter *Nützliche Adressen und Tipps* (Seite 307).

---

* Es könnte für Sie einfacher sein, Ihren Arzt oder Apotheker nach einem geeigneten Mittel zu fragen, das sofort für Sie verfügbar ist. Anm. d. Red.

Der Verdauungstrakt

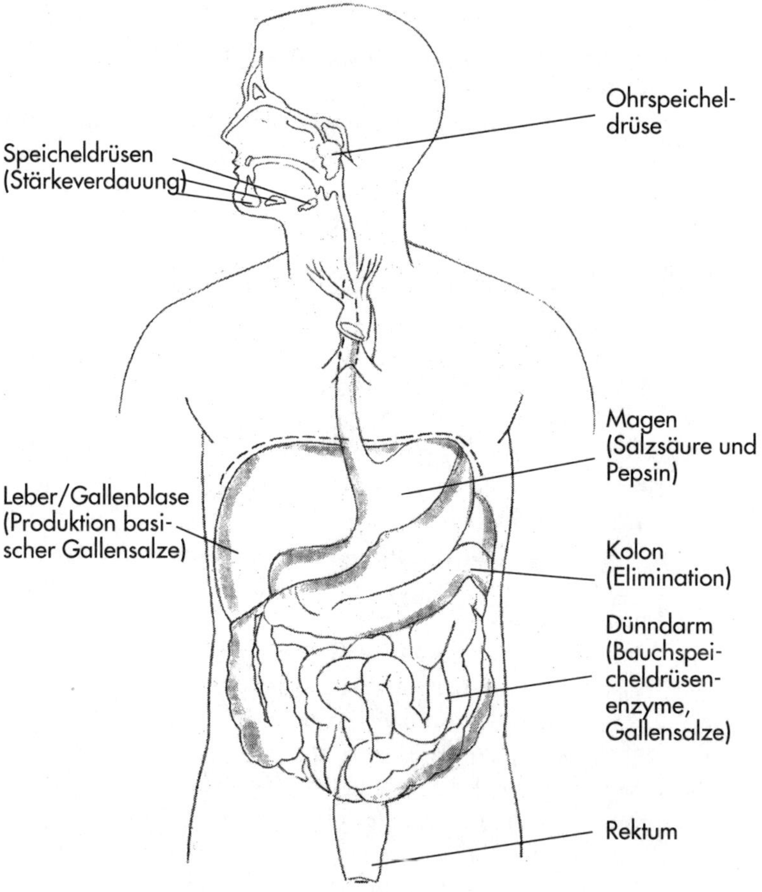

Ihre Verdauung – die wahre Geschichte

Der Kau-Kult

Die häufigste Ursache für Verdauungsprobleme und (Über-)Empfindlichkeitsreaktionen ist mangelndes Kauen. Die Nahrung wird nicht ausreichend, oft überhaupt nicht gekaut. Das zieht eine ganze Reihe von Problemen nach sich; die Verdauung funktioniert nicht richtig, wird mit der Nahrung nicht fertig und macht uns krank.
Vergleichen wir also, was mit der Nahrung passieren sollte, und was meist tatsächlich passiert.

Der Verdauungsvorgang – was passieren sollte
Stufe 1: Körper und Geist

- Die gute Verdauung beginnt im Kopf, wenn wir hungrig sind und mit der Nahrungszubereitung beginnen.
- Unsere Sinne geben sich der Vorfreude hin: Denken Sie daran, wie Sie reagieren, wenn Sie den Duft von frischem Kaffee, frisch gebackenem Brot oder reifen Pfirsichen wahrnehmen. Oder wenn Sie über einen Markt schlendern und die Farben frischer Früchte und Gemüse sehen. Dann läuft Ihnen wörtlich das Wasser im Mund zusammen.
- Speichel ist sehr wichtig für den Verdauungsprozess, weil er für die Ausschüttung des Verdauungsenzyms Ptyalin sorgt. Dadurch weiß unser Gehirn, dass Nahrung unterwegs ist, und es erteilt dem Verdauungssystem den Befehl, die Leistung hochzufahren.
- Beim Kauen beginnt sich der Stärkeanteil im Mund aufzulösen und in Zucker zu verwandeln. Diese vorverdauten Zucker verstärken die Botschaft an das Gehirn.

- Aber Kauen bewirkt noch weit mehr. Es bereitet die Nahrung für die Verdauung und Nährstoffaufnahme vor – der entscheidende Punkt.

Stufe 2: Magen

- Wenn die fein zerkauten Nahrungsstücke in den Magen gelangen, wird Salzsäure gebildet, die die zerkleinerte Nahrung auflöst, damit der Körper sie verwerten kann. Ähnlich wie eine Waschmaschine lässt der Magen Nahrung und Säure kreisen und kreisen, bis sich die gekaute Masse in eine dicke Flüssigkeit verwandelt.

Stufe 3: Dünndarm

- Die Mischung aus Nahrung und Magensäure trifft auf die basische Galle und die Enzyme aus Bauchspeicheldrüse, Leber und Gallenblase. Dieser Schritt ist entscheidend, denn nun werden die Nährstoffe in den Blutstrom aufgenommen.

Der Verdauungsvorgang – was meistens passiert

Stufe 1

- Wir sind hungrig, schnappen uns ein Brötchen, einen Schokoriegel oder eine Packung Chips und stopfen sie in uns hinein, ohne uns auch nur hinzusetzen. Wenn wir zu Hause sind, fallen wir über Speisekammer oder Kühlschrank her.
- Wir kauen die Nahrung nicht, daher wird zu wenig von dem Verdauungsenzym Ptyalin produziert. Weder Gehirn noch Verdauungssystem sind auf Nahrung vorbereitet. Ein klarer Fall von Überraschungsangriff.
- Wenn wir das Essen hinunterschlingen, gelangt dabei sehr viel Luft in den Verdauungstrakt, die sehr wahrscheinlich starke Blähungen verursachen wird. Das führt manchmal sogar zu Magenkrämpfen sowie Sod-

brennen und saurem Aufstoßen, das einen bitteren Geschmack im Mund verursacht.

Top-Tipp

Lindern Sie Sodbrennen mit Pfefferminzbonbons, Pfefferminztee oder einem kleinen Löffel Pfefferminzöl.

Stufe 2: Magen

- Weil wir die Nahrung nicht richtig gekaut haben, muss der Magen sehr viel Salzsäure ausschütten, um die großen, schwer verdaulichen Nahrungsbestandteile aufzulösen. Die Kombination verschluckte Luft (siehe oben) plus zusätzliche Säure führt oft zu saurem Aufstoßen.
- Sie essen wahrscheinlich mehr, als Sie brauchen, weil die Zentrale im Gehirn noch nicht registriert hat, dass Sie essen.

Stufe 3: Dünndarm

- Sie wissen, in diesem Bereich trifft Säure auf Base: Jedes Schulkind weiß, dass dabei Wärme und Gase frei werden können. Eine Störung des empfindlichen Gleichgewichts kann also leicht unerwünschte Nebenwirkungen haben.
- Nun können sich mehrere Probleme ergeben. Wenn der Magen sehr viel Säure produzieren muss, um die ungekaute Nahrung aufzulösen, oder wenn Sie saure Lebensmittel gegessen haben (wie etwa Essig, Zitrusfrüchte, sauren Wein oder Champagner), können die notwendigen basischen Substanzen zunichte gemacht werden.
- Sehr scharfe Speisen stellen ebenfalls ein Problem dar.

Sie können den Verdauungstrakt reizen, und in manchen Fällen führen sie zu Entzündungen. Auch süße Nahrungsmittel bergen ein Risiko, weil sie dem Gehirn signalisieren, der Verdauungsvorgang wäre vorüber. Das kommt daher, dass das Gehirn davon ausgeht, Zucker würde nur einen kleinen Teil der Nahrung ausmachen. Das Gehirn registriert Zucker an zwei Punkten des Verdauungsvorgangs. Zunächst beim Kauen – wenn die Nahrung ausreichend gekaut wird, wird sie zerlegt, und das Signal Zucker wird an das Gehirn gesendet. Und dann, wenn Kohlenhydrate aus dem Dünndarm ins Blut aufgenommen worden sind. Wird dem Gehirn viel Zucker gemeldet, weiß es nicht, dass diese Meldung aus dem Mund und nicht aus dem Dünndarm kommt, es nimmt daher an, der Dünndarm wäre fertig und die Verdauung abgeschlossen. Das stimmt natürlich nicht: Wenn die Zuckermeldung im Gehirn eintrifft, kann der Darm voller unverdauter oder teilweise verdauter Nah-

Achten Sie auf Ihren Mund

Der Mund ist von entscheidender Bedeutung für die Verdauung. Er schützt den Körper vor unerwünschten Substanzen und agiert gleichzeitig als Auslesesystem und als Filter. Krankes Zahnfleisch, Karies, schlechte Füllungen geben schädliche Stoffe in den Verdauungstrakt ab. Sind Zahnfleisch und Zähne in einem schlechten Zustand, ist das oft schon ein Grund für eine schlechte Verdauung. Krankes Zahnfleisch und Zähne agieren oft als Indikator für eine Verdauungsstörung und ein schlechtes, geschwächtes Immunsystem.

rung sein. Das Gehirn geht von falschen Voraussetzungen aus, weil es nicht berücksichtigt, dass raffinierte Zucker mehr oder weniger sofort resorbiert werden. Das erkennt man auch daran, dass Zucker beinahe sofort hilft, wenn ein Diabetiker ins Koma fällt.

Stufe 4: Dickdarm

Ist die Verdauung durch ein gestörtes Säure/Basen-Gleichgewicht im Dünndarm beeinträchtigt, gelangt die nicht vollständig verdaute Nahrung in den Dickdarm. Vielleicht ist Ihnen aufgefallen, dass der Dickdarm im Abschnitt »Was passieren sollte« nicht erwähnt wird – das hat seinen Grund. Wenn alles klaglos funktioniert, sind die Nährstoffe längst aufgenommen, wenn der Rest der Nahrung in den Dickdarm gelangt, und es treten keine Probleme auf. In Wahrheit passiert jedoch meist Folgendes:

- Stellen Sie sich den Dickdarm als eine riesige Aufbereitungsanlage für chemische Substanzen und Abfallstoffe vor, ständig auf der Suche nach verwertbaren Bestandteilen – in diesem Fall, um wichtige B-Vitamine herzustellen.
- Problematisch wird es, wenn der Dickdarm mit unverdauter Nahrung überfüllt ist. Dann können feindliche Organismen wie die Darmhefen (Candida albicans) wachsen und gedeihen, weil die nützlichen Bakterien sie nicht mehr in Schach halten können. Dieses Ungleichgewicht wird von anderen Faktoren des modernen Lebens noch begünstigt: Die nützlichen Bakterien werden auch durch Antibiotika (die gleichermaßen gegen schädliche und nützliche Darmbewohner vorgehen) und andere Medikamente wie Steroide und Antibabypille, durch Alkohol und großen Stress geschädigt.

Candida

Bis zu einem gewissen Grad ist auch die Candida albicans nützlich; dieser Hefepilz soll die Reste beseitigen, die übrig bleiben, wenn Eiweiß und Kohlenhydrate ihre Nährstoffe in Stufe 3 abgegeben haben. Bei einem gesunden inneren Milieu erhalten diese Hefen nur so viel Nahrung, dass sie sich nicht über ihr Territorium hinaus ausbreiten. Ist der Dickdarm überfüllt, geraten die Hefen bzw. Candida-Pilze jedoch außer Kontrolle und werden, was die Medizin als »systemisch« bezeichnet; sie sind dann ständig auf der Suche nach Nahrung für ihre Vermehrung. Wenn der Hefepilz Candida sich im Übermaß vermehrt, erinnert er an ein Spinnennetz – er dehnt sich aus und dringt in die Dickdarmwand ein, mit dem Effekt, dass diese durchlässiger wird, was schließlich zum sogenannten »leaky gut«-Syndrom (Durchlässiger Darm) führt. Das bringt eine ganze Reihe von Symptomen mit sich, etwa Kopf-, Muskel- und Gelenkschmerzen, akute Müdigkeit, Übelkeit, trockene Haut und Hautausschläge. Wenn die Darmwand immer durchlässiger wird, gelangen kleine Eiweißteilchen in die Blutbahn, und der Körper reagiert auf diese Allergene durch Ausschüttung von Histamin. In einem Teufelskreis von Reaktionen kann das dazu führen, dass das Immunsystem allergische Reaktionen gegen die Allergene (Nahrungsmittel) aufbaut und Beschwerden wie Asthma, Hautausschläge, Migräne und Heuschnupfen verursacht.

Eine andere mögliche Folge der übermäßigen Vermehrung der Darmhefen ist die Fermentation im Darm. Der Dickdarm wird zu einem großen Bottich, in dem die unterschiedlichen Hefen eine Reihe toxischer Alkohole produzieren, die alle von der Leber abgebaut werden müssen. Die vollkommen überlastete Leber revanchiert sich bei uns mit Erschöpfung und Lethargie.

Verstehen Sie nun, warum so viele Menschen am Nachmittag einen Leistungsabfall erleben, in vielen Fällen verbunden mit Schläfrigkeit und Stimmungsschwankungen, wenn sie mittags Brötchen und Kuchen essen, die reichlich Zucker, Hefe und Kohlenhydrate enthalten? Sie versorgen damit praktisch eine Brauerei in ihrem Inneren und überfluten ihren Körper mit toxischen Abfallprodukten. Zucker und Kohlenhydrate sind Kraftnahrung für die Hefen, der Inhalt des Brötchens – etwa fetter Schinken und Käse – hemmt die Produktion und den Einsatz der Galle und der Enzyme. Nicht wirklich nützlich für einen arbeitsreichen, nicht einmal für einen vergnüglichen Nachmittag.

Die Lösung ist einfach. Nehmen Sie ein gutes Azidophilus-Präparat, das den Verdauungstrakt unterstützt, und schließen Sie sich dem Kau-Club an. Der ist gratis und hilft!

5
In dringenden Fällen: Schlank in sieben Tagen

Es gibt Zeiten, in denen die ungeliebten Rundungen schlichtweg unerträglich werden. Normalerweise raten wir zu einer langsamen und gleichmäßigen Gewichtsabnahme von ½ bis 1 kg pro Woche, aber in dringenden Fällen – Hochzeiten sind die häufigsten – kann der Leser/die Leserin diesen Vorgang gefahrlos beschleunigen, wenn er/sie sich an den folgenden 7-Tage-Plan hält.

Zuvor jedoch einige Warnungen:

Erstens, bevor Sie mit dieser Diät beginnen, sollten Sie den Fragebogen und die Checklisten zur Erkennung Ihres Biotyps und Ihrer persönlichen stressbedingten Organfunktionsstörung bzw. -schwäche ausgefüllt haben. Wenn Sie bei einer der Schwachstellen 10 oder mehr Punkte hatten, sinkt die Wahrscheinlichkeit, dass dieser Plan bei Ihnen gut funktioniert. Unternehmen Sie etwas gegen diese Stressleiden, bevor Sie mit der Diät beginnen (bis zu diesem Zeitpunkt haben Sie die ungeliebten Kilos vielleicht ohnehin verloren).

Zweitens, manche Menschen sind ohnehin ziemlich schlank und halten sich dennoch für zu dick. Über die Gefahren, die mit Übergewicht verbunden sind (Herz- und Gefäßerkrankungen sowie Diabetes) brauchen wir uns nicht erst zu unterhalten, wir möchten aber auch nicht, dass jemand mehr abnimmt, als es für seinen Körper und seine Konstitution gut ist. Die wenigsten Frauen sind von Natur aus dünn wie ein Supermodel; die wenigsten Männer wiegen von vornherein nicht mehr als ein Jockey. Bevor Sie beginnen, überlegen Sie sich also sorgfältig, ob Sie wirklich so viel abnehmen müssen. Gehen Sie die folgenden Anweisungen Schritt für Schritt durch.

Bestimmen Sie Ihr Gewicht

1. Body Mass Index

Eine genaue und individuelle Methode, Ihr Gewicht zu bewerten, ist die Berechnung des Body Mass Index (BMI). Er liefert Ihnen einen guten Anhaltspunkt dafür, ob Sie unter- oder übergewichtig, gesund oder adipös sind. Einziger Nachteil des BMI ist, dass er nicht zwischen Fett und Muskelmasse unterscheidet, es kann also in manchen Fällen sein, dass sehr gut trainierte Menschen mit Übergewicht gesünder sind als dünne, aber völlig untrainierte Menschen. Um diesen Unterschied zu berücksichtigen, lesen Sie den Abschnitt über Körperfettmessung.

Wie wird der Body Mass Index (BMI) berechnet?

Der BMI errechnet sich aus dem Gewicht in Kilogramm dividiert durch die Körpergröße in Metern zum Quadrat. Klingt für Nichtmathematiker vielleicht ein wenig abschreckend, also gehen Sie einfach ins Internet, suchen Sie nach Body Mass Index, und Sie werden viele Seiten finden, wo der BMI für Sie sofort berechnet wird. Orientierungswerte können Sie auch der folgenden Tabelle entnehmen. Oder Sie holen sich einen Taschenrechner, Papier und Bleistift und machen Folgendes:

Tabelle: Body Mass Index

Größe (m)	*Gewicht (kg)*	Gesund					Übergewicht					Adipositas					
1,46	41	43	45	47	49	51	53	55	58	60	62	64	66	68	70	72	75
1,48	42	44	46	48	50	53	55	57	59	61	64	66	66	70	72	74	77
1,50	43	45	47	50	52	54	56	59	61	63	65	68	68	72	74	77	79
1,52	44	46	49	51	53	55	58	60	62	65	67	69	69	74	76	79	81
1,54	45	47	50	52	55	57	59	62	64	66	69	71	71	76	78	81	83
1,56	46	49	51	54	56	58	61	63	66	68	71	73	73	78	80	83	85
1,58	47	50	52	55	57	60	62	65	67	70	72	75	75	80	82	85	87
1,60	49	51	54	56	59	61	64	67	69	72	74	77	77	82	84	87	90
1,62	50	52	55	58	60	63	66	68	71	73	76	79	79	84	87	89	92
1,64	51	54	56	59	62	65	67	70	73	75	78	81	81	86	89	91	94
1,66	52	55	58	61	63	66	69	72	74	77	80	83	83	88	91	94	96
1,68	54	56	59	62	65	68	71	73	76	79	82	85	85	90	93	96	99
1,70	55	58	61	64	66	69	72	75	78	81	84	87	87	92	95	98	101
1,72	56	59	62	65	68	71	74	77	80	83	86	89	89	95	98	101	104
1,74	58	61	64	67	70	73	76	79	82	85	88	91	91	97	100	103	106
1,76	59	62	65	68	71	74	77	81	84	87	90	93	93	99	102	105	108
1,78	60	63	67	70	73	76	79	82	86	89	92	95	95	101	105	108	111
1,80	62	65	68	71	75	78	81	84	87	91	94	97	97	104	107	110	113
1,82	63	66	70	73	76	79	83	86	89	93	96	99	99	106	109	113	116
1,84	64	68	71	74	78	81	85	88	91	95	98	102	102	108	112	115	118
1,86	66	69	73	76	80	83	86	90	93	97	100	104	104	111	114	118	121
1,88	64	71	74	78	81	85	88	92	95	99	102	106	106	113	117	120	124
1,90	69	72	76	79	83	87	90	94	97	101	105	108	108	116	119	123	126
1,92	70	74	77	81	85	88	92	96	100	103	107	111	111	118	122	125	129
1,94	72	75	79	83	87	90	94	98	102	105	109	113	113	120	124	128	132
BMI	**19**	**20**	**21**	**22**	**23**	**24**	**25**	**26**	**27**	**28**	**29**	**30**	**31**	**32**	**33**	**34**	**35**

Schreiben Sie Ihr Körpergewicht in Kilogramm auf.
Schreiben Sie Ihre Körpergröße in Metern auf.
Multiplizieren Sie diese Zahl mit sich selbst.
Dividieren Sie nun das Körpergewicht in Kilogramm durch das Quadrat der Körpergröße in Metern.

Gewicht 66 Kilogramm
Körpergröße 1,70 Meter – zum Quadrat ergibt 2,89
BMI = 66 dividiert durch 2,89 = 22,8

Auswertung
Unter 20: Sie sind untergewichtig; machen Sie nicht die 7-Tage-Diät zur Gewichtsabnahme.

Zwischen 20 und 24,99: Sie sind im gesunden Normalbereich; Sie sollten nicht versuchen abzunehmen. Wenn Sie wirklich unbedingt abnehmen möchten (damit Sie wieder etwas anziehen können, was Ihnen vor zehn Jahren gepasst hat, ist nicht wirklich ein guter Grund), sprechen Sie mit Ihrem Arzt, bevor Sie diese Diät beginnen. Im übrigen ist der beste Weg eine Ernährung, die Ihrem Biotyp entspricht, und eine Behandlung der individuellen Schwachstellen, ergänzt durch mäßige Bewegung (wie Spazierengehen, Schwimmen, Yoga), um den Körper fit zu halten. Vielleicht stellen Sie dann ohnehin fest, dass Sie die ungeliebten Kilos losgeworden sind.

Zwischen 25 und 26,99: Sie sind übergewichtig und können unbesorgt die 7-Tage-Diät machen.

Zwischen 27 und 29,99: Fragen Sie Ihren Hausarzt oder einen anderen Gesundheitsfachmann, bevor Sie mit der 7-Tage-Diät beginnen.

Über 30: Dieser Bereich wird in der Medizin als Adipositas bezeichnet; Sie müssen abnehmen, sollten aber den Rat eines Fachmanns einholen, bevor Sie eine Diät beginnen.

2. Körperfettmessung

Sie können Übergewicht auch mit Hilfe der Körperfettmessung bestimmen. Es handelt sich um ein einfaches elektrisches Gerät, das misst, wie viel Körperfett wir mit uns herumtragen. Dabei wird die Geschwindigkeit gemessen, mit der ein winziger Stromstoß durch den Körper fließt, ein Vorgang, der als bioelektrische Impedanzanalyse (BIA) bezeichnet wird.

Unsere Zellen bestehen zu einem großen Teil aus Salzwasser, einem guten elektrischen Leiter; Körperfett hat einen sehr geringen Wasseranteil und ist daher ein schlechter Leiter. Je mehr Körperfett Sie haben, desto größer ist der elektrische Widerstand. Nach diesem Prinzip kann das Gerät auch die optimale Körpermasse errechnen. Die meisten Messgeräte haben eine Speicherfunktion, sodass Sie Ihre Fortschritte überwachen können. Die Geräte sind nicht billig (von etwa 75 Euro aufwärts). Der Vorteil ist, dass sie im Gegensatz zum Body Mass Index zwischen Fett- und Muskelmasse unterscheiden können; Sie wissen also genauer, wie viel Fett Sie loswerden müssen.

Warnung

Wer einen Herzschrittmacher trägt, sollte seinen Arzt zu Rate ziehen, bevor er ein BIA-Gerät oder Ähnliches verwendet.

Der 7-Tage-Plan zur Gewichtsabnahme

Der Plan zur raschen Gewichtsabnahme, den wir empfehlen, ist ein siebentägiges Programm ohne Kohlenhydrate und Stärke. Bei diesem Programm werden die Fettreserven im Körper abgebaut. Zu diesem Zweck essen Fleischesser keine Kohlenhydrate, nur Eiweiß in Form von Fleisch, Geflügel oder Fisch plus Gemüse und Obst. Vegetarier müssen jedoch sorgfältig berechnete Mengen an eiweißreichen Kohlenhydraten zu sich nehmen.

Die meisten Menschen nehmen in den sieben Tagen etwa 2,5 Kilogramm oder mehr ab. Vergessen Sie aber nicht, dass jeder anders reagiert. Manche Biotypen nehmen leichter ab als andere; Pfadfinder und Jäger und Sammler verlieren die überschüssigen Kilos wahrscheinlich leichter als Pioniere und Gärtner und Bauern.

Auch andere Faktoren spielen eine Rolle; wenn Sie beispielsweise zu jenen gehören, die ständig auf Diät sind und sich dann zwischendurch mit Exzessen entschädigen, wird Ihr Körper vermutlich gelernt haben, verändertes Essverhalten zu ignorieren, und Sie werden wohl nur 1,5 Kilogramm abnehmen.

Wichtig ist, dass Sie das Essen nicht aufschieben. Vegetarier sollten besonders darauf achten, dass sie alle drei Stunden essen: Das Programm sollte aus Frühstück, zweitem Frühstück, Mittagessen, Nachmittagssnack und frühem Abendessen bestehen (lassen Sie mindestens zwei Stunden zwischen Abendessen und Schlafengehen vergehen, damit die Verdauung abgeschlossen ist und den Schlaf nicht stört) und eventuell einer Kleinigkeit vor dem Zubettgehen, wenn es sehr spät wird oder Sie von Gelüsten geplagt werden. Fleischesser sind bei diesem Programm meist nicht hungrig, wenn doch, dann essen Sie einen der vorgeschlagenen Snacks.

Lassen Sie sich *niemals* dazu hinreißen, gar nichts zu essen. Sie riskieren, Ihrem Körper und Ihrem Geist langfristigen Schaden zuzufügen, um kurzfristig einen zweifelhaften Gewinn zu erzielen. Außerdem werden sich vermutlich unangenehme Nebenwirkungen einstellen, wie etwa schlechter Atem, Angstzustände, Zittrigkeit, Schlaflosigkeit und Abgeschlagenheit.

Wasser, täglich Wasser – und reichlich Saft!

Wie gewöhnlich heben wir auch hier hervor, wie wichtig es ist, im Rahmen dieses Programms täglich reichlich stilles, sauberes, zimmerwarmes Wasser und frisch gepresste Säfte aus Biogemüse und Bioobst zu trinken. Der Grund ist folgender: Sie werden eine ketogene Diät beginnen – das bezieht sich auf den Abbau des Körperfetts und die Produktion von Ketonen, die mit dem Harn ausgeschieden werden. Ketone im Harn können zu Müdigkeit, Trägheit und Kopfschmerzen führen. Dieses potenzielle Problem kann durch Säfte – die den Körper mit ausreichend Nährstoffen versorgen – vermieden werden sowie durch eine hohe Flüssigkeitsaufnahme. Ihr Körper besteht zu 60 bis 70 Prozent aus Wasser, Sie müssen also immer reichlich Wasser trinken, ganz besonders aber in dieser Phase. Der Wasserbedarf ist unterschiedlich: Beginnen Sie mit mindestens einem Liter täglich und steigern Sie nach Bedarf. Manche Menschen brauchen drei bis vier Liter pro Tag, besonders jene, die in trockenen, klimatisierten Räumen arbeiten.

Keine Kohlenhydrate und keine Stärke

Stimmt, Kohlenhydrate und Stärke sind das Gleiche! Wir möchten Ihnen nur bewusst machen, dass sie in Verpackungsangaben und Rezepten unter verschiedenen Bezeichnungen erscheinen.

In der Folge erhalten Sie Speisepläne für zweimal sieben Tage, mit Vorschlägen für Mahlzeiten und Zwischenmahlzeiten, die Sie nach Belieben kombinieren können. Zu den ersten gehören Fleisch, Geflügel und Fisch; Vegetarier, die Geflügel und/oder Fleisch essen, können sich daran halten. Strengere Vegetarier gehen weiter zum zweiten Programm für Gewichtsabnahme: Es enthält kein Fleisch, kein Geflügel, keinen Fisch, aber Käse (der natürlich vegetarisch sein kann) und Eier, wenn man sie mag.

Die schlimmsten Dickmacher

Nach Bedeutung geordnet, die erstgenannten sind die schlimmsten Dickmacher; letztgenannte sind vom Standpunkt der Gewichtsabnahme nicht so schlimm:

- Mürb- und Blätterteiggebäck
- Croissants
- Kekse
- Pfannkuchen usw.
- Kuchen
- Weißbrot
- Nudeln
- Kartoffeln
- Schwarz/Vollkornbrot
- Weißer Reis/Kuskus
- Vollkornreis und Vollkorngetreide
- Müsli
- Pellkartoffeln

Pläne für Nicht-Vegetarier und Vegetarier

Wichtig: Alle Produkte sollten möglichst aus ökologischer Landwirtschaft stammen, vor allem Fleisch, Geflügel und Eier.

Plan zur Gewichtsabnahme mit Fleisch, Geflügel und/oder Fisch für den Nicht-Vegetarier

Nahrungsmittelkategorien

Die Nahrungsmittel werden im Rahmen dieses Plans in drei Kategorien eingeteilt:

- Essen und trinken Sie davon, so viel Sie wollen
- Essen und trinken Sie davon begrenzte Mengen
- Meiden Sie das ganz, solange Sie abnehmen wollen

Solange Sie sich an die folgenden Angaben halten, können Sie zu jeder Mahlzeit essen, was Sie wollen. Das Wichtigste ist ein ausgiebiges Frühstück und ein roher Gemüsesaft frühmorgens (siehe Seite 197).

Essen und trinken Sie davon, so viel Sie wollen

- Steaks von magerem Fleisch, Geflügel oder Fisch (wie etwa Rindfleisch, Pute, Kabeljau oder Thunfisch)
- Lammbraten oder magere gegrillte Koteletts, Fett abschneiden
- Eier, gekocht, pochiert oder in einem Teelöffel Olivenöl gebraten
- Geflügel und Wild, ganz, gehackt oder in Scheiben
- Fisch: weißer und fettreicher Fisch, frisch, in Dosen oder tiefgekühlt
- Tofu (Sojabohnenkäse)
- Rohen Gemüsesaft, siehe unten (was beim Entsaften übrig

bleibt, kann mit Gemüsebrühe, Gemüse und magerem Fleisch zu einem sehr sättigenden, kalorienarmen Gericht werden)
- Weiches Obst: Erdbeeren, Himbeeren, Johannisbeeren, Kiwis, Grapefruit, Wassermelone (oder andere Melonen, wenn es keine Wassermelonen gibt), Pfirsiche, Nektarinen. Außerhalb der Saison können Sie tiefgekühlte Beeren und andere Früchte verwenden, aber keine Konserven. Sie enthalten Zucker als Konservierungsmittel.

Essen und trinken Sie davon begrenzte Mengen

Für jedes dieser Nahrungsmittel gibt es eine Obergrenze. Versuchen Sie, diese Menge pro Tag nicht zu überschreiten:
- Hartkäse, alle Sorten, bis zu 75 g
- Vollfette Biosahne, bis zu drei Teelöffel (90 ml) pro Tag oder 600 ml teilentrahmte oder entrahmte Biomilch
- Fettarmer Naturjoghurt, möglichst aus lebenden Kulturen, bis zu 300 ml
- Pilze, bis zu 75 g
- Salate, bis zu zwei mittelgroße Schüsseln grüner Blattsalat, Stangensellerie, Zuckerschoten, Blumenkohl, Brokkoli, Radieschen und Gurken
- Gegartes Gemüse, bis zu zwei mittelgroße Schüsseln grünes Blattgemüse, Brokkoli, Kraut, Spinat, Grünkohl, Chinakohl, Zucchini, Speisekürbis, Blumenkohl, Zuckerschoten
- Frische Tomatensauce mit Basilikum, ohne Zucker oder Mehl, etwa 500 ml
- Kaffee oder Tee, bis zu drei Tassen pro Tag mit Milch oder Sahne aus der täglichen Ration, falls gewünscht, aber ohne Zucker
- Alkohol, zwei kleine Gläser trockenen Wein pro Tag (insgesamt etwa 240 ml)

Meiden Sie das ganz, solange Sie abnehmen wollen

- Mehl und alles, was daraus hergestellt wird
- Alles, was Zucker und andere Süßungsmittel enthält, wie Brot, Pfannkuchen, Zerealien, Kuchen, Süßigkeiten, Spaghetti oder andere Nudeln
- Marmeladen, Eingemachtes, Honig oder Sirup
- Eiscreme
- Gesüßte und/oder Fruchtjoghurts
- Gesüßte gefrorene Joghurts
- Eingelegte Gemüse, Ketchup und Fertigsaucen
- Orangen, Bananen, Birnen und Weintrauben
- Erbsen und Wurzel- und Knollengemüse, auch Kartoffeln in jeder Form
- Reis, Kuskus, Vollkorngetreide, Müsli und Haferflocken
- Schalentiere

Das ist okay …

- Sie dürfen während dieses Programms sowohl Kaffee als auch Tee trinken, solange er aus biologischer Produktion stammt; wählen Sie möglichst koffeinfreie Sorten. Kräuter- und Ingwertee, gekauft oder selbst zubereitet, ist unbegrenzt erlaubt.
- Trinken Sie täglich mindestens einen Liter stilles, reines, zimmerwarmes Wasser.

Zubereitung

Es gibt mehrere Möglichkeiten, das Hauptgericht zuzubereiten:

- Fleisch, Geflügel und Fisch: pochieren, grillen oder braten (Backofen)
- Gemüse: dämpfen oder als Rohkost (Nährstoffe bleiben erhalten)

- Kräuter: Verwenden Sie möglichst viele frische Kräuter; die Speisen sollten so ansprechend wie möglich sein.
- Butter und Öl: Erlaubt sind 25 g Butter (möglichst Bio) pro Tag, entweder für die Zubereitung verwenden oder über die Speisen geben. Erlaubt ist außerdem ein Teelöffel (5 ml) Olivenöl (oder anderes Öl) pro Tag, entweder für die Zubereitung oder für die Marinade. Wer keine Butter verwendet, nimmt drei Dessertlöffel (etwa 45 ml) Öl pro Tag.
- Marinaden: Verwenden Sie die tägliche Ölration für Salatmarinaden oder zum Braten.
- Ein köstliches, aromatisches Öl erhalten Sie, wenn Sie eine getrocknete, gehackte Chilischote und/oder eine geschälte Knoblauchzehe und/oder ein Stück geschälten Ingwer mit würzigen Kräutern aus dem Mittelmeerraum (wie Basilikum, Rosmarin, Thymian, Oregano) in eine Flasche geben und mit guten Olivenöl (oder einem anderen Öl) aufgießen. Lassen Sie die Flasche einige Tage stehen und geben Sie dieses köstliche Öl dann über Salate und Gemüse. Gießen Sie dann wieder Öl nach. Aus Joghurt, gehackten frischen Kräutern und Zitronensaft können Sie ein natürliches Joghurtdressing herstellen. Eine traditionelle Vinaigrette bereiten Sie aus drei Teilen Öl (Oliven- oder Nuss-) und einem Teil Essig oder Zitronensaft sowie Salz und Pfeffer zu. Würzen Sie jedes Dressing großzügig mit Kräutern. Sie können jedes kalorienarme fertige Dressing (möglichst aus biologischen Zutaten) verwenden, wenn es weder Zucker noch Zuckerzusatzstoffe noch Stärke in irgendeiner Form enthält. Wenn es Öl enthält, müssen Sie dieses von Ihrer Tagesration abziehen. Dasselbe gilt für Joghurt.

Morgens als Erstes

Beginnen Sie jeden Tag mit einer Tasse warmem Wasser mit etwas Zitronensaft.

Saft

Viele Menschen trinken frühmorgens zunächst einen frisch gepressten Saft und frühstücken dann erst etwas später. Fügen Sie einem großen Glas rohen Gemüsesaft zwei gehäufte Teelöffel Psyllium zu oder nehmen Sie dazu sechs Kapseln Psyllium ein. (Psyllium sorgt für einen geregelten Stuhlgang und vermittelt ein Gefühl der Sättigung.)
Wenn Sie zu jenen Menschen gehören, die nicht frühstücken, trinken Sie morgens Ihren Saft, essen Sie aber unbedingt etwas, bevor der halbe Vormittag um ist, damit Sie nicht die gefürchtete Lust auf Süßigkeiten überfällt.
Machen Sie von Tag 1 bis Tag 5 das Saftprogramm zur Reinigung und Entgiftung aus Kapitel 6 (siehe Seite 213). Trinken Sie an den Tagen 6 und 7 morgens jeweils ein Glas »Ultimativen Saft«.

Frühstück

Vielleicht finden Sie folgende Vorschläge verlockend:

- Ein oder zwei hart gekochte Eier und 25 g Hartkäse
- Rühreier aus zwei oder drei Eiern, ein Teelöffel Butter und/oder zwei Teelöffel Sahne aus der Tagesration, dazu 75 g Pilze, in etwas Butter oder Öl aus der Tagesration gebraten, gewürzt und garniert mit Zitronensaft, Petersilie, Koriander oder Estragon
- Rühreier aus zwei Eiern, garniert mit 50 g Räucherlachsstücken und gehackten grünen Kräutern
- 75 g Räuchertofu, gebraten in Olivenöl, mit Kräutern und einem oder zwei gebratenen Eiern, falls gewünscht
- 75 bis 100 g Schellfisch (ungefärbt), pochiert in entrahmter Milch und Wasser, mit Petersilie garniert

- Bückling (ungefärbt), gegrillt und mit Petersilie garniert
- Ein pochiertes Ei mit 75 g Pilzen, zubereitet wie oben
- 100 g gegrillte Leber, Niere oder Speck (oder eine Mischung aus allen dreien, aber nicht mehr als 100 g insgesamt)
- Ein Becher Joghurt (etwa 250 ml) mit sechs gehackten eingeweichten Mandeln (24 Stunden in Wasser einweichen; nicht in den Kühlschrank stellen) und Haselnüssen; mit gemahlenem Zimt bestreut

Zwischenmahlzeiten/Snacks

Essen Sie diese nur, wenn Sie hungrig sind!

- Gemüsesticks (von jedem frischen Gemüse) mit kalorienarmem Dressing (fertig oder selbst gemacht), Tsatsiki (Gurken-Joghurt-Sauce) oder Auberginendip
- Weiches Obst
- Rindfleisch- oder Lachs-Jerky (getrocknetes, geräuchertes Fleisch)

Mittag- und Abendessen

Essen Sie so viel, wie Sie wirklich möchten. Denken Sie daran – keine eingedickten Saucen und keine Wurzel- und Knollengemüse. Essen Sie langsam und kauen Sie gründlich. Öl, Butter und Sahne müssen jeweils von der Tagesration abgezogen werden.

- Ein großes gegrilltes oder gebratenes Lamm- oder Rinder-Steak, alles sichtbare Fett entfernt, ein mittelgroßer grüner Salat mit Öl, Zitronensaft und Kräutern
- Eine große Portion Hähnchen, Perlhuhn oder Pute, dazu ein mittelgroßer grüner Salat oder eine kleine Portion Brokkoli
- Magere Hähnchen- oder Putenfleischstückchen, gebraten, mit Ingwer, Zuckererbsen und grünen Bohnen
- Gegrillte Leber, Blumenkohl, mit geriebenem Hartkäse be-

streut (oder machen Sie mit etwas Butter und Milch aus der Tagesration und mit Kichererbsenmehl eine Käsesauce)

- Wild-Steak, in Öl gebraten, mit Pilzen, Knoblauch und Kräutern, mit fein geschnittenem gelbem, grünem und rotem Paprika (roh oder gegart)
- Scholle, Kabeljau oder Lachs, gegrillt oder gebraten, mit gedämpftem Grüngemüse
- Feste Fischfilets (etwa von Seelachs oder Kabeljau), gebraten, mit Bohnenkeimlingen, Stangensellerie, Zuckerschoten und Brunnenkresse
- Heilbutt oder anderen weißen Fisch, gegrillt, Zucchini in Öl (aus der Tagesration) gebraten mit Knoblauch und Kräutern
- Avocado mit Öl und Zitrone, pochierter Lachs mit frischer Tomatensauce, grüner Blattsalat mit Öldressing
- Avocado mit Joghurtdressing und gemischten gehackten Nüssen, Tomatensalat garniert mit gehackten Kräutern, grüner Blattsalat mit Öldressing
- Räucherfisch (aus biologischer Produktion; etwa Makrele, Forelle oder Lachs) oder Thunfisch aus der Dose mit Tomaten und grünem Salat

Top-Tipp

Wenn Sie in Eile sind, versuchen Sie es mit Kalmar oder Tintenfisch aus der Dose – schmeckt ungefähr wie bissfestes Hähnchen, sagen unsere Tester.

Desserts

Die meisten Desserts fallen automatisch in die verbotene Kategorie, im Zweifelsfall also lieber weglassen! Es gibt jedoch einige köstliche Desserts, die Sie genießen können. Biotypen, die sich an die Trennkost halten, sollten Obstspeisen ein oder zwei Stunden nach dem Hauptgericht essen.

Versuchen Sie folgende Desserts:

- Rote Früchte (rote Johannisbeeren, Erdbeeren, Himbeeren – frisch oder tiefgekühlt) mit drei bis vier Dessertlöffeln saurer Sahne, Frischkäse, Hüttenkäse oder Joghurt.
- Melonenwürfel (alle Sorten) in fettarmem Naturjoghurt mit frischer Minze und/oder Zimt
- Fettarmen Joghurt mit gehackten frischen Mandeln und frischer Minze
- Eingeweichtes, gedämpftes Trockenobst, warm oder kalt, mit saurer Sahne, Frischkäse, Hüttenkäse oder Joghurt (in der Saison durch Rhabarber ersetzen, aber nicht aus der Dose)
- Wassermelonen- und Kiwischeiben, überlappend angeordnet, mit oder ohne andere frische Früchte (erlaubte Kategorie)
- Zwei kleine Äpfel
- 50 g Hartkäse

Plan zur Gewichtsabnahme für den Vegetarier

Vegetarier brauchen eine andere Diät zur Fettverbrennung als Fleischesser. Sie benötigen Eiweiß, und die besten vegetarischen Eiweißlieferanten sind Bohnen, Tofu (oder Tempeh) und Nüsse/Samen. Es besteht also kein Zweifel, dass Abwechslung in diesem Fall schwierig ist. Halten Sie sich immer Ihr Ziel vor Augen, dann ist die Eintönigkeit nicht ganz so schlimm. Wer Eier isst, kann den Eiweißanteil jeder beliebigen Hauptmahlzeit an jedem zweiten Tag durch ein hart gekochtes Ei ersetzen. Sie werden feststellen, dass manche Gerichte Käse enthalten – strenge Vegetarier können vegetarischen Käse verwenden.

Wer an den Tagen 1 bis 4 sowie 6 und 7 die Mahlzeiten gleich gestalten möchte, kann das tun. Nur Tag 5 ist anders, aus Gründen, die noch erläutert werden, und daran müssen Sie sich halten. Das Wichtigste ist ein ausgiebiges Frühstück und ein roher Gemüsesaft frühmorgens (siehe Seite 205).

Nahrungsmittelkategorien

Die Nahrungsmittel werden im Rahmen dieses Plans in drei Kategorien eingeteilt:

- Essen und trinken Sie davon, soviel Sie wollen
- Essen und trinken Sie davon begrenzte Mengen
- Meiden Sie das ganz, solange Sie abnehmen wollen

Essen und trinken Sie davon, so viel Sie wollen

- Tofu (Sojabohnenkäse)
- Quorn (ein Pilzprotein)
- Roher Gemüsesaft, siehe unten (was beim Entsaften übrig bleibt, kann mit Gemüsebrühe, Gemüse und pflanzlichem Eiweiß zu einem sehr sättigenden, kalorienarmen Gericht werden)
- Weiches Obst: etwa Erdbeeren, Himbeeren, Johannisbeeren, Kiwis, Grapefruit, Wassermelone (oder andere Melonen, wenn es keine Wassermelonen gibt), Pfirsiche, Nektarinen. Außerhalb der Saison können Sie tiefgekühlte Beeren und andere Früchte verwenden, aber keine Konserven, weil sie Zucker als Konservierungsmittel enthalten.

Essen und trinken Sie davon begrenzte Mengen

Für jedes dieser Nahrungsmittel gibt es eine Obergrenze. Versuchen Sie, diese Menge pro Tag nicht zu überschreiten:

- Frische gemischte Samen und Nüsse – Mandeln, Haselnüsse, Walnüsse, Pekannüsse, Pistazien (nicht geröstet, gesalzen oder glasiert), bis zu 150 g

- Hartkäse, alle Sorten, bis zu 75 g
- Vollfette Biosahne – bis zu drei Teelöffel pro Tag, oder 600 ml teilentrahmte/entrahmte Biomilch
- Fettarmen Naturjoghurt, vorzugsweise aus lebenden Kulturen, bis zu 300 ml
- Pilze, bis zu 75 g
- Eine rote, gelbe oder grüne Paprikaschote pro Tag oder die gleiche Menge bunt gemischt
- Salate: bis zu zwei mittelgroße Schüsseln grüne Blattsalate, Stangensellerie, Zuckerschoten, Blumenkohl, Brokkoli, Radieschen und Gurke
- Gegartes Gemüse, bis zu zwei mittelgroße Schüsseln Grüngemüse, Brokkoli, Kraut, Spinat, Grünkohl, Chinakohl, Zucchini, Speisekürbis, Blumenkohl und Zuckerschoten
- Frische Tomatensauce mit Basilikum, ohne Zucker oder Mehl, bis zu 500 ml
- Kaffee oder Tee, bis zu drei Tassen pro Tag, mit Milch oder Sahne aus der Tagesration, falls gewünscht, aber ohne Zucker
- Alkohol, zwei kleine Gläser trockenen Wein pro Tag (insgesamt etwa 240 ml)

Meiden Sie das ganz, solange Sie abnehmen wollen

- Mehl und alles, was daraus hergestellt wird
- Alles, was Zucker und andere Süßungsmittel enthält, wie etwa Brot, Pfannkuchen, Zerealien, Kuchen, Süßigkeiten, Spaghetti oder andere Nudeln
- Marmeladen, Eingemachtes, Honig oder Sirup
- Eiscreme
- Gesüßte und/oder Fruchtjoghurts
- Gesüßte gefrorene Joghurts
- Eingelegte Gemüse, Ketchup und Fertigsaucen
- Orangen, Bananen, Birnen und Weintrauben

- Erbsen und Wurzel- und Knollengemüse, auch Kartoffeln in jeder Form
- Reis, Kuskus, Vollkorngetreide, Müsli und Haferflocken

Das ist okay …

- Sie dürfen während dieses Programms sowohl Kaffee als auch Tee trinken, solange er aus biologischer Produktion stammt; wählen Sie möglichst koffeinfreie Sorten. Kräuter- und Ingwertee, gekauft oder selbst zubereitet, ist unbegrenzt erlaubt.
- Trinken Sie täglich mindestens einen Liter stilles, reines, zimmerwarmes Wasser.

Zubereitung

Für das Hauptgericht stehen Ihnen mehrere Möglichkeiten der Zubereitung zur Verfügung:

- Gemüse: dämpfen oder roh essen (um die Nährstoffe zu erhalten)
- Tofu: mit einem Teelöffel Knoblauch- oder anderem aromatisierten Öl kurz anbraten, dämpfen oder mit Kräutern backen (siehe auch Rezepte, Seite 261)
- Quorn: wie auf der Packung angegeben
- Kräuter: Verwenden Sie so viele frische Kräuter wie nur möglich; gestalten Sie die Speisen ansprechend und bunt
- Butter: ist in dieser Woche gar nicht erlaubt
- Öl: drei Dessertlöffel (etwa 45 ml) Olivenöl (oder ein anderes Öl) pro Tag sind erlaubt
- Dressing: Verwenden Sie die Tagesration Öl als Dressing für Salate und Gemüse oder zum Braten
- Ein köstliches, aromatisches Öl erhalten Sie, wenn Sie eine getrocknete, gehackte Chilischote und/oder eine geschälte Knoblauchzehe und/oder ein Stück geschälten Ingwer mit würzigen Kräutern aus dem Mittelmeerraum (wie Basili-

kum, Rosmarin, Thymian, Oregano) in eine Flasche geben und mit gutem Olivenöl (oder einem anderen Öl) aufgießen. Lassen Sie die Flasche einige Tage stehen und geben Sie dieses köstliche Öl dann über Salate und Gemüse. Gießen Sie dann wieder Öl nach. Aus Joghurt, gehackten frischen Kräutern und Zitronensaft können Sie ein natürliches Joghurtdressing herstellen. Eine traditionelle Vinaigrette bereiten Sie aus drei Teilen Öl (Oliven- oder Nuss-) und einem Teil Essig oder Zitronensaft sowie Salz und Pfeffer zu: Würzen Sie jedes Dressing großzügig mit Kräutern. Sie können jedes kalorienarme fertige Dressing (möglichst aus biologischen Zutaten) verwenden, wenn es weder Zucker, Zuckerersatzstoffe noch Stärke in irgendeiner Form enthält. Wenn es Öl enthält, müssen Sie dieses von Ihrer Tagesration abziehen. Dasselbe gilt für Joghurt.

- Nüsse: Essen Sie möglichst keine gesalzenen oder gerösteten Nüsse; kaufen Sie Nüsse frisch, in der Schale. Weicht man sie 24 Stunden in Wasser ein oder dämpft sie, wird die Bioverfügbarkeit des Proteins erhöht.

Morgens als Erstes

Beginnen Sie jeden Tag mit einer Tasse warmem Wasser mit etwas Zitronensaft.

Tag 1 bis 4

Frühstück

Wählen Sie aus den folgenden Vorschlägen:

- 120 ml fettarmer Joghurt mit 50 g frischen/tiefgekühlten weichen Früchten oder Beeren, wie etwa Erdbeeren, Himbeeren, Loganbeeren, roten und schwarzen Johannisbeeren und Stachelbeeren, mit einem Teelöffel Melasse, falls gewünscht

Saft

Viele Menschen trinken frühmorgens zunächst einen frisch gepressten Saft und frühstücken dann erst etwas später. Fügen Sie einem großen Glas rohen Gemüsesaft zwei gehäufte Teelöffel Psyllium zu oder nehmen Sie dazu sechs Kapseln Psyllium (Flohsamen) ein. (Psyllium sorgt für einen geregelten Stuhlgang und vermittelt ein Gefühl der Sättigung.)

Wenn Sie zu jenen Menschen gehören, die nicht frühstücken, trinken Sie morgens Ihren Saft, essen Sie aber unbedingt etwas, bevor der halbe Vormittag um ist, damit Sie nicht die gefürchtete Lust auf Süßigkeiten überfällt.

Machen Sie von Tag 1 bis Tag 5 das Saftprogramm zur Reinigung und Entgiftung aus Kapitel 6 (siehe Seite 213). Trinken Sie an den Tagen 6 und 7 morgens jeweils ein Glas »Ultimativen Saft«.

- 75 g frisches Obst, wie etwa Satsuma, Birne, Apfel, Nektarine, rosa Grapefruit, Orange, Pflaume, Persimone (Dattelpflaume); darüber 150 ml fettarmer Joghurt und ein Teelöffel Melasse, falls gewünscht
- 150 g Melonenwürfel (alle Sorten) mit fettarmem Naturjoghurt aus lebenden Kulturen
- Ein Becher Sojajoghurt mit 50 g gehackten, frischen Nüssen und einem Teelöffel Melasse

Zwischenmahlzeiten/Snacks

Vorschläge für Zwischenmahlzeiten/Snacks am Vormittag und Nachmittag:

- Zwei kleine Äpfel
- 50 g frisch geschälte, gemischte Nüsse

- 250 ml Smoothie, verwenden Sie dafür alle Obstsorten außer Bananen und Weintrauben; geben Sie einige Eiswürfel in den Mixer, dann wird der Smoothie dick und kalt wie Eiscreme
- 50 g Wal- und Pekannüsse
- Zwei Stück Obst aus folgender Auswahl: Birne, Persimone (Dattelpflaume), Pflaume, Nektarine, Feige, Dattel, Orange, rosa Grapefruit oder Satsuma (aber nicht mehr als eine Zitrusfrucht)

Mittagessen

- Zwei Tofu-Burger mit einem großen grünen Salat
- 200 g Quorn-Filets, gedämpftes Gemüse, wie etwa Möhren, Zucchini, Brokkoli, Blumenkohl, Wirsing und Spargel, darüber 50 g geriebener Hartkäse
- Ein großer gemischter Salat mit 50 g Bohnen, entweder aus der Dose oder eingeweicht und gekocht, wie etwa gefleckte oder weiße Bohnen, Stangenbohnen, Sojabohnen, Kichererbsen, oder eine Mischung daraus
- 200 g Bohnenkeimlinge und -sprossen, gedämpft oder in einem Teelöffel Olivenöl gebraten, darüber 25 g Parmesan oder anderer Hartkäse (vegetarisch, falls gewünscht)
- Ein großes Ei (nur an jedem zweiten Tag), hart gekocht mit kalorienarmem Dressing – falls gewünscht – dazu eine mittelgroße Schüssel gemischter Salat

Abendessen

- 50 g Bohnen, wie etwa gefleckte und weiße Bohnen, Stangenbohnen, Sojabohnen, Kichererbsen, aus der Dose oder eingeweicht und gekocht, mit kalorienarmem Dressing
- 200 g gemischter grüner Salat
- 50 g gemischte Bohnen
- 200 g Salat aus roten, grünen und gelben Paprikaschoten,

Roten Beten, Bohnensprossen, Fenchel und frischer Minze, mit kalorienarmem Dressing

- 200 g gedämpftes Gemüse, wie etwa Möhren, Zucchini, Brokkoli, Blumenkohl, Wirsing und Spargel, darüber 25 g gehackte, eingeweichte Mandeln und/oder Walnüsse und 25 g geriebener Parmesan oder Hartkäse
- 100 g gedämpfter weißer Fisch oder 150 g Tofu oder Quorn-Filet, 150 g gedämpftes Gemüse, wie etwa Zucchini, Brokkoli, Blumenkohl, Wirsing, Spargel, Fenchel, Sellerie, Spinat, Zwiebeln und Speisekürbis
- Großer Teller Gemüsesticks (alle Gemüsesorten) mit zwei Teelöffeln Guacamole, zwei Teelöffeln Hummus und zwei Teelöffeln Tsatsiki
- Großer Teller Röstgemüse, wie etwa rote und gelbe Paprikaschoten, Zucchini, Pilze, Spargel, Lauch und Auberginen, mit 25 g frischem Parmesan oder anderem Hartkäse (mit dem Gemüseschälmesser dünn abgeschnitten)

Desserts

- 50 g weiche Früchte, wie etwa Erdbeeren, Himbeeren, Loganbeeren, Brombeeren und Maulbeeren, mit saurer Sahne, Frischkäse, Joghurt oder Hüttenkäse
- 50 g (Trockengewicht) gemischtes, gedämpftes Trockenobst, wie etwa Feigen, Datteln, Pflaumen, Aprikosen, Birnen, Pfirsiche und Kokosnuss, mit saurer Sahne, Frischkäse, Joghurt oder Hüttenkäse

Tag 5: wenig, aber oft

Am fünften Tag müssen Vegetarier alle zwei Stunden eine Kleinigkeit zu sich nehmen, denn das ist der Tag, an dem die meisten Menschen den Drang entwickeln, ununterbrochen zu essen. Das liegt daran, dass der Körper nun bestrebt ist, sich auf einen neuen Umgang mit der Nahrung einzustellen, während das Gehirn versucht, wieder zu Altbekanntem zurückzukehren. Wenn Sie häufig, aber wenig essen, sind Körper und Gehirn zufrieden gestellt. Sie sollten niemals hungrig sein.

Nach dem Aufwachen

- Ein Glas stilles Mineralwasser mit frisch gepresstem Zitronensaft

Frühstück

- Der fünfte Saft aus dem Saftprogramm zur Reinigung und Entgiftung
- Einen kleinen (150 ml) Sojajoghurt mit einem Teelöffel Melasse

10 Uhr

- 25 g Ihrer liebsten Samen und Nüsse (aus der Auswahl auf Seite 201)

Mittag

- Zwei Stück Ihrer liebsten Obstsorte (aus der Auswahl auf Seite 201)

14 Uhr

- Einen mittelgroßen grünen Salat mit Öldressing und 25 g geriebenem Käse

16 Uhr

- Einen süßen Apfel und 25 g Wal- oder Pekannüsse

18 Uhr

- Eine rosa Grapefruit als Smoothie oder am Stück

20 Uhr

- 150 g gedämpftes Gemüse mit aromatisiertem Olivenöl als Dressing

22 Uhr

- Wenn Sie dann noch auf sind, essen Sie 25 g Trockenobst und trinken Sie ein mittelgroßes Glas stilles Mineralwasser, bis Sie zu Bett gehen.

Tag 6 und 7

Folgen Sie dem Programm für die Tage 1 bis 4.

6
Frisch gepresste Säfte bringen den Stoffwechsel in Schwung

Wenn Sie erst auf den Geschmack gekommen sind, werden Sie kaum noch verstehen können, wie Sie jemals ohne diesen natürlichen Jungbrunnen ausgekommen sind. Frisch gepresste Gemüse- und Obstsäfte sind überreiche Nahrung in hoch konzentrierter flüssiger Form. Jemand, der blass, träge und müde wirkt, beginnt, täglich seinen rohen »Energy Cocktail« zu trinken, und – Abrakadabra! – verwandelt er sich in eine energiegeladene Persönlichkeit mit gesunder Haut und strahlenden Augen. Frisch gepresste Säfte sind die billigste und wirkungsvollste Langzeitstrategie für die Erhaltung der Gesundheit in jedem Alter und Lebensabschnitt.

Säfte sind ganz allgemein eine Bereicherung, für das 7-Tage-Programm zur Gewichtsabnahme (siehe Kapitel 5) sind sie unerlässlich. Rohe Gemüsesäfte enthalten reichlich natürliche Vitamine, Mineralstoffe und pflanzliche Enzyme. Kein anderes Nahrungsmittel liefert dieselbe Menge an lebenswichtigen Nährstoffen zu so günstigen Preisen. Und kein einziges Vitamin- oder Mineralstoffpräparat enthält die gesund erhaltenden Substanzen in solch synergistischer Ausgewogenheit. Norman Walker, der Mann, der das Entsaften in Amerika einführte, wurde übrigens stolze 113 Jahre alt. Frisch gepresste Säfte haben eine lange, ehrenvolle Geschichte in der Naturheilkunde und Alternativmedizin. Sie waren die Grundlage vieler so genannter »Wunderheilungen«, wahrscheinlich weil die Konzentration von Antioxidanzien und anderen lebenswichtigen Vitaminen und Mineralstoffen bei manchen Krankheiten eine radikale Wirkung zeigt. Säfte helfen bei der Entgiftung des Körpers und regen gleichzeitig das Immunsystem und andere Körperfunktionen an. Frühmorgens getrunken, bringen frische Säfte den Stoffwechsel in Schwung. Versuchen Sie es mit der »Ultimativen Adam & Eva-Saftformel«, mit unseren anderen Rezepten oder experimentieren Sie mit eigenen Kombinationen.

Trinken Sie frisch gepressten Saft immer sofort; je frischer, desto mehr Lebenskraft enthält die Mischung. Frisch entsaftete Gemüse schmecken oft ganz anders als rohe feste Gemüse. Rote Bete ist beispielsweise süß, Sellerie schmeckt milder. Auch wenn fertige Säfte aus dem Ladenregal einige Nährstoffe enthalten mögen (wenn sie aus nicht-biologischer Produktion stammen, auch einige chemische Zusatzstoffe, die man besser meiden sollte), so sind sie doch pasteurisiert (zur Abtötung von Bakterien und Krankheitskeimen erhitzt), damit sie sich länger halten, und deshalb ist ihr Nährstoffgehalt überhaupt nicht mit dem frisch gepresster Säfte vergleichbar.

Wenn Sie versuchen, Nikotin, Kaffee oder Alkohol aufzugeben, werden Sie feststellen, dass frische Säfte Ihnen dabei wertvolle Hilfe leisten. Der morgendliche Schwung, der von ihnen ausgeht, verhindert oft das heftige Verlangen nach der verbotenen Substanz.

Einziger Nachteil – man braucht etwas Zeit, um sie herzustellen, alles in allem vielleicht zehn Minuten, bis man das Gemüse vorbereitet und in den Einfüllstutzen gegeben hat. Sie können natürlich in einen Bioladen oder ins Reformhaus gehen und dort Ihren frisch gepressten Saft trinken oder ihn mit nach Hause nehmen, mit der Zeit kommt das aber ziemlich teuer – außerdem muss man sich dafür »stadtfein« machen und aus

»Rohe Säfte sind der beste Treibstoff für unseren Körper. Frische Säfte stecken voller Lebenskraft, voller natürlicher, roher Energie, die in ihrer wohltuenden Wirkung wahre Wunder für den menschlichen Körper vollbringt.«
Leslie Kenton, Autorin, begeisterter Saft-Fan seit 35 Jahren

dem Haus gehen. Gehen Sie ans Werk: Schaffen Sie sich einen Entsafter an und genießen Sie die neue Lebensfreude.

Das 5-Tage-Saftprogramm zur Reinigung und Entschlackung

Das Adam & Eva-Saftprogramm entgiftet progressiv auf immer tieferen Ebenen an fünf aufeinanderfolgenden Tagen. Es beginnt mit der einfachen Melonen-Sellerie-Rezeptur für Tag 1, die voller antioxidativer Vitamine (hauptsächlich die Vitamine A, C und E) und anderer Nährstoffe steckt, und dringt bis zum Tag 5 mit dem Gemüsesaft in tiefe Gewebeschichten vor. Die Rezeptur für den »Ultimativen Saft« enthält eine große Palette von Gemüsen, entgiftet allgemein und wirkt gleichzeitig System anregend.

Manche Leser werden sich vielleicht fragen, warum in unseren Säften kein Weizengras enthalten ist. Das liegt zum Teil daran, dass viele Menschen es so widerlich finden, dass sie zu würgen beginnen, dank der Wirkung des Chlorophylls auf die Leber. In der Ultimativen-Saft-Rezeptur finden sich so gut wie alle Nährstoffe des Weizengrases. Wenn Sie Weizengras mögen, können Sie es aber gern hinzufügen.

Es gibt mehrere Möglichkeiten, die Säfte in Ihre Biotyp-Diät einzubauen:

- Trinken Sie täglich vor dem Frühstück einen frischen Saft.
- Bauen Sie Saft in das 7-Tage-Programm ein.
- Ersetzen Sie nach einer Entschlackungskur mit Säften eine Mahlzeit am Tag durch Saft; möglichst die Abendmahlzeit.
- Ersetzen Sie einen Tag lang alle Mahlzeiten durch Säfte; nutzen Sie einen freien Tag für diesen Fasttag und verwöhnen Sie sich dabei nach Herzenslust.

Top-Tipps

- Stürzen Sie diese nahrhaften Säfte nicht hinunter, trinken Sie sie in kleinen Schlucken. Betrachten Sie sie eher als Suppe denn als Limonade oder Wasser.
- Stellen Sie mit Ihrem Entsafter frische Fruchtsäfte aus einer Sorte her, etwa aus Äpfeln oder Birnen, Melonen oder Beeren, verdünnen Sie diese mit frischem Quellwasser, würzen Sie mit Minze, und Sie haben ein perfektes Erfrischungsgetränk.

Wie man frische Säfte herstellt

- Waschen Sie das rohe Gemüse unter kaltem, fließendem Wasser.
- Säubern Sie Wurzelgemüse mit einer Bürste.
- Schälen Sie dickschalige Früchte, wie Ananas, Melone, Zitrusfrüchte und Kiwi.
- Entsteinen Sie Kirschen, Pfirsiche usw.
- Meiden Sie faserreiche Früchte wie Bananen, Rhabarber und Aprikosen; sie geben nicht viel Saft ab und verstopfen nur den Entsafter.

> »Säfte schaffen Wohlbefinden im Nu. Ein Glas von diesem lebenswichtigen, energiegeladenen Getränk, und Sie fühlen sich 20 Jahre jünger.«
>
> Nigel Slater, The *Observer* Magazine

- Schneiden Sie Obst und Gemüse in kleine Stücke, sodass sie durch den Einfüllstutzen gleiten, ohne stecken zu bleiben.
- Rollen Sie Blattgemüse fest zusammen.
- Geben Sie Petersilie, Stangensellerie und andere Blattgemüse mit den Stielen voran in den Entsafter.

Entsafter: Typen, Technik und Funktion

Sie werden den Entsafter so oft verwenden wie die Kaffeemaschine, und er wird auch einiges aushalten müssen, kaufen Sie also – im Rahmen Ihrer Möglichkeiten – das beste Gerät. Die Preise sind sehr unterschiedlich – die Bandbreite reicht von 40 Euro bis über 400 Euro. Wir, Rod und Sarah, haben Kenwood-Entsafter, die unter 70 Euro kosten; sie mögen zwar etwas umständlich sein, erfüllen aber durchaus ihren Zweck.

Es gibt drei Arten von Entsaftern:

1. *Saftzentrifugen* zeichnen sich durch ein rundes, feines Sieb und ein schnell rotierendes Blatt (Messer) mit feinen Zähnen aus, das Obst und Gemüse zerkleinert. Durch die Zentrifugalkraft wird der Saft von Schale, Fruchtfleisch und Kernen getrennt. Diese Frischsaftzentrifugen sind in der Anschaffung günstig, ergeben aber wenig Saft.
2. *Raspel-Entsafter* raspeln Obst und Gemüse und drücken dann den Saft heraus; sie sind leistungsstärker, ergeben mehr Saft, sind aber auch wesentlich teurer.

3. *Saftpressen*, die neueste Generation, zerdrücken (pressen) das Obst und Gemüse (auch die Zellwände); sie sind leiser, am teuersten und am wirkungsvollsten, weil sie die meisten Nährstoffe liefern.
   Nähere Informationen finden Sie unter *Nützliche Adressen und Tipps* am Ende des Buches.

Rosa Göttin

Weniger Saft, mehr Wassermelone!
Den schnellsten, köstlichsten rosafarbenen Drink mit einem Maximum an antioxidativen Vitaminen erhalten Sie, wenn Sie ein Viertel einer Wassermelone, samt Kernen, mit ein paar frischen Minzeblättern im Mixer pürieren. Geben Sie nach Belieben Eiswürfel dazu.

Adam & Eva-Säfte

Wir haben bei den Säften keine genauen Mengen angegeben, da die einzelnen Entsafter unterschiedlich viel Saft liefern. Die Saftausbeute Ihres Gerätes werden Sie nach ca. einer Woche ziemlich gut abschätzen können. Als ungefähre Richtlinie gilt: vier große Äpfel, vier große Möhren und ein 2 cm großes Stück Ingwer ergeben mit unseren Kenwood-Entsaftern etwa 240 ml Saft.

Tag 1

Melone (möglichst Wassermelone, sonst jede Sorte) und Stangensellerie im Verhältnis 3:1 (Melone zu Sellerie) nach Gewicht

- Melone enthält Betakarotin, Folsäure, Vitamin B_5, Vitamin C, Spuren von Vitamin B_1, B_2, B_3, B_6; Kalzium, Magnesium, Phosphor, Kalium, Natrium; Spuren von Kupfer, Eisen und Zink.

> »Als ich mein erstes großes Glas frisch gepressten Saft getrunken hatte, erwachte mein Körper augenblicklich zum Leben, als würde Strom durch meine Adern fließen – ich fühlte mich sofort besser.«
> Willard Van De Bogart, zitiert in *Alternative Medicine*

- Stangensellerie enthält Folsäure, Vitamin C, B_1, B_2, B_3, B_5, B_6, Biotin, Vitamin E; Kalzium, Chlor, Mangan, Phosphor, Kalium, Natrium und Schwefel.

Tag 2

Stangensellerie und Apfel im Verhältnis 1:1 (Sellerie zu Apfel) nach Gewicht

- Stangensellerie enthält Folsäure, Vitamin C, B_1, B_2, B_3, B_5, B_6, Biotin, Vitamin E; Kalzium, Chlor, Mangan, Phosphor, Kalium, Natrium und Schwefel.
- Apfel enthält Betakarotin, Folsäure, Vitamin C, B_1, B_2, B_3, B_6, Biotin, Vitamin E; Kalzium, Chlor, Magnesium, Phosphor, Kalium, Schwefel; Spuren von Zink und Kupfer.

Tag 3

Apfel und Möhre mit Ingwer nach Geschmack im Verhältnis 1:1 (Apfel zu Möhre) nach Gewicht

- Apfel enthält Betakarotin, Folsäure, Vitamin C, B_1, B_2, B_3, B_6, Biotin, Vitamin E; Kalzium, Chlor, Magnesium, Phosphor, Kalium, Schwefel; Spuren von Zink und Kupfer.
- Möhre enthält Betakarotin, Folsäure, Vitamin C, B_1, B_2, B_3, B_5, B_6, Biotin, Vitamin E; Kalzium, Chlor, Magnesium, Phosphor, Kalium, Natrium, Schwefel; Spuren von Kupfer, Eisen und Zink.

»Ich empfehle meinen Patienten oftmals frisch gepresste Säfte aus biologischer Landwirtschaft, und ich höre immer wieder erstaunliche Berichte, wie diese Säfte gegen alle möglichen Krankheiten geholfen haben, gegen Erkältungen, Allergien, Reizdarmsyndrom, Kopfschmerzen, Arthritis und Regelschmerzen.«

Dr. Charles Innes, Arzt für Homöopathie

Tag 4

Möhren, Stangensellerie und Winterkohl (oder Petersilie, Brokkoli, Spinat, Mangold) im Verhältnis 2 Teile Möhren und Sellerie auf 1 Teil Kohl oder Petersilie, nach Gewicht

- Möhre enthält Betakarotin, Folsäure, Vitamin C, B_1, B_2, B_3, B_5, B_6, Biotin, Vitamin E; Kalzium, Chlor, Magnesium, Phosphor, Kalium, Natrium, Schwefel; Spuren von Kupfer, Eisen und Zink.
- Stangensellerie enthält Folsäure, Vitamin C, B_1, B_2, B_3, B_5, B_6, Biotin, Vitamin E; Kalzium, Chlor, Mangan, Phosphor, Kalium, Natrium und Schwefel.
- Winterkohl enthält Folsäure, Vitamin C, geringe Mengen von Vitamin B_1, B_2, B_3, B_5, B_6, Biotin und Vitamin E; Kalzium, Chlor, Magnesium, Phosphor, Kalium, Natrium; Spuren von Kupfer, Eisen und Zink.

Tag 5

Möhre, Stangensellerie, Brunnenkresse, Winterkohl (oder Petersilie, Brokkoli, Spinat, Mangold), Apfel und Ingwer: jeweils zu gleichen Teilen, Ingwer nach Geschmack (beginnen Sie mit einem etwa 2 cm großen, geschälten Stück Ingwer)

- Möhre enthält Betakarotin, Folsäure, Vitamin C, B_1, B_2, B_3, B_5, B_6, Biotin, Vitamin E; Kalzium, Chlor, Magnesium, Phosphor,

Kalium, Natrium, Schwefel; Spuren von Kupfer, Eisen und Zink.

- Stangensellerie enthält Folsäure, Vitamin C, B_1, B_2, B_3, B_5, B_6, Biotin, Vitamin E; Kalzium, Chlor, Mangan, Phosphor, Kalium, Natrium und Schwefel.
- Brunnenkresse enthält Betakarotin, Vitamin C und E, geringe Mengen an Vitamin B_1, B_2, B_3, B_5, B_6, Biotin; Kalzium, Chlor, Eisen, Magnesium, Phosphor, Kalium, Natrium, Schwefel; Spuren von Kupfer und Zink.
- Winterkohl enthält Folsäure, Vitamin C, geringe Mengen an Vitamin B_1, B_2, B_3, B_5, B_6, Biotin und Vitamin E; Kalzium, Chlor, Magnesium, Phosphor, Kalium, Natrium; Spuren von Kupfer, Eisen und Zink.
- Apfel enthält Betakarotin, Folsäure, Vitamin C, B_1, B_2, B_3, B_6, Biotin, Vitamin E; Kalzium, Chlor, Magnesium, Phosphor, Kalium, Schwefel; Spuren von Zink und Kupfer.

Der Ultimative Saft: Rezeptur

Sie wissen – diesen Saft können Sie jederzeit trinken, nicht nur morgens:

2 Möhren (obere Enden abgeschnitten)
2 Hand voll Bohnensprossen
4 bis 6 Stangen Sellerie
$^1/_2$ Rote Bete (oberes Ende abgeschnitten)
1 kleine Hand voll Petersilie oder Brunnenkresse
1 Hand voll Spinat oder anderes dunkelgrünes Gemüse der Saison, abwechselnd etwa Spinat, Mangold, Wirsing, Rübenlaub, Brokkoli usw.
1 Apfel, Kochapfel oder 1 Birne
Ingwer (versuchen Sie ein 3 cm großes, geschältes Stück)

- Brunnenkresse enthält Betakarotin, Vitamin C und E, geringe Mengen an Vitamin B_1, B_2, B_3, B_5, B_6, Biotin; Kalzium, Chlor, Eisen, Magnesium, Phosphor, Kalium, Natrium, Schwefel; Spuren von Kupfer und Zink.
- Rote Bete enthält Folsäure, Vitamin C, geringe Mengen an Vitamin B_1, B_2, B_3, B_5; Kalzium, Magnesium, Phosphor, Kalium, Natrium; Spuren von Kupfer, Eisen und Zink.
- Petersilie enthält Betakarotin, Vitamin B_3, geringe Mengen an Vitamin B_1, B_2; Kalzium, Eisen, Phosphor, Kalium und Natrium.
- Birne enthält Betakarotin, Folsäure, Vitamin C, geringe Mengen an Vitamin B_1, B_2, B_3, B_5, B_6; Kalzium, Magnesium, Phosphor, Kalium; Spuren von Kupfer, Eisen, Mangan und Zink.

Top-Tipps

- Bei Erkältungen und Grippe geben Sie ein geschältes, 2 cm großes Stück Ingwer, eine große Knoblauchzehe und drei schwarze Pfefferkörner zu einem Saft nach Wahl; die Beschwerden können dadurch spürbar zurückgehen.
- Verwenden Sie die beim Entsaften anfallenden Reste, den so genannten Trester, für eine dicke Gemüsebrühe. Geben Sie den Trester in einen Suppentopf und bedecken Sie ihn mit Wasser. Lassen Sie ihn etwa eine Stunde schwach kochen und fügen Sie bei Bedarf noch Wasser zu. Seihen Sie die Brühe ab und verwenden Sie sie als Grundlage für Suppen und Eintöpfe.

7
Entspannung und Schlaf – die natürlichen Anti-Stress-Mittel

Wir suchen ganz besonders häufig Trost im Essen, wenn wir erregt oder besorgt sind – also in irgendeiner Form unter psychischer Belastung stehen. Wie wir bereits in Kapitel 3 erklärt haben, ist das Erlernen eines entspannten Umgangs mit Stress und die Vermeidung bekannter Stresssituationen unerlässlich, wenn der Stress sich schon sein Zielorgan ausgesucht hat. Richtige Entspannung ist gratis und sehr wirkungsvoll. Körper und Geist (Gehirn) helfen einander dabei. Ihr Geist ist stark und kann Sie aus vielen schwierigen oder schmerzlichen Situationen herausholen und schnell in einen Zustand der Beruhigung und der Sicherheit versetzen. Ebenso kann Ihr Körper der Beruhigung des Geistes dienen. Beginnen Sie mit der allereinfachsten Übung – dem Atmen. Während Sie diese Zeilen lesen, setzen (oder stellen) Sie sich gerade hin, den Rücken strecken, lösen Sie Ihre verschränkten Arme und Beine, erden Sie sich, stellen Sie sich vor, wie Ihr Körpergewicht zu Boden sinkt, und atmen Sie sechsmal tief und langsam ein und aus. Sie atmen durch die Nase ein und durch den Mund (leicht geöffnet und mit einem leisen Summen) aus. Atmen Sie in den Bauch ein, dass er sich mit Luft auffüllt wie ein Ballon. Ziehen Sie die Schultern nicht hoch – stellen Sie sich vor, dass die Schulterblätter sinken. Beim Ausatmen fühlen Sie, wie der Bauch einsinkt.

Der Mozart-Effekt

Musik beruhigt. Es gibt haufenweise Studien, die zeigen, dass Musik Krankheiten von Migräne bis Herz-Kreislauf-Erkrankungen, von Schlaflosigkeit bis Parkinson heilen kann. Das funktioniert mit jeder Musik, die Sie mögen, Mozart ist aber besonders wirkungsvoll. Forschungen zeigen, dass Mozarts Kompositionen uns beruhigen, den IQ heben und die Konzentration verbessern können, neben zahlreichen anderen Vorteilen:

- Spielen Sie Ihre Lieblingsmusik immer, wenn Sie unter Stress geraten.
- Nehmen Sie auf Reisen Kassetten/CDs mit, bei denen Sie mitsingen können.
- Vertreiben Sie geistige und körperliche Anspannung, indem Sie klassische (oder andere) Musik dirigieren. Wenn Sie richtig dirigieren können, gut, wenn nicht – tun Sie einfach so als ob. Vertiefen Sie sich in die Musik, in die einzelnen Stimmen und Instrumente.
- Spielen Sie mit Tellern! Wenn Sie zufällig zwei Pappteller zur Hand haben, können Sie damit bei jeder Musik mitspielen – klatschen Sie die Teller zusammen wie Becken, lassen Sie sie in die Höhe schießen, große und kleine Kreise beschreiben. (Nehmen Sie das nicht allzu ernst ...)
- Legen Sie sich, wenn Sie müde sind, auf den Boden, Knie angewinkelt und hüftbreit auseinander, Füße flach auf dem Boden, Zehen zeigen nach vorn, Kopf auf einem Taschenbuch, Hände liegen locker auf dem Nabel. Schließen Sie die Augen und hören Sie sich Ihr liebstes Mozart-Stück oder andere Musik an; verfolgen Sie die Musik im Geist, aber ohne jeden Ehrgeiz, denn damit wür-

den Sie Ihr Ziel verfehlen. Wenn Sie zu grübeln beginnen, lenken Sie Ihre Gedanken sanft wieder auf die Musik. Spüren Sie, wie die Musik Sie durchströmt.

- Das Gehirn passt sein Zeitmaß dem Rhythmus des Gehörten an, Sie können es also beispielsweise mit Gregorianischen Gesängen zum Schlafen bringen, mit flotten Stücken wie dem Säbeltanz beschleunigen, wenn mehr Tempo gefragt ist.

Der Anfang ist gemacht.

Versuchen Sie nun, Ihren Geist von der Ebene der ständig kreisenden Gedanken auf die Ebene Ihres Körpers zu bringen, sodass Körper und Geist eine Einheit bilden und nicht beide gleichzeitig überall sind. Damit sollen Sie die Angst verringern und gleichzeitig den Blutdruck senken.

Stellen Sie sich Ihren Nabel vor und beginnen Sie, aus dem Bauch heraus zu summen. Nicht laut, nur ein langes, leises Summen aus Brust und Bauch. Das können Sie überall machen: Es funktioniert zum Beispiel bestens im Auto, wenn rundum ein Verkehrschaos herrscht.

Versuchen Sie es zu Hause mit Meditation. Jäger und Sammler, Gärtner und Bauern sowie Tänzer können sich relativ leicht hinsetzen und beruhigen, sie werden die folgende Methode mit ein wenig Übung relativ einfach finden. Pioniere und Pfadfinder, die körperlich aktivsten Typen, entspannen sich oft leichter, wenn sie singen, Musik hören, »dirigieren« (siehe Seite 222) oder einen gemütlichen Spaziergang im Park machen. Wählen Sie, was Sie persönlich anspricht.

Meditation

Wenn Sie Routine haben im Meditieren, können Sie es überall und jederzeit machen, aber das erfordert einige Übung. Beginnen Sie mit wenigen Minuten pro Tag, ein- oder zweimal täglich – frühmorgens und vor dem Einschlafen sind günstig –, und steigern Sie die Zeit langsam. Es gibt keine richtige oder falsche Methode, gut ist, was Ihnen entspricht.

Hier einige einfache Richtlinien:

- Meditieren Sie nicht, wenn Sie hungrig oder voll gegessen sind oder dringend das Bad aufsuchen müssen.
- Suchen Sie sich für Ihre ersten Meditationsversuche einen völlig ruhigen Ort, an dem Sie nicht gestört werden. Schließen Sie die Tür und sorgen Sie dafür, dass das Telefon nicht läutet.
- Wenn Sie möchten, zünden Sie eine Kerze an und/oder sprechen Sie ein Gebet und/oder danken Sie dem, der Sie erschaffen hat.
- Setzen Sie sich bequem hin, die Füße (barfuß, wenn möglich) stehen fest auf dem Boden, die Hände liegen im Schoß; Arme und Beine sind nicht verschränkt, die Wirbelsäule ist gestreckt; stellen Sie sich vor, wie der Körper von Kopf bis Fuß weich wird.
- Atmen Sie tief, sanft und rhythmisch durch die Nase ein, durch den Mund aus. Die Atemzüge sind gleich lang. Lassen Sie die Atmung einen natürlichen Rhythmus annehmen.
- Sie können meditieren, indem Sie sich einfach auf die Atmung konzentrieren. Ihr Gehirn wird den Rhythmus übernehmen und ruhiger werden. Spüren Sie, wie die Luft durch die Nase einströmt, hinunterfließt und Ihre Lungen füllt. Achten Sie dabei darauf, dass die Schultern sich nicht heben.

- Zählen Sie beim Einatmen bis vier, halten Sie die Luft dann kurz an – ein oder zwei Schläge –, so wie die Welle kurz am Ufer verweilt, bevor sie wieder zurückrollt –, zählen Sie dann beim Ausatmen wieder bis vier. Dehnen Sie das Ausatmen aus, bis es acht Schläge dauert.
- Versuchen Sie, mehr aus dem Bauch und weniger aus der Brust zu atmen, spüren Sie, wie der Bauch sich beim Einatmen vorwölbt – sich aufbläht wie ein Ballon – und beim Ausatmen wieder einsinkt.
- Wenn Sie angespannt sind, stellen Sie sich vor, wie sich jeder Teil Ihres Körpers entspannt; beginnen Sie mit Kopfhaut und Haaransatz, entspannen Sie alle Gesichtszüge und gehen Sie dann langsam durch den ganzen Körper nach unten, spüren Sie, wie die Spannung aus Nacken, Schultern, Schulterblättern und Wirbelsäule, Bauch, Armen, Fingern, Füßen und schließlich Zehen verschwindet.
- Wenn sich gewisse Gedanken nicht beiseite schieben lassen oder bestimmte unangenehme Situationen immer wieder vor Ihrem geistigen Auge ablaufen, konzentrieren Sie sich auf etwas Neutrales oder etwas auf ruhige Weise Angenehmes – etwa die Farbe Blau, einen strahlend blauen Himmel, das Meer, einen reinen, blauen Edelstein, Berggipfel oder einen Sonnenuntergang. Oder suchen Sie ein beruhigendes Wort, das Sie langsam im Geiste nachsprechen, immer wieder. Wenn ein störender Gedanke auftaucht, nehmen Sie ihn zur Kenntnis und lassen Sie ihn los. Stellen Sie sich diesen Gedanken wie eine Wolke vor, die vor Ihrem geistigen Auge vorüberzieht.

Kreatives Visualisieren

Visualisieren funktioniert nach denselben Grundsätzen wie die Meditation. Beim Visualisieren konzentrieren wir uns jedoch darauf, heilende Bilder in unserem Geist (Gehirn) entstehen zu lassen, und setzen auch andere Sinne ein. Diese geistigen Bilder können viele Formen annehmen. Hier sind einige Vorschläge. Versuchen Sie auch, Ihre eigenen Favoriten ausfindig zu machen:

- Wenn Sie aufgeregt sind, denken Sie an einen Ort, an dem Sie glücklich, sicher und ruhig waren: einen Garten im Sommer, einen weiten Sandstrand, wo man sieht, wie das Meer am Horizont verschwindet, eine Wiese voller Wildblumen.
- Fühlen Sie nun die Wärme der Sonne auf Ihrem Gesicht, den Wind in Ihren Haaren, nehmen Sie den Geruch des Meeres oder den Duft der Blumen wahr, lauschen Sie dem Plätschern der Wellen oder dem Rascheln der Gräser im Wind.
- Versinken Sie mit Geist und Körper in diesem inneren »Film« und lassen Sie die aktuellen Probleme los.
- Wenn ein Problem Sie beim Einschlafen nicht loslässt, visualisieren Sie, dass es über Nacht weggesperrt wird. Diese Technik verwenden Leistungssportler. Stecken Sie das Problem in einen Ordner, legen Sie den Ordner in eine Schublade, sperren Sie diese ab und räumen Sie den Schlüssel weg. Sie können das immer machen, wenn Sie abschalten möchten, vorausgesetzt, dass Sie das Problem bei der nächsten Gelegenheit lösen.
- Wenn die linke (rationale) Gehirnhälfte auf Hochtouren läuft und Ihr Kopf nicht aufhört zu schwirren, versuchen Sie, auf die rechte (kreative) Gehirnhälfte umzuschalten. Konzentrieren Sie sich dabei im Geist auf die linke Gehirnhälfte und stellen Sie sich vor, wie Sie sich von der linken Gehirn-

hälfte abwenden und langsam zur rechten Gehirnhälfte hinübergehen. Sie kommen zu einer Tür – stellen Sie sich diese in allen Einzelheiten vor, Farbe, Form, Struktur –, Sie drücken die Klinke, öffnen die Tür und schließen Sie fest hinter sich. Erkunden Sie den Ort, an dem Sie sich befinden: einen Garten, der von einer Mauer umgeben ist, beispielsweise, oder einen ruhigen Raum. Machen Sie es sich bequem – tun Sie gar nichts, seien Sie einfach nur.

- Wenn Sie Angst haben oder sich nicht wohlfühlen, versuchen Sie, sich von Kopf bis Fuß in einen lavendelfarbenen Kokon zu hüllen, bis Sie sich ganz sicher fühlen. Oder stellen Sie sich – wie die Schauspielerin Amanda Burton (Biotyp Tänzer) – vor, wie Ihr Schutzengel seine Flügel schützend um Sie legt.

Aufgeben mit Würde

Dass es schwer ist, etwas aufzugeben, wissen wir alle; wir haben es schon versucht. Auch beschränken ist schwer. Wir wissen aber auch, dass wir uns unendlich besser fühlen, wenn wir Dinge aufgeben, die uns nicht gut tun – Alkohol, Zigaretten, Zucker, was auch immer. Entscheidend ist, dass man weiß, welcher Kampf sich dabei in unserem Geist (Gehirn) abspielt. Das Bewusstsein (der Verstand) sieht ein, warum wir etwas aufgeben sollten, und mag vielleicht auch dazu bereit sein. Das Unterbewusstsein ist jedoch ganz anderer Meinung. Natürlich kannst und wirst du das aufgeben, sagt es. Nur heute nicht. Mit Würde aufgeben bedeutet, den Kampf mit dem Unterbewusstsein zu gewinnen.

Es gibt natürlich einen wesentlichen Unterschied zwischen Gewohnheit und Abhängigkeit. Wenn Sie glauben,

Sie wären von irgendeiner Substanz abhängig, rufen Sie zu allererst die dafür zuständige Selbsthilfeorganisation an (siehe *Nützliche Adressen und Tipps* am Ende des Buches). Fragen Sie auch Ihren Hausarzt.

Eine Gewohnheit aufgeben:

- Fixieren Sie einen Zeitpunkt; wenn Sie unter PMS leiden, wählen Sie die Mitte des Zyklus.
- Schreiben Sie nieder, warum Sie das Betreffende aufgeben möchten. Gestehen Sie sich Ihre Gefühle ehrlich ein.
- Schreiben Sie die Vorteile auf, schätzen Sie, wie viel Sie sich durch das Aufgeben (oder Beschränken) von Zigaretten, Alkohol, Schokolade ersparen können. Planen Sie, was Sie mit dem Geld tun werden.
- Führen Sie Buch über Ihre Versuchungen, dann wissen Sie, wann Sie am anfälligsten sind. Denken Sie sich Zerstreuungen aus, mit denen Sie die Versuchung überwinden, oder sorgen Sie dafür, dass Sie der Versuchung gar nicht nachgeben können. Sie können beispielsweise kaum etwas anderes tun, wenn Sie in der Sauna oder im Dampfbad sitzen, sich massieren lassen, auf dem Laufband oder beim Liebesspiel sind.
- Legen Sie sich ein neues Hobby zu, das Sie sich schon lange wünschen.
- Verbringen Sie Zeit mit Freunden, die Sie unterstützen. Wenn Sie Alkohol oder Zigaretten aufgeben möchten und jemand ständig bestrebt ist, Sie in Versuchung zu führen, dann ist das keine Unterstützung.
- Dinge wie Zucker einzuschränken ist etwas anderes; wenn Sie unbändige Lust auf etwas Süßes haben – etwa ein Stück Kuchen oder Eiscreme –, essen Sie ein Stück Obst und warten Sie eine halbe Stunde. Ist der Drang

dann nach wie vor unwiderstehlich, ist es fast immer besser, ein wenig davon zu essen und es mit Hingabe zu genießen. Zwei Löffel Pudding werden Ihnen nicht schaden, versuchen Sie bloß, nicht gleich den ganzen Pudding aufzuessen.

- Bedenken Sie, dass Sie etwas immer nur für jeweils einen Tag aufgeben oder einschränken. Wenn Sie am nächsten Tag trinken, rauchen oder Eiscreme essen möchten, können Sie das tun. Wenn Sie bis zum Ende des Tages kommen, ohne schwach zu werden, haben Sie schon gewonnen.

Aromatherapie

Wir kennen niemanden, der es nicht genießt, sich in einem Bad mit duftenden essenziellen Ölen zu entspannen. Auch deutet vieles darauf hin, dass Aromatherapie Effekte hat, die weit über den einfachen Genuss hinausgehen.

Der Londoner Aromatherapeut Leigh Richmond hat Mischungen speziell für die fünf Biotypen entwickelt. Wir verwenden vorzugsweise Öl aus ökologischer Produktion, wie etwa von Neal's Yard (siehe Seite 318).

Für ein Bad gibt man die empfohlene Anzahl von Tropfen bei laufendem Wasser in die Wanne. Oder man verwendet dieselbe Menge in einer Aromalampe oder, mit destilliertem Wasser gemischt, in einer Sprühflasche, um damit den Raum zu beduften. Für eine Ganzkörpermassage mischt man die Tropfen mit 20 ml Basisöl (Mandel-, Pfirsichkern- oder Traubenkernöl).

Pfadfinder

Rosmarin (4 Tropfen)
Kräftigend; stärkt die Zielstrebigkeit, sowohl individuell als auch kollektiv; macht Mut und bringt Klarheit.

Kiefernnadeln (8 Tropfen)
Mildert Muskelschmerzen; schärft das Gedächtnis und das Erinnerungsvermögen.

Zitrone (2 Tropfen)
Entgiftet und reinigt das Blut; regt das Gehirn an und fördert die Konzentration.

Schwarzer Pfeffer (2 Tropfen)
Wärmt und vertreibt Zweifel und Sorgen.

Jäger und Sammler

Sandelholz (4 Tropfen)
Wirkt auf das Kehlkopf-Chakra (Vishudda) und fördert Ausdruck und Kommunikation; stark erdend und tröstend; bringt Gleichgewicht und ein Gefühl des Verwurzeltseins für alle, die ständig unterwegs sind.

Zimt (2 Tropfen)
Kräftigend; schafft Anreiz für Abenteuer und erzeugt den Wunsch, das Leben voll auszukosten.

Basilikum (4 Tropfen)
Verleiht Mut in schwierigen Situationen; regt zu Furchtlosigkeit und grenzenlosem Optimismus an und vermittelt den Wunsch, in neues, unbekanntes Terrain vorzudringen.

Pioniere

Zedernholz (4 Tropfen)
Stabilisierend, kräftigend; stärkt die Entschlusskraft.

Palmarosa (4 Tropfen)
Erhöht die Anpassungsfähigkeit und Flexibilität und hilft so bei der Bewältigung von Problemen, etwa wenn jemand im

Alltagstrott feststeckt oder ihm zu viel Verantwortung aufgebürdet wurde.

Kardamom (2 Tropfen)

Stärkt die Entschlusskraft und fördert den gesunden Appetit.

Gärtner und Bauern

Ingwer (4 Tropfen)

Wärmend, fürsorglich, großzügig; stärkt die Konstitution.

Wacholder (4 Tropfen)

Hilft Menschen in sozialen Berufen, mit den Problemen anderer Menschen leichter fertig zu werden, mindert aber nicht ihr starkes Mitgefühl.

Engelwurz (4 Tropfen)

Stärkt das Herz und trägt zur »Heilung des Heilers« bei.

Tänzer

Vetiver (4 Tropfen)

Auch als »Öl der Ruhe« bezeichnet; erdend und beruhigend; hilft, Hindernisse zu überwinden, und beruhigt das Nervensystem.

Kamille (4 Tropfen) (nicht in der Schwangerschaft)

Mildert Überempfindlichkeit; verringert die Neigung zu Übermaß und/oder Zwangsverhalten.

Immortelle (4 Tropfen)

Ein tief spirituelles Öl, das die Gedankenakrobatik entschleunigt und den Blick auf das Gesamtbild eröffnet.

Zeit für sich nehmen

Sie sind keine Maschine. Sie brauchen Ruhe und Entspannung. Planen Sie Freizeit ein und tragen Sie diese auch fix in den Terminkalender ein. Wenn Sie müde sind, versuchen Sie nicht, mit Gewalt weiterzumachen; nehmen Sie sich ein wenig Zeit. Vielleicht ist es schwierig, eine ganze Woche oder auch nur einen ganzen Tag frei zu nehmen, aber den meisten Menschen gelingt ein halber Tag. Gönnen Sie sich so viel Freizeit wie möglich – Zeit nur für sich. Machen Sie dann, was Sie gern tun möchten. Und wenn Sie die Zeit mit einem Buch im Bett verbringen, ist das in Ordnung. Oder machen Sie etwas, das Ihr Leben bereichert, etwa eine Galerie besuchen, einen Film ansehen oder sich eine Massage gönnen. Es muss auch gar nichts kosten: An einem sonnigen Tag im Gras zu liegen und die Vögel am Himmel zu beobachten ist manchmal der größte Luxus überhaupt.

Kleine Veränderung, großer Unterschied

Beobachten Sie, was in Ihrem Tagesablauf den meisten Stress verursacht, und überlegen Sie, wie Sie diesen reduzieren können. Einfache Dinge, wie den Schlüssel immer an die gleiche Stelle legen, das Auto tanken, bevor der Tank leer ist, Ordnung im Kleiderschrank machen oder das Telefon für eine Stunde abstellen, wenn man sich auf etwas konzentrieren muss, können einen großen Unterschied machen.

Guter Schlaf

Viele Ärzte sind mittlerweile überzeugt, dass Schlafmangel eines unserer größten Probleme ist. Er schadet nicht nur unserem Körper, sondern auch dem Gehirn und der Psyche. Den besten Schlaf erreicht man nicht mit Schlafmitteln, sondern mit einem ruhigen Geist. Wenn Sie unter Schlafstörungen leiden, nehmen Sie Ihr Leben genauer unter die Lupe. Stressbewältigung kann auch den Schlaf verbessern.

Tipps für einen guten Schlaf

- Versuchen Sie, zumindest zweimal in der Woche vor 22 Uhr schlafen zu gehen.
- Sehen Sie vor dem Schlafengehen keine beunruhigenden oder übermäßig spannenden Fernsehsendungen an.
- Essen Sie am späten Abend keine schweren Mahlzeiten; Ihre Verdauung lässt Sie sonst nicht einschlafen oder stört Ihren Schlaf; essen Sie mindestens zwei Stunden vor dem Schlafengehen und meiden Sie schwere, üppige Gerichte; bewegen Sie sich nach dem Abendessen ein wenig.
- Wenn Sie unter Schlaflosigkeit leiden, trinken Sie nach 12 Uhr mittags keine koffeinhaltigen Getränke mehr; lassen Sie diese, wenn möglich, ganz weg.
- Essen oder trinken Sie abends nichts Süßes oder Gezuckertes; Zuckerschübe lösen sehr häufig Schlaflosigkeit aus.
- Wenn Sie abends gern ein heißes Bad nehmen, lassen Sie sich danach mindestens eine halbe Stunde Zeit bis zum Schlafengehen, damit der Körper wieder seine natürliche Temperatur annehmen kann.
- Halten Sie immer ein Glas stilles Wasser neben dem Bett bereit; eines der häufigsten Probleme ist Flüssigkeitsmangel, der zu Ängsten und schlechten Träumen führen kann.
- Sorgen Sie für eine gute Belüftung im Schlafzimmer, damit Sie in der Nacht ausreichend Sauerstoff haben; wenn Sie das Fenster nicht öffnen können, öffnen Sie zumindest die Tür(en).
- Achten Sie darauf, dass Bett und Bettwäsche bequem und angenehm sind, erneuern Sie die Matratze mindestens alle

zehn Jahre, und wenden Sie sie regelmäßig; achten Sie auf bequeme Kissen; wenn bunte Bettwäsche Sie irritiert, schaffen Sie sich eine Garnitur weiße Bettwäsche an.

- Wenn morgens Nacken, Schultern oder Rücken steif sind, schlafen Sie auf nur einem, weichen Kissen.
- Gestalten Sie den Schlafraum so ruhig und friedlich wie möglich, was die Dekoration angeht; sorgen Sie dafür, dass Vorhänge und Rollos alle Helligkeit von draußen wegnehmen.
- Wenn Sie unter Nebengeräuschen leiden – von schnarchenden Partnern bis zu lauten Nachbarn –, reduzieren Sie diese, wenn möglich, und verwenden Sie Ohrstöpsel.
- Verbannen Sie elektronische Geräte (Fernseher, Computer, Stereoanlagen, Radiowecker) aus dem Schlafzimmer, sie können Strahlen aussenden, die das Gehirn anregen.
- Wenn Sie im Doppelbett schlafen, schaffen Sie immer zwei Decken an, damit jeder seine Temperatur selbst regulieren kann; kaufen Sie, wenn möglich, auch getrennte Matratzen, damit keiner vom anderen gestört wird.
- Üben Sie im Bett eine einfache Atemtechnik; atmen Sie wie bei der Meditationsübung beschrieben, und stellen Sie sich dazu Wellen vor, die ans Ufer schwappen, wenn Sie möchten.
- Spielen Sie sanfte Musik; es gibt eigene Musik zum Einschlafen.
- Wenn Sie regelmäßig nachts aufwachen und Probleme wälzen oder gute Ideen haben, halten Sie Papier und Bleistift bereit, und schreiben Sie Probleme und Ideen auf.
- Wenn Sie am Morgen aufwachen, beschließen Sie, dass es ein guter Tag wird – das heißt nicht, dass er leicht wird, aber das heißt, dass Sie die Absicht haben, die Höhen und Tiefen so gut wie möglich zu meistern.

8 Medizin aus Küche und Kräutergarten

Die Menschheit hat Jahrtausende lang mit Nahrung als Medizin überlebt. Heute ist der Einsatz von herkömmlichen Zutaten aus Küche und Garten genauso wichtig, wenn es um Alltagsbeschwerden in der Familie und am Arbeitsplatz geht. Diese Zutaten werden sich ziemlich sicher in Ihrer Küche oder auf Ihrer Fensterbank finden. Wir empfehlen Ihnen, Kräuter und Gewürze aus biologischem Anbau zu kaufen – wie Tee und Kaffee werden auch diese Pflanzen häufig stark mit Herbiziden behandelt und künstlich gedüngt. Wenn Sie Ihre eigenen Kräuter düngen, verwenden Sie natürliche Mittel –, sofern Sie Ihrer Kräutermedizin nicht einen Cocktail chemischer Substanzen beimischen wollen.

Am Ende dieses Kapitels findet sich ein kurzer Abschnitt über homöopathische Heilmittel. Wir sind überzeugte Anhänger der Homöopathie in Bezug auf alle Arten von Erkrankungen und Beschwerden und setzen sie zur Unterstützung der Schulmedizin ein, etwa bei Operationen.

Und wie immer gilt der eherner Grundsatz, dass Sie einen Arzt aufsuchen sollten, wenn ein Problem länger als ein paar Tage besteht oder schlimmer wird.

»Ziehen« Sie Ihre Kräuterapotheke selbst

Viele Kräuter sind einfach zu kultivieren. Sie brauchen dafür nur einige Töpfe auf einem sonnigen Fensterbrett; regelmäßig gegossen wächst dort eine natürliche Apotheke heran. Versuchen Sie es mit Minze, Kamille, Salbei, Mutterkraut, Rosmarin und Thymian. Bestellen Sie Biosamen (siehe *Nützliche Adressen und Tipps* am Ende des Buches). Viele Kräuter gedeihen besser, wenn man sie vor möglichen Schädlingen schützt. Spannen Sie ein feines Netz zeltartig über den Topf. Ihre Kräuter können nur so gut sein wie die Erde, in der sie stehen, erneuern Sie die Erde von Zeit zu Zeit und düngen Sie während der Wachstumsperiode großzügig mit hochwertigem organischem Dünger.

Anämie: Melasse und Hefeextrakt

Blasse Lippen und Bindehaut sind deutliche Anzeichen für eine Eisenmangelanämie. Bei Anämie wird häufiger gleich an Müdigkeit und Depression als an Eisenmangel im Blutstrom gedacht. Zur Behandlung von Anämie braucht man das ganze Spektrum der B-Vitamine plus Vitamin C. Das einfachste Hausmittel gegen Anämie ist die Einnahme von Melasse und Hefeextrakt – aber nicht gleichzeitig! Nehmen Sie täglich etwa einen Dessertlöffel Melasse und einen Teelöffel Hefeextrakt. Bleibt die Anämie, müssen Sie einen Arzt aufsuchen, denn sie könnte auch erstes Anzeichen für eine ernstere Erkrankung sein.

Aphthen in der Mundhöhle: Salbeitee

Aphthen treten sehr häufig bei Stress und einem Mangel an Nährstoffen auf. Wenn Sie nicht ganz auf der Höhe sind und dann Aphthen bekommen, leiden Sie an einem Mangel an Vitamin C und B. Wenn Sie regelmäßig Aphthen haben, nehmen Sie ein Vitamin-B-Komplex-Präparat plus 2 g Vitamin C täglich.

Neben der Mundspülung für schlechten Atem (siehe Seite 242) können Sie bei akuten Aphthen in der Mundhöhle auch einen kräftigen Salbeitee verwenden. Geben Sie drei gehäufte Teelöffel Salbei in eine kleine Teekanne, gießen Sie mit kochendem Wasser auf und trinken Sie den Tee, wenn er etwas abgekühlt ist. Verwenden Sie zunächst die Hälfte als Mundspülung und trinken Sie dann den Rest. Sie können dem Salbeitee auch Rosmarin und Thymian zufügen.

Blähungen: Zimt, Muskat und Milch

Geben Sie einen Teelöffel Zimtpulver und eine Prise Muskat in ein Glas warme Kuhmilch oder Sojadrink(-milch). Gut umrühren und trinken – das schafft sofort Erleichterung.

Blähungen und Übelkeit: Ingwertee

Reiben oder hacken Sie ein großes Stück frischen, geschälten Ingwer, geben Sie ihn in eine kleine Teekanne und gießen Sie kochendes Wasser darüber. Lassen Sie ihn zehn Minuten ziehen und trinken Sie ihn, wenn er Trinktemperatur erreicht hat. Kochendes Wasser nachgießen – der Ingwer wird mit jedem Aufguss stärker.

Durchfall: Zimt, Honig und Salz

Chronischer oder hartnäckiger Durchfall gehört unter ärztliche Aufsicht, weil ein Kind oder ein Erwachsener sehr leicht austrocknen kann, wenn der Durchfall unbehandelt bleibt. Durchfall entsteht meist, wenn der Körper versucht, sich einer unerwünschten Substanz, beispielsweise Alkohol, zu entledigen. Bei vorübergehendem, nicht chronischem Durchfall können Sie folgendes Mittel versuchen: Lassen Sie einen Teelöffel Zimtpulver in etwa einem halben Liter stillem, reinem Wasser mit einem halben Teelöffel Honig (vorzugsweise Manuka-) und einer Prise Salz etwa 20 Minuten köcheln. Lassen Sie die Mischung abkühlen, und trinken Sie sie dann langsam, etwa im Verlauf einer halben Stunde. Wer keinen Zimt zur Hand hat, versucht Cayennepfeffer, ein feuriges Kraut, das Wunder wirkt. Geben Sie einen Teelöffel Cayennepfeffer in ein Weinglas mit warmem, stillem Wasser und süßen Sie mit einem halben Teelöffel Honig (vorzugsweise Manuka-), trinken Sie die Mischung.

Erkältung: Zimttee
Zimt wirkt schweißtreibend und belebend, was bei Erkrankungen besonders nützlich ist. Geben Sie einen Teelöffel Zimtpulver oder eine ganze Zimtstange in eine kleine Teekanne. Gießen Sie kochendes Wasser darüber, lassen Sie den Zimt zehn Minuten ziehen, auf Trinktemperatur abkühlen, und trinken Sie ihn dann schluckweise. Bereiten Sie davon täglich vier bis sechs Tassen, solange die Erkältung besteht.

Erkältungen und Husten: Knoblauchsirup
Zerdrücken Sie einige Knoblauchzehen und übergießen Sie den Knoblauch mit flüssigem Honig, um den Saft herauszuholen, der hochwirksam ist. Nehmen Sie davon etwa viermal täglich einen Teelöffel, bis die Erkältung vorüber ist.

Erschöpfung: Rosmarintee
Gießen Sie frischen (oder getrockneten) Rosmarin mit kochendem Wasser auf, und lassen Sie ihn zehn Minuten ziehen. Trinken Sie den Tee morgens zur Belebung, wenn Sie erschöpft sind.

Fieber: Hühnersuppe
Die alte Weisheit, wonach man Fieber aushungern muss, ist völlig richtig, weil die Verdauung nicht belastet werden darf.

Wie man Husten und Erkältungen vorbeugt

Knoblauch ist einer der Stars unter den Heilmitteln, die die Natur für uns bereithält; denn Knoblauch enthält die hochwirksame Substanz Allicin, die antibakteriell, antiviral und fungizid wirkt. Wie alle Mittel, die das Immunsystem unterstützen, sollte auch Knoblauch langfristig und regelmäßig angewendet werden. Der einfachste Weg, ihn zu nutzen, ist, ihn zu zerdrücken und in oder über die Speisen zu geben.

Diese wirksame Pflanze, die nun neuerlich gründlich erforscht wurde, eignet sich bestens für die Vorbeugung von Erkältungen, Husten und Infektionen ganz allgemein. Knoblauch entfernt Giftstoffe aus dem Darm, fördert die Verdauung und trägt zur Senkung von hohem Blutdruck bei. Man sollte ihn besser nicht zu lange kochen, geben Sie ihn den Gerichten also erst zum Schluss zu.

Sie können auch Knoblauchtee herstellen, indem Sie drei Knoblauchzehen zerdrücken und diese mit heißem oder kochendem Wasser übergießen. Lassen Sie die Mischung stehen und trinken Sie sie, wenn sie Trinktemperatur erreicht hat. Trinken Sie vor dem Schlafengehen einen Becher davon (damit Ihre Knoblauchfahne nicht unschuldige Leute trifft; wenn Sie nicht alleine im Bett liegen, geben Sie auch Ihrem Partner einen Becher davon). Wenn Sie sich Gedanken machen über den Knoblauchgeruch, kauen Sie frische Petersilie.

Sie können auch Knoblauchsirup gegen Erkältungen und Husten einsetzen. Zerdrücken Sie einfach einige Zehen, und übergießen Sie sie mit flüssigem Honig, um den Knoblauchsaft herauszuholen – stark in jeder Hinsicht.

Leichte, »saubere« Nahrung, wie Biohühnersuppe, Gemüsebrühe und frische Obst- oder Gemüsesäfte eignen sich bestens.

Grippaler Infekt schlägt auf den Magen: Holunderblüten-Pfefferminztee mit Schafgarbe

Dieser Tee hilft, wenn die Grippe auf den Magen schlägt und Beschwerden im Verdauungstrakt verursacht. Verwenden Sie Holunderblüten und Pfefferminze in Teebeuteln oder lose und fügen Sie einen Teelöffel getrocknete Schafgarbe (aus dem Reformhaus oder der Apotheke) hinzu, sie wirkt kräftigend, wenn die Grippe langsam abklingt. Trinken Sie täglich vier bis sechs Tassen, solange die Beschwerden bestehen.

Halsschmerzen: Ingwer-Pastillen

Lutschen Sie bei Halsschmerzen ein Stück kandierten Ingwer anstelle von Halsschmerz- oder Hustenpastillen. Sie können auch eingelegten Ingwer in Honig kaufen, er schmeckt köstlich, oder Sie geben selbst flüssigen Honig über eingelegten Ingwer. Verwenden Sie den übrigen Honig für Honig-Zitronen-Säfte.

Infektionen der Harnblase: Preiselbeeren

Ein aktiver Inhaltsstoff der Preiselbeere ist die Hippursäure, sie erhöht die Harnsäure. Das hemmt die Entwicklung und Ausbreitung bakterieller Infektionen und verhindert, dass sich Bakterien an den Wänden des Harntrakts niederlassen. Der regelmäßige Verzehr von Preiselbeeren soll auch gut für Nieren und Herz sein. Trinken Sie über den Tag verteilt etwa 300 ml Preiselbeersaft, wenn Sie eine Infektion der Harnwege haben. Meiden Sie gesüßte Säfte.

Infektionen vorbeugen: heißer Gewürztee

Eine schwache Verdauung ist laut Traditioneller Chinesischer Medizin und Kräuterheilkunde eine wahre Brutstätte für Infektionen. Im kalten, feuchten Winter essen wir kalte, feuchte Nahrungsmittel, wie etwa Weizen, Milch und Zucker, und trinken kaltes Wasser. Essen Sie lieber zum Frühstück Haferbrei mit Zimt, wärmende Suppen und Eintöpfe zu Mittag und zum Abendessen, und trinken Sie warme Getränke wie diesen selbstgemachten »Yogi«-Tee. Erhitzen Sie 600 ml reines Wasser mit vier Gewürznelken, vier schwarzen Pfefferkörnern, vier Kardamomkapseln, einer Zimtstange und einigen Scheiben frischem Ingwer. Lassen Sie das Ganze mit aufgelegtem Deckel etwa 15 bis 20 Minuten köcheln. Dann abseihen. Ergibt zwei große Becher: Trinken Sie zweimal am Tag einen Becher.

Kopfschmerzen: Wasser, Birnen und Bananen

Kopfschmerzen sind oft auf Wassermangel oder niedrigen Blutdruck zurückzuführen. Bevor Sie also zu Kräutern oder Medikamenten greifen, trinken Sie ein großes Glas nicht zu kaltes, stilles, reines Wasser. Dann essen Sie eine reife Birne oder Banane. Sind die Kopfschmerzen nach etwa zehn Minuten nicht weg, versuchen Sie es mit Kamillentee, wenn die Kopfschmerzen stressbedingt sind, oder mit Mutterkraut, wenn die Kopfschmerzen stark und migräneähnlich sind.

Geben Sie einen Dessertlöffel frische oder getrocknete Kamille oder Mutterkraut in eine Teekanne und gießen Sie mit kochendem Wasser auf. Lassen Sie den Tee ziehen und trinken Sie etwa zwei Tassen, wenn er Trinktemperatur erreicht hat. Mutterkraut kann bitter schmecken, süßen Sie eventuell mit einem Teelöffel Honig.

Warnung

Wenn Sie ständig Kopfschmerzen haben, suchen Sie sofort einen Arzt auf.

Schlechter Atem: Wasser trinken

Wassermangel verstärkt Körpergeruch und schlechten Atem. Das Erste, worauf man achten sollte, ist daher, ausreichend Wasser zu trinken. Ideal wäre zumindest ein Liter reines stilles Wasser täglich.

Schlechter Atem und Aphthen: Rosmarin und Thymian

Geben Sie frischen oder getrockneten Rosmarin und Thymian in eine kleine Teekanne. Gießen Sie mit kochendem Wasser auf und lassen Sie die Kräuter zehn Minuten ziehen. Nach dem Abkühlen die Hälfte als Mundspülung verwenden, den Rest trinken. Die Kombination dieser beiden Kräuter wirkt stark antiseptisch und hilft daher auch gegen Aphthen in der Mundhöhle. Trinken Sie vier bis sechs Tassen täglich.
Soforthilfe bringt das Kauen von frischer Petersilie oder Minze.

Schlimme Erkältungen und grippale Infekte, Schnupfen und Fieber: Holunderblütentee

Gießen Sie einen Teebeutel oder einen Teelöffel getrocknete Holunderblüten mit kochendem Wasser auf, und lassen Sie den Tee etwa zehn Minuten ziehen; trinken Sie drei bis vier Tassen täglich. Vergessen Sie nicht, den Tee abzuseihen, wenn Sie lose Holunderblüten verwenden!

Schluckauf: frische Minze

Schluckauf bekommt man, wenn man das Essen hinunterschlingt, ohne gründlich zu kaufen, und/oder Luft mitschluckt (siehe Kapitel 4). Gründliches Kauen vor dem Schlucken und Ruhe beim Essen bringen Erleichterung. Wenn Sie der Schluckauf plagt, versuchen Sie es mit unserem liebsten Mittel – frische Minze kauen. Wenn Sie keine frische Minze haben, besorgen Sie sich aus dem Reformhaus oder der Apotheke ein Produkt, das Baldrian enthält. Bei uns in England gibt man Großmutters liebsten Tipp weiter, der da heißt, man solle von der falschen Seite des Glases trinken und dabei beide Arme in die Luft strecken. Das scheint ebenfalls zu helfen, allerdings erfordert es einiges an Verrenkungskünsten. Und ganz nebenbei – es scheint auch zu helfen, wenn man nur einen Arm in die Luft streckt, und das ist bedeutend einfacher.

Übelkeit, Reisekrankheit und morgendliche Übelkeit: Ingwer

Ob die Übelkeit nun durch Schwangerschaft, Kater, Migräne oder irgendeine Form des Reisens hervorgerufen wird, Ingwer schafft generell Abhilfe. Sogar die Astronauten der NASA haben schon Ingwer mit ins Weltall genommen. Nehmen Sie ein daumengroßes Stück Ingwer, schälen Sie ihn und hacken oder reiben Sie ihn fein. Geben Sie den Ingwer in eine kleine Teekanne, gießen Sie kochendes Wasser darüber und lassen Sie ihn zehn Minuten ziehen. Trinken Sie ihn, wenn er etwas abgekühlt ist. Sie können noch drei- oder viermal kochendes Wasser nachgießen; der Ingwer wird mit jedem Mal stärker. Ingwertee kann auch kalt mit zerdrücktem Eis (aus reinem Wasser) getrunken werden.

Verdauungsbeschwerden: Minze

Minze ist eines der ältesten Kräuter gegen Verdauungsbeschwerden jeder Art. Aus einem alten Kräuterbuch geht hervor, dass die Minze bereits den römischen Soldaten empfohlen worden war. Minze schafft auch Erleichterung, wenn man nach einem fettreichen Mahl Übelkeit und Kopfschmerzen verspürt. Verwenden Sie möglichst frische Minze, ansonsten einen Teebeutel. Geben Sie entweder eine Hand voll frische, grob zerkleinerte Minze, mit Stielen, in eine Teekanne, und lassen Sie sie zehn Minuten ziehen. Oder verwenden Sie Teebeutel, wie üblich. Trinken Sie den Tee nach dem Abkühlen.

Verlegte Atemwege und verstopfte Nase: Ingwer-Knoblauch-Tee

Nehmen Sie ein etwa daumengroßes Stück frischen, geschälten Ingwer und zwei geschälte Knoblauchzehen. Reiben Sie beides, und geben Sie es in eine kleine Teekanne, gießen Sie kochendes Wasser darüber, und lassen Sie den Tee zehn Minuten ziehen. Trinken Sie ihn dann schluckweise. Sie können kochendes Wasser nachgießen; der Ingwer wird immer stärker, je länger er zieht. Ist Ihnen der Geschmack zu intensiv, fügen Sie ein wenig Honig hinzu. Dieser Tee löst den Schleim, so dass Sie ihn abhusten beziehungsweise aus der Nase schnäuzen können. Trinken Sie vier bis sechs Tassen täglich, solange die Beschwerden anhalten.

Die Erwachsenenversion dieses Getränks besteht aus Honig, Zitrone, Ingwer und Knoblauch mit einem Schuss Weinbrand. Geben Sie in einen Becher heißes, aber nicht kochendes Wasser einen Teelöffel Honig (vorzugsweise Manuka-), den Saft einer frischen Zitrone, gehackten Ingwer (ein bis zweieinhalb Zentimeter oder eine Prise Ingwer- oder Zimtpulver), eine recht große Knoblauchzehe, zerdrückt oder gehackt – und einen Schuss Weinbrand (wenn Sie möchten). Trinken Sie davon vier bis sechs Tassen pro Tag, solange die Beschwerden bestehen.

Verstopfung: Leinsamen und Zitrone

Dieses häufige Problem hat vielerlei Erscheinungsformen. Manche Menschen empfinden es als Verstopfung, wenn sie an einem einzigen Tag keinen Stuhldrang verspüren, andere erst nach einer Woche. Die häufigste Ursache für Verstopfung ist eine schlechte Ernährung. Die beste Maßnahme dagegen ist die individuelle Biotyp-Diät und die Behebung von Stresswirkungen. Wenn Sie gelegentlich unter leichter Verstopfung leiden, versuchen Sie es mit folgendem Mittel: Weichen Sie einen Dessertlöffel Leinsamen über Nacht in Wasser ein. Geben Sie am Morgen einen Löffel Zitronensaft und Melasse dazu, trinken Sie nun die Flüssigkeit und essen Sie die Leinsamen. Sie können auch Ihrem morgendlichen Saft Leinsamen zufügen (siehe Seite 205).

Ein beliebtes italienisches Hausmittel ist ein Esslöffel Olivenöl, zweimal am Tag eingenommen, aber versuchen Sie das nicht, wenn Ihre Gallenblase entfernt wurde.

Einfache homöopathische Heilmittel

Die Homöopathie ist eine einfache, nicht invasive Methode, die Gesundheit ganzheitlich zu fördern. Um Ihre Gesundheit langfristig zu verbessern, müssen Sie sich von einem ausgebildeten Homöopathen ein speziell auf Sie zugeschnittenes Mittel verordnen lassen. Es gibt aber allgemein nützliche Mittel für akute Probleme, die auch Verwandte, Freunde und Kollegen einnehmen können. Homöopathische Mittel vertragen sich nicht mit allen stark schmeckenden und riechenden Substanzen, meiden Sie also 30 Minuten vor oder nach der Einnahme Kaffee, Zahncreme mit Minze und Aromatherapieöle. Noch besser wäre es, von der herkömmlichen Zahncreme auf eine natürliche Zahncreme mit Fenchel, Zitrone oder Zimt umzusteigen (in Reformhäusern erhältlich).
Nehmen Sie die unten angeführten Mittel jeweils in der Potenz »6«, wenn nicht anders angegeben. Diese Potenz ist in Reformhäusern und Apotheken leicht erhältlich.

- *Gegen laufende Nase, Niesen; Fieberblasen; Kopfschmerzen nach Aufregung:* Nehmen Sie »Natrum mur«, zweimal täglich eine, bis die Beschwerden weg sind, bis zu einer Woche.
- *Gegen Erkältungen mit Gliederschmerzen, wiederkehrendes Fieber, Abgeschlagenheit und Schläfrigkeit:* Nehmen

Sie »Gelsemium«, zweimal täglich eine, bis zu einer Woche lang.

- *Nach übermäßigem Genuss von Essen, Alkohol und Zigaretten; bei Kopfschmerzen nach Überessen; bei Reizbarkeit mit laufender Nase; nach Überforderung und langem Aufbleiben:* Nehmen Sie »Nux vomica«, zweimal täglich eine, drei oder vier Tage lang.
- *Für Mütter, denen es reicht, die deprimiert und verärgert sind und am liebsten – vorübergehend – weglaufen würden:* Nehmen Sie »Sepia«, zweimal täglich eine, bis zu einer Woche lang.
- *Für plötzliche Ohrenschmerzen bei Kindern (während man auf den Arzt wartet) oder plötzliches hohes Fieber jeder Art:* Nehmen Sie »Belladonna«, alle drei Stunden, bis zu 24 Stunden, dann, wenn nötig, ein Erkältungsmittel, wie oben.
- *Für plötzliche grippeähnliche Symptome mit Fieber:* Nehmen Sie »Oscillococcinum 30«, eine alle drei bis fünf Stunden, 24 Stunden lang.
- *Für traumatische Gefühlserlebnisse, mit denen Sie nicht fertig werden (von Schwierigkeiten im Büro über Katastrophen in der Welt bis zu Streit mit dem Partner):* Nehmen Sie »Ignatia«, jeweils eine Tablette, wenn die Gefühle hochkommen.
- *Für Beulen und blaue Flecken:* Nehmen Sie Arnika, eine Tablette sofort, eine nach 30 Minuten, eine weitere am Abend desselben Tages und die vierte am Morgen des nächsten Tages. Behandeln Sie die wunde Stelle bei Kindern (und Erwachsenen) mit Arnikasalbe.
- *Bei Schlaflosigkeit:* Nehmen Sie »Carbo veg«, zwei Tabletten vor dem Schlafengehen.

Dr. Bachs Notfalltropfen (»Rescue«)

Diese Mischung von Blütenessenzen ist unentbehrlich bei traumatischen Situationen jeder Art, ob körperlich, geistig oder seelisch, groß oder klein. Sie können bedenkenlos von Kindern jeden Alters eingenommen und auch Haustieren und Zimmerpflanzen verabreicht werden. Es gibt die flüssigen Notfalltropfen (zur inneren und äußerlichen Anwendung) und eine Creme für Probleme wie Stichwunden, wunde Stellen und Schürfwunden, kleine Bisswunden und Juckreiz.

9
Das Adam & Eva-Kochbuch

Wir essen sehr gern. Einen großen Teil unserer Arbeit an diesem Buch erledigten wir bei ziemlich langen Mahlzeiten. Roderick ist Pionier, Sarah Jäger und Sammler, das heißt, wir aßen hauptsächlich einfache Fisch- und Fleischgerichte mit Salat oder Gemüse, was beiden Biotypen bestens bekam. Außerdem ging die Zubereitung sehr schnell. Wir dürfen wohl auch nicht verschweigen, dass wir die Mahlzeiten ziemlich häufig mit unserer »Lieblingssünde« abschlossen, nämlich mit Bioschokolade von »Green & Black« oder mit Biovanilleeiscreme (laut Roderick gelegentlich erlaubt).

Dieses Kapitel soll kein umfassendes Kochbuch sein, aber es liefert Grundrezepte, Anleitungen für die Zubereitung und Vorschläge für die Gestaltung von Mahlzeiten. Es enthält auch Rezepte und Tipps von einigen von Rodericks Patienten. Unter *Nützliche Adressen und Tipps* (am Ende des Buches) sind unsere liebsten Kochbücher aufgelistet. In unserem hochtechnischen Zeitalter gibt es noch eine weitere kostenlose Quelle für Rezepte: das Internet. So liefert beispielsweise die »Vegetarian Society« eine ganze Reihe von Rezepten, und es gibt noch viele, viele andere nützliche Webseiten, von denen wir uns inspirieren lassen können.

Kochen für die Familie

In vielen Familien wird mehr als ein Biotyp vertreten sein, und wer Gäste hat, wird ziemlich sicher mehrere oder alle Biotypen an seinem Tisch haben. Es mag schier unmöglich scheinen, etwas zu finden, das allen entspricht, aber keine Angst, es ist eigentlich ganz einfach. Sie müssen auf gar keinen Fall für jeden Biotyp extra kochen. Es gibt viele Kombinationen, die zu allen passen.

Vergessen Sie nicht, dass man den Biotyp erst nach der Pubertät erkennt, Kinder können also das Gleiche essen wie die Eltern. Kinder brauchen in erster Linie gute, gesunde, frische Nahrung, vorzugsweise Bioware, und möglichst wenig Fertigprodukte mit künstlichen Zusätzen. Wenn Sie sich die einzelnen Biotypen nochmals ansehen, stellen Sie fest, dass der größte Unterschied vermutlich beim Frühstück besteht. In vielen Familien werden die unterschiedlichen Vorlieben ohnehin bereits berücksichtigt, es gibt von Speck mit Ei über Müsli, vegetarische Würstchen und Soja-Fruchtjoghurt bis zu Toast mit Erdnussbutter einfach alles. Erwachsene und die meisten Teenager bereiten sich ihr Frühstück ohnehin selbst zu.

Die einfachste Vorgehensweise für Mittag- und Abendessen sind Gerichte auf Trennkostbasis, die allen entsprechen (siehe Abschnitt *Pioniere*, Seite 82f.). Eiweiß (tierisch oder pflanzlich) mit Gemüse und Salat ist gut für alle.

Sitzen Vegetarier oder Veganer mit am Tisch, sollten Gemüse und Salate im Mittelpunkt stehen, dazu gibt es Eiweiß in Form von Milchprodukten oder Ei beziehungsweise aus pflanzlichen Quellen (Näheres über vollständiges Eiweiß für Vegetarier/Veganer siehe Seite 105f.), und ein einfaches Fleisch/Fisch-Gericht, wie etwa Brathähnchen oder gebackenen Fisch.

Hier nun einige Vorschläge für Mahlzeiten, die für alle Biotypen geeignet sind; reichen Sie dazu grünes Gemüse und Salate sowie Oliven/Knoblauch/Koriander-Püree oder Tomaten-Basilikum-Sauce (siehe auch Plan für Vegetarier in Kapitel 5):

- Gebratenes oder pochiertes Hähnchen
- Gebratener oder pochierter Fisch
- Quinoa-Risotto (siehe Seite 257)
- Quorn-Topf mit Gemüse
- Tortilla/großes, dickes Omelett, warm oder zimmerwarm
- Vollkornreis (warm oder kalt) mit mariniertem Möhrensalat (siehe Seite 270) und Ananas-Gurken-Salat
- Caesar-Salad mit Mandelblättchen (ohne Croutons), gebratenen Speckwürfeln, Hähnchenfleisch oder Thunfisch
- Avocadosalat (siehe Seite 272)
- Gemüseeintopf mit pflanzlichem Eiweiß (Tofu, TVP, Quorn oder vegetarischen Würstchen)

Tipp

Wenn Sie eine Familie zu versorgen haben, machen Sie es sich zur Gewohnheit, für jedes Familienmitglied einzelne Portionen seiner Lieblingsspeise einzufrieren. Wenn jemand beim Essen einen Aufstand macht, haben Sie schnell etwas zur Hand.

Wir beginnen mit Vorschlägen für Grundrezepte, die alle Biotypen essen können. Viele Leser werden vermutlich bereits über reichlich Kocherfahrung verfügen und diese Rezepte zu einfach finden. Wir haben beispielsweise aber auch von vielen

Würzkräuter für Fleisch, Geflügel und Fisch

Während man für Salate nur Kräuterblätter hernehmen kann – keine spitzigen oder rauen Kräuter wie etwa Rosmarin –, eignet sich zum Würzen von Fleisch, Geflügel und Fisch einfach alles. Generell verträgt sich Fisch besser mit milden Kräutern, etwa Petersilie, Minze, Estragon, Kerbel, während Fleisch und Geflügel kräftigere Geschmacksnoten vertragen, etwa Rosmarin, Salbei und Thymian. Auf einem Kräuterbett aus diesen kräftigen Kräutern kann man Fleisch oder Geflügel auch ganz ausgezeichnet braten. Versuchen Sie es nur! Probleme kann es nur mit getrockneten Kräutern geben, weil sie im Geschmack konzentrierter sind und leichter anbrennen – besonders wenn man sie in die Speisen einrührt.

gehört, sie würden gern öfter Fisch essen, wenn sie wüssten, wie sie ihn zubereiten können. Fisch ist sehr gesund (besonders fettreicher Fisch), und Sie werden feststellen, dass er bei den einzelnen Biotyp-Diäten eine große Rolle spielt. Hier nun einige einfache und bewährte Methoden zur Zubereitung:

Fisch zubereiten – leicht gemacht

Ganze Fische

- Wenn Sie einen ganzen (oder halben) Fisch garen, etwa einen Lachs, um ihn kalt zu essen, geht das am einfachsten in einem großen Fischtopf, ob gekauft oder geliehen.
- Legen Sie den Fisch in den Topf, füllen Sie mit reinem Wasser auf, geben Sie etwas Weißwein dazu, so viele frische, milde

Kräuter, wie Sie haben, reichlich Salz und einige Scheiben Zitrone.

- Nehmen Sie den Fisch heraus und bringen Sie Wasser und Gewürze langsam zum Kochen, lassen Sie es zehn Minuten vorsichtig kochen, so dass eine würzige Brühe entsteht.
- Schalten Sie den Herd ab. Legen Sie den Fisch hinein, sobald die Flüssigkeit nicht mehr kocht.
- Legen Sie den Deckel auf und stellen Sie den Topf auf eine kalte Fläche (Fliesen- oder Steinboden ist optimal). Rühren Sie den Topf einige Stunden nicht an, bis die Flüssigkeit abgekühlt ist.
- Nehmen Sie den Fisch aus der Flüssigkeit, ziehen Sie die Haut ab, würzen und garnieren Sie ihn. Reichen Sie dazu Mayonnaise, die Sie mit vielen, vielen gehackten, frischen Kräutern und Zitronensaft nach Geschmack und eventuell zusätzlichen Gewürzen verfeinern können.

Fast genauso funktioniert es, wenn Sie den Fisch warm servieren möchten:

- Lassen Sie ein Auge am Fisch; sobald es weiß wird und die Haut sich leicht vom Fleisch lösen lässt, nehmen Sie den Fisch aus der Garflüssigkeit.
- Verfahren Sie, wie oben beschrieben.
- Tragen Sie beim Häuten des Fisches dünne OP-Handschuhe, wenn Sie ihn warm servieren und Gäste haben. So vermeiden Sie Fischreste unter den Nägeln, und Sie ersparen sich den oft lang anhaftenden Geruch.

Fischstücke

Es gibt zwei einfache, schnelle Methoden, Fischstücke/filets zuzubereiten: sie »nackt« in einem sehr heißen Backofen braten oder in Folie oder Pergament gewickelt im mittelheißen Backofen, wobei der Fisch eher gedämpft als gebraten wird. Die

Zeitangaben sind nur ungefähr, weil sie von der Art des Fisches, der Größe der Stücke und vom Backofen abhängen. Zum Trost sei gesagt, es ist kaum möglich bis unmöglich, etwas falsch zu machen, sofern man die Zeitangaben nicht völlig ignoriert und den Fisch viel zu lange im Ofen lässt.

Zitronen-Dressing für Fleisch, Fisch und Geflügel

Servieren Sie einfache Fleisch-, Fisch- oder Geflügelgerichte mit Olivenöl mit Zitronengeschmack (gekauft oder selbst hergestellt), dem Sie reichlich frische, gehackte Kräuter zufügen.

Braten

- Lassen Sie sich den Fisch in Portionen von 150 bis 200 g teilen. Wir verwenden Kabeljau oder Lachs. Heizen Sie den Backofen auf die höchste Stufe, Gas Stufe 5, auf. Die genaue Temperatur ist nicht so wichtig.
- Legen Sie die Fischstücke mit der Haut nach unten auf ein geöltes Backblech oder in eine feuerfeste Form. Salzen und pfeffern Sie den Fisch großzügig.
- Bestreichen Sie den Fisch oben mit Körnersenf, wenn Sie möchten. Sie können den Senf auch mit gehackten Kräutern würzen.
- Braten Sie den Fisch etwa zehn Minuten – die genaue Zeit hängt vom Backofen und vom Fisch ab: Lachs braucht einige Minuten länger als Kabeljau, wenn die Stücke etwa gleich groß sind.
- Prüfen Sie mit einem Messer in der Mitte der Fischstücke, ob sie durch sind. Wenn sie in der Mitte noch nicht gar sind, lassen Sie sie noch ein oder zwei Minuten im Backofen. Dann so rasch wie möglich servieren.

Vegetarische und vegane Eiweißlieferanten

- Käse
- Eier
- Fisch
- Tofu, alle Formen (auch geräuchert, aromatisiert, Sojafleisch in Form von TVP)
- Quorn (Pilzprotein)
- Trockenbohnen aller Arten
- Linsen
- Kichererbsen
- Quinoa
- Nüsse und Samen: Mandeln, Walnüsse, Haselnüsse, Paranüsse, Pinienkerne
- Tahini (Sesampaste)
- Sonnenblumen-, Kürbiskerne, Sesamsamen

Wenn Sie tierisches Eiweiß durch pflanzliches ersetzen, vergrößern Sie die Portion um 10 bis 15 Prozent. Ein durchschnittliches Ei wiegt beispielsweise etwa 35 g. In Eiweiß ausgedrückt:

- ein Ei = 40 g Tofu
- 50 g Hartkäse = 65 g Tofu
- 75 g Fisch = 90 g Tofu

Braten in Folie

- Lassen Sie sich den Fisch wieder in Stücke von 150 bis 200 g teilen. Bedenken Sie, dass dünne, flache Fischstücke, etwa von der Scholle, weniger lang brauchen als dicke Steaks oder Filets von beispielsweise Heilbutt oder Steinbutt.
- Legen Sie den Fisch auf gut mit Butter bestrichene, quadrati-

sche Stücke (etwa 25 cm Seitenlänge) Folie oder Pergament – so dass Sie die Portion (Fisch und Zutat) locker einwickeln und die Folie gut verschließen können.

- Geben Sie jeweils einen Dessertlöffel Wein und Öl (oder ein Stück Butter), einige frische Kräuter, Salz und Pfeffer über den Fisch; wer mag, kann auch etwas geriebenen Fenchel oder Zwiebel oder andere Gewürze um ihn legen.
- Im vorgeheizten Ofen bei 180° C, Gas Stufe 2, etwa 10 bis 15 Minuten braten.

Hauptgerichte

Quinoa-Cashew-Risotto

8 Portionen

4 EL (60 ml) Olivenöl
2 Lauchstangen, fein geschnitten
2 Selleriestangen, fein geschnitten
300 ml Quinoa
600 ml Wasser oder Weißwein mit Wasser
375 g Kastanien (Maronen) aus der Dose
100 g Cashewkerne
2 EL (30 g) Sonnenblumenkerne
Saft von 1 oder 2 Zitronen
Meersalz und frisch gemahlener schwarzer Pfeffer
2 Hand voll frische Minze, fein gehackt

Das Öl in einem schweren Topf erhitzen, Sellerie und Lauch darin andünsten. Quinoa und Flüssigkeit hinzufügen. Die Mischung zum Kochen bringen und 15 Minuten vorsichtig kochen lassen, bis der Quinoa weich ist und die Flüssigkeit aufgenommen hat – eventuell noch Flüssigkeit zugießen. Die Kastanien abtropfen lassen und halbieren, dann zum Quinoa geben. Cashewkerne und Sonnenblumenkerne ohne Öl rösten, dann mit Zitronensaft, Salz und Pfeffer nach Geschmack unter das Risotto rühren. Kurz vor dem Servieren die gehackte Minze unterrühren. Warm oder kalt servieren.

Räuchertofu-Paella
4 Portionen

1 Packung Räuchertofu (200–250 g), in 32 Würfel/Dreiecke geschnitten
5 EL (75 ml) Olivenöl
500 g gemischtes Gemüse, in 2,5 cm große Stücke geschnitten (etwa Paprikaschoten, Maiskölbchen, Brokkoli, Pilze)
150 g Zwiebel, gehackt
150 g Möhren, in 2,5 cm lange Stücke geschnitten
2 TL (10 g) Knoblauch, zerdrückt
1/2 milde grüne Chilischote, fein gehackt
310 g Vollkornreis
570 ml Weißwein
570 ml helle Gemüsebrühe, doppelt stark
150 g Tomaten, geschält und gehackt
75 g entsteinte schwarze Oliven, fein geschnitten
2 Loorbeerblätter
2 EL (30 g) gehackter frischer Estragon (oder 1 TL/5 g getrockneter)
1 EL (15 g) gehackter frischer Salbei
2 EL (30 g) gehackte Petersilie
Salz und schwarzer Pfeffer
1 Zitrone, in Achtel geteilt

In einem beschichteten Schmortopf den Tofu bei mittlerer Hitze im Öl braten, bis er leicht gebräunt ist. Tofu aus dem Topf nehmen. Den Herd auf eine höhere Stufe schalten und die Gemüsemischung in den Topf geben. Braten, bis das Gemüse leicht gebräunt ist, dann aus dem Topf nehmen. Zwiebeln und Möhren hineingeben und vorsichtig weich dünsten. Knoblauch, Chili und Reis dazugeben, eine Minute dünsten. Wein, Brühe, gehackte Tomaten, Oliven und Lorbeerblätter zugeben.

Deckel auflegen und vorsichtig kochen lassen, bis der Reis gar ist (etwa 25 Minuten). Dabei eventuell noch Flüssigkeit zugießen. Die Lorbeerblätter entfernen. Tofu, Gemüse und frische Kräuter unterrühren. Mit Salz, schwarzem Pfeffer und Zitronensaft würzen. Mit Zitronenachteln garnieren.

Kalifornische Spieße

4 Portionen für eine kleine Mahlzeit, 8 Portionen für eine Vorspeise (8 Spieße von 30 cm)

1 Packung Tofu (200–250 g), in 32 Würfel geschnitten
1 kleine Ananas, geschält und in 32 Stücke geschnitten
100 g große, kernlose, blaue Weintrauben
1 mittelgroße Mango, geschält und in 12 Stücke geschnitten
100 g Mango-Chutney
8 Stängel frische Kräuter
1 Limone, in Viertel geschnitten

Tofu, Ananas, Weintrauben und Mango abwechselnd auf die Spieße stecken. Mit Mango-Chutney bestreichen. Für fünf Minuten unter den vorgeheizten Grill geben, bis sie sehr heiß sind und leicht zu bräunen beginnen. Sofort servieren, mit frischen Kräutern bestreut und Limonenstücken garniert.

Gemischter Vollkornsalat mit Miso-Estragon-Dressing

4 bis 6 Portionen

Dieses nützliche Rezept, das sich sowohl für Veganer als auch für alle anderen eignet, stammt aus *The Detox Cook* (siehe *Nützliche Adressen und Tipps* am Ende des Buches).

50 g Weizenkörner, 12 Stunden eingeweicht, abgetropft
50 g Gerste
50 g Buchweizen
Dressing:
2 TL (10 ml) brauner Miso
2 TL (10 ml) Apfelessig
2 TL (10 ml) Sojasauce
1 TL (5 ml) Olivenöl

Bringen Sie einen großen Topf Wasser zum Kochen und geben Sie das Getreide (Weizen und Gerste) hinein. Lassen Sie es aufkochen und dann 50 bis 60 Minuten schwach kochen, bis die Getreidekörner weich werden. Das Wasser abgießen, die Körner gut abtropfen lassen und in eine Schüssel geben. Gleichzeitig rösten Sie die Buchweizenkörner in einem weiten Topf ohne Öl auf mittlerer Stufe, bis sie einen nussigen Duft abgeben. Fügen Sie reichlich Wasser zu und lassen Sie den Buchweizen 10 bis 15 Minuten schwach kochen, bis er weich ist. Den Buchweizen gut abtropfen lassen und zu den anderen Körnern geben. Die Dressingzutaten verrühren und unter das heiße Getreide rühren, damit die Körner das Dressing beim Abkühlen aufsaugen.

Tofu-Pfanne nach Mittelmeerart
4 Portionen

1 Packung Tofu (200–250 g)
100 g Aubergine, in 1 cm große Würfel geschnitten
4 EL (60 ml) Olivenöl
100 g Zwiebel, gehackt
7 EL (100 g) Knoblauch, zerdrückt
½ milde grüne Chilischote, fein gehackt
425 g Dosentomaten, gehackt
350 ml Weißwein
350 ml leichte Gemüsebrühe oder Wasser
1 EL (15 g) Tomatenmark
50 g ungekochte Nudeln (vorzugsweise Dinkel-, Reis- oder Quinoanudeln)
100 g Fenchel, in 1 cm große Würfel geschnitten
100 g Blumenkohl, in kleine Röschen zerteilt
100 g Zucchini, in 1 cm große Würfel geschnitten
50 g dicke Bohnen
50 g entsteinte schwarze Oliven, geviertelt
2 EL (30 g) gehacktes frisches Basilikum und Thymian
(oder 1 TL/5 g getrocknete Kräuter
Meersalz und schwarzer Pfeffer

Tofu abtropfen lassen und in 32 Stücke schneiden. In einem beschichteten Schmortopf Tofu und Aubergine vorsichtig im Öl braten, bis sie gleichmäßig gebräunt sind. Aus dem Topf nehmen. Zwiebel hineingeben und vorsichtig weich dünsten. Knoblauch und Chili dazugeben und eine weitere Minute dünsten. Die restlichen Zutaten, gebratenen Tofu und Aubergine zufügen. Vorsichtig köcheln lassen, bis Nudeln und Gemüse gerade durch sind (etwa 7 Minuten). Nach Geschmack würzen.

Gefüllte Zwiebeln mit Tomaten, Quinoa und Speck

4 Portionen

Dieses Rezept ist milch-, gluten- und eifrei.

- 2 sehr große Gemüsezwiebeln oder 4 kleinere
- 2 EL (30 ml) Olivenöl
- 4 Scheiben Speck/Speckersatz, klein gehackt
- 25 g sonnengetrocknete Tomaten, mit kochendem Wasser überbrüht und gehackt, Wasser aufbewahren
- 50 g Pilze, klein gehackt
- 100 g frischer Fenchel, klein gehackt
- 100 g Quinoa
- 1 TL (5 g) getrocknetes oder 1 EL (15 g) frisches Basilikum, zerrissen
- 100 ml Weißwein
- Wasser
- Meersalz und frisch gemahlener schwarzer Pfeffer

Schneiden Sie das obere Ende der Zwiebeln ab und so viel von den Wurzeln, dass die Zwiebeln stehen. Garen Sie sie so lang, bis sie innen halbgar sind, in der Mikrowelle etwa 10 Minuten auf höchster Stufe, in einem Backofen bei mittlerer Temperatur etwa 20 bis 30 Minuten. Holen Sie das Innere der Zwiebeln mit Messer und Löffel zumindest zur Hälfte heraus und hacken Sie es grob. Erhitzen Sie das Öl in einem schweren Topf, geben Sie die gehackten Zwiebeln, den Speck, Tomaten, Pilze und Fenchel hinein. Vorsichtig 3 oder 4 Minuten dünsten, fügen Sie Quinoa und Basilikum zu und rühren Sie gut um. Ergänzen Sie das Tomatenwasser auf 200 ml und geben Sie es mit dem Weißwein in den Topf. Die Mischung zum Kochen bringen und vorsichtig köcheln lassen, bis der Quinoa weich ist und die Flüssigkeit aufgenommen hat. Würzen Sie nach Geschmack und füllen Sie die ausgehöhlten Zwiebeln mit der Mischung. Wer zwei große Zwiebeln verwendet, halbiert diese und erhält so vier Hälften zum Füllen. Richten Sie die gefüllten Zwiebeln mit der restlichen Fülle außen herum an und servieren Sie sie heiß oder zimmerwarm.

Pikanter Linsenauflauf
4 Portionen

2 mittelgroße Zwiebeln, geschält und gehackt
2 EL (30 g) Olivenöl
170 g Linsen
1/2 TL (2,5 g) getrocknetes Basilikum
1/2 TL (2,5 g) gemischte getrocknete Kräuter
2 EL (30 g) Tomatenmark
1 TL (5 g) brauner Zucker
Meersalz und frisch gemahlener Pfeffer

Weichen Sie die Linsen über Nacht in reichlich Wasser ein. Die Kräuter dazugeben und die Linsen nach der Anweisung auf der Packung weich kochen. Die Zwiebeln im Öl weich dünsten. Geben Sie die abgetropften Linsen und alle anderen Zutaten zu den Zwiebeln und lassen Sie sie noch 15 Minuten schwach kochen und eindicken. Gießen Sie die Mischung in eine Auflaufform und stellen Sie sie für 20 Minuten bei 180° C, Gas Stufe 2, in den Backofen. Reichen Sie dazu knackigen grünen Salat.

Rote Bete (Rübe) mit Quinoa und Rotkohl

6 Portionen

400–500 g junge Rote Bete, mit Stielen und Blättern
2 EL (30 ml) Olivenöl
2 Knoblauchzehen
1 mittelgroße Lauchstange
150 g Quinoa
200 g Rotkohl, fein geschnitten oder gehackt
450 ml Wasser oder Gemüsebrühe
50 g Pistazien
75 g geröstete Cashewkerne
Meersalz und frisch gemahlener schwarzer Pfeffer

Schneiden Sie die Stiele und Blätter von den Beten ab. Die Rüben waschen, die Blätter waschen und zerreißen. Die Stiele waschen und grob hacken. Dämpfen Sie die Beten (Rüben), bis sie fast ganz durch sind, halbieren oder vierteln Sie sie dann, je nach Größe. Erhitzen Sie in der Zwischenzeit das Öl in einem Topf mit dickem Boden und dünsten Sie darin Lauch und Knoblauch vorsichtig einige Minuten. Fügen Sie Quinoa, Rotkohl und Wasser oder Brühe hinzu und lassen Sie die Mischung schwach kochen. Geben Sie nun die Bete, die Stiele und Blätter dazu. Den Deckel auflegen und das Ganze 15 bis 20 Minuten köcheln lassen, bis der Quinoa gar ist. Er sollte die meiste Flüssigkeit aufgenommen haben. Die Cashewkerne hinzufügen und nach Geschmack würzen. Warm oder zimmerwarm servieren.

Scharfer Reis

4 Portionen

Sie können Chilischote und Cayennepfeffer auch weglassen.

3 EL (45 ml) Olivenöl
1 große Zwiebel, fein gehackt
3 Knoblauchzehen, zerdrückt
1 gehäufter TL (5 g) gemahlener Kreuzkümmel
1 gehäufter TL (5 g) gemahlener Koriander
1 gehäufter TL (5 g) Paprikapulver
1 gehäufter TL (5 g) Kurkuma
1 TL (5 g) Chilipulver, eventuell weglassen
1 TL (5 g) Cayennepfeffer, eventuell weglassen
225 g Basmatireis (gewaschen und abgetropft)
300 ml Magermilch
1 TL (5 g) Meersalz, frisch gemahlener schwarzer Pfeffer
250 g Zuckerschoten, Enden abgeschnitten, halbiert
100 g Pilze, gehackt
100 g Sultaninen
100 g Korinthen, eingeweicht

Erhitzen Sie das Öl in einem großen, beschichteten Topf. Die Zwiebeln darin vorsichtig zwei Minuten braten, den Knoblauch zufügen und weiterbraten, bis die Zwiebeln glasig sind. Die Gewürze zugeben und unter Rühren weitere 5 Minuten braten. Geben Sie den Reis hinein und braten Sie ihn 2 Minuten. Nun die Milch angießen, salzen und pfeffern; unter Rühren zum Kochen bringen, abdecken und 15 bis 20 Minuten köcheln lassen, bis die ganze Flüssigkeit aufgenommen ist. Während der Reis kocht, werden die Zuckerschoten und Pilze mit den Früchten gedämpft. Wenn alles gar ist, mischt man alles zusammen und serviert.

Salate

Diese Salate und Gemüsegerichte kann man als Mahlzeit, als Vorspeise oder als kleine Mahlzeit genießen, oder man ergänzt sie mit Eiweiß (etwa Fleisch, Fisch, Geflügel, Eier, Käse und Tofu) zu einer Hauptmahlzeit. Sie bekommen allen Biotypen.

Salatzutaten

Wählen Sie aus diesen Zutaten nach Belieben, bevorzugen Sie aber Saisongemüse und regionale Erzeugnisse. Und greifen Sie, wie bei allen Nahrungsmitteln, möglichst zu Bioware, oder – noch besser – ziehen Sie Ihr Gemüse selbst.

Gemüse:
- Avocado
- Blattsalat (alle Arten)
- Blumenkohlröschen
- Bohnen (alle Arten)
- Bohnenkeimlinge, andere Keimlinge
- Brokkoliröschen
- Brunnenkresse
- Chicoree, weiß oder rot
- Chinakohl
- Dicke Bohnen, junge
- Fenchel
- Frühlingszwiebel
- Gurken (geschält)
- Kohl, Weiß- und Rot- (sehr fein geschnitten)
- Möhren (geraffelt)
- Oliven
- Paprikaschoten (rot, orange, gelb oder grün)

- Pilze
- Rauke/Rukola
- Rote Bete/Rüben
- Sauerampfer
- Spargel
- Spinat, junger
- Stangensellerie
- Tomaten
- Zuckerschoten

Obst:
- Ananas
- Birnen
- Grapefruit
- Orangen
- Weintrauben

Frische Kräuter:
- Basilikum
- Estragon
- Kerbel
- Koriander
- Majoran
- Petersilie
- Schnittlauch

Nüsse:
- Geröstete Mandelblättchen oder Pinienkerne
- Walnussstücke

Gemüsesticks

- Brokkoli- oder Blumenkohlröschen
- Möhren- oder Gurkensticks
- Paprikaschoten, in etwa zentimeterbreite Streifen geschnitten
- Frühlingszwiebeln
- Zuckererbsen
- grüne Bohnen (nicht zu dünn)
- Chicoree-Blätter

Reichen Sie dazu Sojamayonnaise, Hummus, Tsatsiki oder Guacamole.

Spinatsalat

4 Portionen

Bereiten Sie andere Blatt- und Gemüsesalate ebenso zu.

550 g junge Spinatblätter, gewaschen
225 g zarte grüne Bohnen, Spargel, Blumenkohl oder Brokkoli (oder eine Mischung)
etwa 8 sonnengetrocknete Tomaten, gehackt
50 g geröstete Sonnenblumenkerne, Walnussstücke oder geröstete Mandelblättchen

Geben Sie den Spinat in eine Salatschüssel. Die grünen Bohnen (oder das andere Gemüse) blanchieren, abtropfen lassen und in kleine Stücke schneiden. Bohnen und Tomaten zum Spinat geben. Geben Sie so viel von Ihrem liebsten Dressing darüber, dass das ganze Gemüse mit ein wenig Dressing bedeckt ist.

Streuen Sie die Sonnenblumenkerne oder die Nüsse und Mandeln darüber.

5-Minuten-Salat

4 Portionen

Ein großer Beutel gemischte Blattsalate, gewaschen
Für das Dressing:
1 zerdrückte Knoblauchzehe
4 EL (60 ml) Olivenöl vergine
1 EL (15 ml) Balsamicoessig
reichlich Basilikum, Estragon und/oder Kerbel, zerrissen
etwas Zitronensaft
Meersalz und frisch gemahlener schwarzer Pfeffer nach Geschmack
Extras nach Wunsch:
essbare Blüten (etwa Kapuzinerkresse)
gemischte Bohnenkeimlinge
Chicoree
junger Spinat
Rote Blattsalate
Walnussstücke
kleine Orangenstücke
fein geschnittener Fenchel

Bereiten Sie das Dressing in einem Becher oder in der Salatschüssel zu. Mischen Sie es erst im letzten Augenblick mit dem Salat. Fügen Sie Extras nach Wunsch hinzu.

Pilzsalat
4 Portionen

450 g kleine Pilze
abgeriebene Schale einer unbehandelten Zitrone
1 EL (15 ml) Ihres liebsten Dressings oder Walnussöl
1 EL (15 g) gehackte Petersilie
1 EL (15 g) gehackte Kapern

Schneiden Sie die Pilze feinblättrig und mischen Sie sie mit Petersilie und Kapern. Die Zitronenschale hinzufügen. Das Dressing darüber gießen, gut durchrühren und vor dem Servieren eine Stunde kühl stellen.

Variante:
Fügen Sie zarte grüne Bohnen, geschnittene Paprikaschoten, Brokkoliröschen oder Spargelstücke zu, oder ergänzen Sie den Salat mit Eiweiß, etwa mit Thunfischstücken oder Tofuwürfeln.

Marinierter Möhrensalat
4 Portionen

Dasselbe Dressing und dieselbe Zubereitungsart eignen sich für praktisch alle harten Gemüsesorten, etwa Blumenkohl, Brokkoli, Spargel und Lauch.

550 g Möhren
1 mittelgroße Zwiebel
1 grüne Paprikaschote

Dressing:
100 ml Tomatensaft
100 ml Apfelessig
100 ml Olivenöl vergine
2 TL (10 g) Biohonig
1 TL (5 g) Körnersenf

Schneiden Sie die Möhren in Juliennes (feine Streifen), geben Sie sie in einen Topf und lassen Sie sie mit Wasser bedeckt vorsichtig 4 bis 5 Minuten kochen, bis sie weich werden. Möhren abtropfen und abkühlen lassen. Die Zwiebel in feine Ringe schneiden. Die Paprikaschote fein schneiden, Kerne entfernen. Möhren, Zwiebeln und Paprika mischen. Die Zutaten für das Dressing verrühren, das Gemüse über Nacht darin marinieren.

Blumenkohlsalat
4 Portionen

1 kleiner Blumenkohl
50 g Walnussstücke (klein)
50 g fein gehackte Aprikosen
1 Paprikaschote, geputzt und geschnitten
abgeriebene Schale und Saft 1 unbehandelten kleinen Orange
gehackte Petersilie oder Korianderblätter nach Wunsch

Schneiden Sie kleine Röschen vom Blumenkohl, reiben Sie die Stiele fein. Geben Sie diese mit Paprikaschote, Walnüssen und Aprikosen in eine Schüssel. Umrühren und den Orangensaft zufügen. Mit Meersalz und frisch gemahlenem Pfeffer würzen. Mit Petersilie und Korianderblättern garnieren, falls gewünscht.

Zuckererbsen-Avocado-Salat

4 bis 6 Portionen

450 g junge Zuckererbsen, Enden abgeschnitten, Fäden, falls nötig, entfernt, oder zarte grüne Bohnen
2 kleine/mittelgroße Avocados, geschält und klein gehackt
50 g kleine frische Pilze, fein gehackt
2 EL (30 ml) Olivenöl
1 EL (15 ml) Zitronensaft
Meersalz und frisch gemahlener schwarzer Pfeffer
2 EL (30 g) Petersilie, fein gehackt

Sind die Zuckererbsen sehr jung und zart, kann man sie roh für den Salat verwenden. Ältere Zuckererbsen bzw. grüne Bohnen muss man 2 bis 3 Minuten kochen. Mischen Sie Zuckererbsen (oder Bohnen), Avocados, Pilze, Olivenöl, Zitronensaft, Salz und schwarzen Pfeffer gut durch. Garnieren Sie den Salat mit Petersilie und servieren Sie ihn sofort.

Radicchiosalat

4 Portionen

1 großer Radicchio
4 mittelgroße Tomaten
1 geschälte rote Zwiebel
100 g Radieschen
1 rote Paprikaschote, geschnitten
3 EL (45 ml) Tomatensaft
1 EL (15 ml) Balsamico-Essig
2 TL (10 ml) Olivenöl vergine
einige Salbeiblätter, fein gehackt oder zerrissen

Reißen Sie den Radicchio in mundgerechte Stücke. Geben Sie ihn in eine Salatschüssel. Hacken Sie die Zwiebel fein. Häuten und entkernen Sie die Tomaten und mischen Sie die gehackten Tomaten mit den Zwiebeln. Geben Sie alles in die Schüssel, ebenso die fein geschnittenen Radieschen und die Paprikaschnitze. Mischen Sie den Tomatensaft mit Olivenöl, Essig und gehacktem Salbei und gießen Sie die Marinade über den Salat.

Gurken-Frühlingszwiebel-Salat

6 Portionen

3 Gurken, schälen, falls die Schale dick oder bitter ist, dünn schneiden
4 Frühlingszwiebeln, in dünne Scheiben geschnitten
1 EL (15 g) frische Minze, fein gehackt
1 kleiner Becher (etwa 250 ml) Naturjoghurt
frische Minze zum Garnieren

Legen Sie die Gurkenscheiben für etwa 1 Stunde in ein flaches Gefäß und einen Teller obenauf, bis Flüssigkeit austritt. Mischen Sie diese Flüssigkeit mit Joghurt, Minze und Gewürzen nach Geschmack. Geben Sie die Zwiebeln zu den Gurken und ziehen Sie die Joghurtmischung unter. Garnieren Sie mit frischer Minze.

Variante:
Aus diesen Zutaten können Sie auch eine kalte Gurkensuppe zubereiten: Raffeln Sie die geschälten Gurken, hacken Sie die Frühlingszwiebeln sehr fein und fügen Sie die anderen Zutaten hinzu. Die Suppe durchziehen lassen und mit stillem Wasser verdünnen, bis sie die richtige Konsistenz hat.

Chinakohl-Spinat-Salat mit Granatapfel und Mohndressing

4 Portionen

½ großer Chinakohl (etwa 450 g), fein geschnitten
100 g junge Spinatblätter, gewaschen, abgetropft und gehackt
1 Granatapfel
Dressing:
100 ml Sonnenblumen- oder anderes Pflanzenöl
2 EL (30 ml) Zitronensaft
1 TL (5 g) Mohnsamen
1 TL (5 ml) Apfelessig
1 TL (5 g) Honig

Mischen Sie Chinakohl und Spinat in einer Schüssel. Schneiden Sie den Granatapfel durch, holen Sie mit einer kleinen Gabel oder einem Teelöffel die Kerne heraus und geben Sie sie in die Schüssel, achten Sie aber darauf, dass nichts von der bitteren gelben Schale in den Salat gerät. Rühren Sie die Zutaten für das Dressing glatt und mischen Sie es nach und nach mit dem Salat, nicht alles auf einmal. Geben Sie den Salat in eine Servierschüssel und servieren Sie ihn.

Pilzsalat mit Sellerie oder Fenchel

4 Portionen

3 große Pilze oder ein kleiner Karton Wald- und Wiesenpilze, gewaschen und feinblättrig geschnitten
2 Stangen Sellerie, feinblättrig geschnitten, oder 1 große Fenchelknolle

25 g eingeweichte Mandeln und Walnüsse, gehackt
1 mittelgroßer, süßer, knackiger Apfel, würfelig geschnitten (ohne Kerngehäuse, mit Schale)
1 Bund Brunnenkresse, zerteilt
Dressing:
1 Dessertlöffel (20 g) Mayonnaise
3 Dessertlöffel (60 ml) Naturjoghurt
1 TL (5 g) Körnersenf
Meersalz und frisch gemahlener schwarzer Pfeffer

Legen Sie die Brunnenkresse an den Rand eines großen Tellers. Verrühren Sie die Zutaten für das Dressing, würzen Sie nach Geschmack. Nun die übrigen Salatzutaten in eine Schüssel geben, das Dressing darüber verteilen und vorsichtig mischen. Den Salat mit einem Löffel auf den Teller herausheben und servieren.

Möhren-Johannisbeer-Salat

4 Portionen

400 g Möhren, gründlich gewaschen und grob geraffelt
100 g rote Johannisbeeren, entstielt
1 EL (15 g) Johannisbeergelee
2 EL (30 ml) Zitronensaft

Möhren und Johannisbeeren gut mischen. Das Johannisbeergelee mit dem Zitronensaft verrühren. Die Mischung unter den Salat ziehen und diesen dann vor dem Servieren im Kühlschrank durchkühlen lassen.

Fenchel-Grapefruit-Salat

4 Portionen

400 g Fenchelknollen, gewaschen und geputzt
2 Grapefruits, geschält, weiße Haut weggeschnitten, mit einem scharfen Messer in Segmente geteilt, diese halbiert
2 EL (30 ml) Olivenöl
1/2 TL Salz
etwas Fenchelgrün zum Garnieren

Die harten Teile der Fenchelknollen abschneiden und wegwerfen. Die Fenchelknollen dünn schneiden und in eine Salatschüssel geben. Die Grapefruit über der Schüssel mit einem scharfen Messer teilen, sodass die Segmente auf den Fenchel fallen. Olivenöl und Salz dazugeben und gründlich mischen. Mit dem Fenchelgrün garnieren und servieren.

Birnen-Trauben-Gurken-Salat

4 bis 6 Portionen

3 reife, aber feste süße Birnen, geschält, Kerngehäuse entfernt; eine Birne feinblättrig, die übrigen würfelig geschnitten
1/2 mittelgroße Gurke, der Länge nach halbiert und entkernt, eine Hälfte blättrig geschnitten, die andere würfelig
100 g blaue oder grüne Weintrauben, kernlose oder entkernt
Vinaigrette nach Geschmack

Legen Sie eine kleine Salatschüssel mit den blättrig geschnittenen Birnen- und Gurkenstücken aus. Mischen Sie die Birnen- und Gurkenwürfel und die Weintrauben (bis auf 5 oder 6 Stück) in einer anderen Schüssel mit Vinaigrette nach Geschmack. Geben Sie diese Mischung in die Salatschüssel und garnieren Sie sie mit den übrigen Weintrauben. Vor dem Servieren durchkühlen lassen.

Karibischer Salat
4 Portionen

Ananaskonserven können verwendet werden, wenn sie nicht Zucker oder Sirup enthalten.

170 g Ananas, frisch oder aus der Dose, in kleine Stücke geschnitten
1 große Gurke, geschält und in dünne Scheiben geschnitten
1 rote Pfefferschote, entkernt und fein geschnitten
1 TL (5 g) fein gehackte frische Minze
2 Dessertlöffel (60 g) fein gehacktes Trockenobst, wie etwa Aprikosen, Sultaninen und Feigen
1 Dessertlöffel (20 g) geröstete Sesamsamen

Weichen Sie das Trockenobst mindestens 30 Minuten in ein wenig Ananassaft ein. Mischen Sie Pfefferschote, Ananas und Trockenobst. Legen Sie eine Servierplatte oder einen Teller überlappend mit Gurkenscheiben aus. Verteilen Sie die Obstmischung darauf. Servieren Sie den Salat mit Sesamsamen bestreut.

Salat und Mahlzeit in einem

Gado-Gado

4 Portionen

Gado-Gado ist ein beliebtes Gericht aus der indonesischen Küche. Es besteht aus rohem und gekochtem Gemüse und einer würzigen Erdnusssauce, die man entweder darüber gießt oder dazu reicht. Es ist ein leichtes, knackiges, schmackhaftes und gesundes Gericht. Die in der Zutatenliste vorgeschlagenen Gemüse können je nach Saison und persönlichen Vorlieben geändert werden. Wer kein scharfes Essen mag, lässt bei der Sauce die Chilischote weg oder verwendet weniger.

1/2 mittelgroße Gurke, in Scheiben geschnitten
100 g Bohnenkeimlinge, gewaschen
und abgetropft
1/2 Eissalat, gewaschen und zerrissen
2 mittelgroße Kartoffeln, geschält und
in kleine Stücke geschnitten
100 g grüne Bohnen, Enden abgeschnitten,
Fäden abgezogen,
in 5 cm lange Stücke geschnitten
2 mittelgroße Möhren, geschält,
der Länge nach halbiert und quer
in dicke Stücke geschnitten

Sauce:
1 EL (15 ml) Pflanzenöl
1 Knoblauchzehe, zerdrückt

½ mittelgroße Zwiebel, feinwürfelig geschnitten
½ rote Chilischote, entkernt, gehackt oder ½ TL scharfe Pfeffersauce
100 g Erdnussbutter
2 TL (10 g) brauner Zucker
2 TL (10 ml) Zitronensaft
240 ml Kokosmilch (oder Wasser)
Salz nach Geschmack
1 hartgekochtes Ei, in Scheiben, zum Garnieren

Saucenzubereitung:
Das Öl in einem kleinen Topf erhitzen, Knoblauch, Zwiebel und Chilischote darin weich dünsten. Den Topfinhalt in den Mixer gießen, Erdnussbutter, Zucker, Zitronensaft und Kokosmilch oder Wasser hinzufügen. Zu einer glatten Sauce verarbeiten und wieder zurück in den Topf gießen. Die Sauce vorsichtig zum Kochen bringen, gelegentlich umrühren, nach Geschmack salzen und schwach kochen lassen.

Salatzubereitung:
Die Kartoffelstücke kochen, bis sie weich werden. Möhren und Bohnen mit Salzwasser bedecken und nur etwa 5 Minuten kochen, Wasser abgießen. Gurken, Bohnenkeimlinge, Eissalat, Kartoffeln, Bohnen und Möhren auf einer Servierplatte anrichten. Mit den Eischeiben garnieren, die heiße Erdnusssauce darüber gießen oder extra in einer Schüssel reichen.

Gemüse-Reis-Salat mit Tahini und Cashewkernen

4 Portionen

Dieser Salat ist eine sättigende Mahlzeit, die man auch gut mit zur Arbeit oder zum Picknick nehmen kann.

450 g gekochter brauner Langkornreis
100 g Rotkohl, fein gehackt oder geraffelt
1 kleine grüne Pfefferschote, entkernt, fein gehackt
1 kleine Möhre, gründlich gewaschen und geraffelt
25 g Sultaninen
25 g Cashewkerne zerkleinert
60 g Tahini (Sesampaste)
60 ml Naturjoghurt
1 EL (15 ml) Zitronensaft
Meersalz und schwarzer Pfeffer nach Geschmack

Mischen Sie den Reis mit Rotkohl, Pfefferschote, Möhre, Sultaninen und Cashewkernen. Verrühren Sie Tahini, Joghurt und Zitronensaft. Mit Meersalz und schwarzem Pfeffer nach Geschmack würzen. Gießen Sie das Dressing über den Salat und rühren Sie ihn gut durch.

Vollkornreissalat

4 Portionen

Das ist ein einfacher Reissalat, für den der gekochte Vollkornreis in einer Kräuter-Vinaigrette mariniert wird. Dieses Grundrezept kann auch mit allen anderen Getreiden, wie Wildreis (eigentlich die Samen einer Graswasserpflanze), Roggen, Dinkel, Kuskus, Zuckermais und Gerste oder einer Mischung mehrerer Sorten, zubereitet werden.

225 g Vollkornreis, zweimal mit kaltem Wasser abgespült, um überschüssige Stärke und Staub zu entfernen
550 ml Wasser
Dressing:
4 EL (60 ml) Olivenöl
2 EL (30 ml) Weißwein-/Apfelessig
1 Knoblauchzehe, zerdrückt
2 EL (30 g) frischer Schnittlauch und Petersilie (und/oder andere Kräuter), fein gehackt
Meersalz und frisch gemahlener schwarzer Pfeffer

Bringen Sie das Wasser zum Kochen und geben Sie den Vollkornreis hinein (Sie müssen ihn jetzt nicht salzen, das Dressing liefert den Geschmack). Umrühren, abdecken und 20 bis 30 Minuten vorsichtig kochen lassen, bis der Reis weich ist und praktisch das ganze Wasser aufgenommen hat. Während der Reis kocht, verrühren Sie die Zutaten für das Dressing. Geben Sie das Dressing über den heißen oder zumindest warmen Reis, dann wird es vollständig aufgenommen. Richten Sie den Salat in einer Schüssel an und servieren Sie ihn.

Salat mit Räuchertofu, Brokkoli, Pilzen, Zuckermais und Ananas
4 Portionen

Dieser eiweißreiche Salat eignet sich für alle Biotypen, besonders aber für den Gärtner und Bauern und den Tänzer.

200 g Brokkoliröschen
1 Pkg. Räuchertofu (200–250 g), in 1 cm große Würfel geschnitten
100 g Pilze, gesäubert und feinblättrig geschnitten
100 g Ananas oder Orange, in 1 cm große Würfel geschnitten
1 Dessertlöffel (20 g) tiefgekühlter Zuckermais
Meersalz und frisch gemahlener schwarzer Pfeffer
Kräuter, wie etwa Petersilie, Korianderblätter, Minze, Basilikum, gehackt oder zerrissen
Dressing nach Wahl

Blanchieren Sie den Brokkoli 2 bis 3 Minuten, lassen Sie ihn abkühlen. Geben Sie alle Zutaten, bis auf einen Dessertlöffel Kräuter, in eine Schüssel und gießen Sie ein wenig Vinaigrette, Walnussöl und Zitronensaft darüber. Mischen Sie die Zutaten vorsichtig durch. Schmecken Sie den Salat ab und garnieren Sie ihn mit den restlichen Kräutern.

Mayonnaise, Paste und Vinaigrette

Olivenpaste mit Knoblauch und Koriander

Ergibt 4 bis 6 Portionen

Passt wunderbar zu Fisch, Fleisch, Geflügel oder heißem Gemüse. Auch als Aufstrich für frisches Brot, das man dann mit Tomaten belegt.

- 4 bis 6 dicke Knoblauchzehen
- 1 Bund Korianderblätter
- 1 kleines Glas schwarze Olivenpaste (als frisch gemachte Tapenade auch in gut sortieren Lebensmittelabteilungen erhältlich. Sie können auch selbst entkernte schwarze Oliven im Mixer zu einer Paste verarbeiten)

Die Knoblauchzehen im heißen Backrohr rösten, bis sie weich werden, dann das Innere herausdrücken. Die Korianderblätter waschen und entstielen. In der Küchenmaschine die Olivenpaste mit dem Knoblauchbrei und den Korianderblättern zu einer glatten Masse verarbeiten. Wer keine Küchenmaschine besitzt, hackt die Korianderblätter sehr fein und verarbeitet die Zutaten mit Stössel und Mörser oder mit einem großen Holzlöffel in einer Schüssel zu einem glatten Brei. In eine Schüssel oder ein Glas gießen und servieren.

Soja-Knoblauch-Mayonnaise
Ergibt ein volles Marmeladenglas

Im Kühlschrank aufbewahren.

1 Pkg. Seidentofu (200–250 g), notfalls fester Tofu
4 Dessertlöffel (80 ml) Olivenöl
1 Dessertlöffel (20 ml) Balsamicoessig
2 Knoblauchzehen oder mehr, wenn man es schärfer mag
1/2 TL (2,5 g) Körnersenf
1/2 TL (2,5 g) Dillsamen

Verarbeiten Sie alle Zutaten im Mixer zu einer glatten Masse. Wird wie herkömmliche Mayonnaise verwendet. Eventuell noch Kräuter zufügen.

Vinaigrette
Ergibt 150 ml

Im Kühlschrank aufbewahren.

120 ml kaltgepresstes Olivenöl extra vergine (oder anderes Pflanzenöl)
2EL (30 ml) Weißwein- oder Apfelessig oder Zitronensaft
Salz und Pfeffer nach Geschmack
1 TL (5 g) milder Senf nach Wunsch
Extras: Kräuter, Knoblauch, Zitronensaft, flüssiger Honig

Alle Zutaten in einer kleinen Schüssel oder im Zerkleinerer gut miteinander verschlagen. Abschmecken.

Superfood selbst gemacht: gekeimte Bohnen, Samen und Körner

Die meisten von uns haben als Kinder irgendwann Senf und Kresse gezogen. Dafür brauchte man nur einige Samen und ein Stück Löschpapier, das man feucht halten musste. Genau dieselbe Methode können Sie anwenden, um Keimlinge von Bohnen, Samen und Getreide zu ziehen. Sie brauchen dazu nur ein großes, weites Glas (etwa ein Einweckglas) und einige Trockenbohnen, Getreidekörner oder Samen (am besten aus dem Reformhaus). Keimlinge kann man so ziemlich aus allen essbaren Samen ziehen. Beliebt ist etwa eine Mischung aus Mungobohnen, Weizenkörnern und Alfalfa-Samen:

- Geben Sie Samen, Bohnen oder Körner unten in das Glas. Für eine Portion Keimlinge muss die Schicht etwa 1 cm dick sein.
- Decken Sie die Öffnung des Glases mit einem Mulltuch, mit Käseleinen oder Nylongewebe ab und befestigen Sie dieses mit einem Gummiband.
- Gießen Sie durch das Mulltuch gefiltertes Wasser in das Glas, bis die Samen bedeckt sind, schwenken Sie das Glas vorsichtig, damit alle Samen nass werden. Stellen Sie das Glas nun auf den Kopf, damit das überschüssige Wasser abläuft. Wiederholen Sie den Vorgang.
- Stellen Sie das Glas nochmals auf den Kopf, damit der letzte Rest Wasser abläuft.
- Die angefeuchteten Samen können nun zu keimen beginnen.
- Legen Sie das Glas auf die Seite, an einen schattigen Platz bei Zimmertemperatur.

- Feuchten Sie die Samen zwei- bis dreimal am Tag an.
- Nach etwa zwei Tagen sollten Sie Keimlinge ernten können.
- Nehmen Sie die Keimlinge aus dem Glas und legen Sie sie in eine Schüssel mit Wasser. Die Hüllen schwimmen dann von selbst weg.
- Lassen Sie die Keimlinge abtropfen und verwenden Sie sie für Salate und andere Gerichte.

Gute Zwischenmahlzeiten für alle Typen

- Gemüsesticks (siehe Seite 268)
- Avocado
- Obst
- Nüsse: Mandeln, Haselnüsse, Paranüsse, Pinienkerne
- Studentenfutter (Nussmischung mit Rosinen)
- Sonnenblumen- und Kürbiskerne

Super-Sandwich für alle Typen

- Vollkorn- oder Roggenbrot
- Avocadoscheiben (für ein Picknick mit Zitrone beträufelt) oder Guacamole (Avocadosauce)

plus:

- grüne Salatblätter nach Wahl, auch junger Spinat und Rukola
- Schwarze Olivenpaste (Tapenade)
- Sonnengetrocknete Tomaten, gehackt oder in Scheiben
- Pinienkerne

Gemüsegerichte

Ratatouille
4 Portionen

Dieser französische Gemüseeintopf, der von den Zigeunern stammen soll, kann als eigenständige Mahlzeit oder zu Fleisch, Geflügel und einigen Fischarten (mit kräftigem Geschmack, also etwa zu Kabeljau), Nudeln, Tofu, Quorn, Bulgur, Reis, Linsen und Kichererbsen gegessen werden.

2 Knoblauchzehen, zerdrückt
50 g fein gehackte Zwiebeln
2 EL (30 ml) Olivenöl
600 g Zucchini (oder Speisekürbis)
600 g Tomaten, geschält, entkernt und gehackt
1 rote Paprikaschote, geröstet, gehäutet, entkernt und grob gehackt
1 EL (15 g) Petersilie, gehackt
Meersalz und frisch gemahlener schwarzer Pfeffer nach Geschmack

Knoblauch und Zwiebel in einem schweren Topf etwa 10 bis 15 Minuten in dem Olivenöl dünsten, bis sie glasig sind. Die restlichen Zutaten hineingeben und etwa 20 bis 30 Minuten köcheln lassen, bis das Gemüse weich ist: Nicht zu lange garen, sonst entsteht ein brauner Brei. Heiß oder lauwarm servieren, mit reichlich frischer Petersilie oder Basilikum, gehackt oder zerrissen, bestreuen.

Röstgemüse aus dem Backofen

So viel Sie wollen!

Das ist so einfach, dafür braucht man nicht wirklich ein Rezept.

Versuchen Sie folgende Gemüsesorten:

Paprikaschoten, rot, gelb, orange (grün schmeckt nicht gut) – in 6 bis 8 Segmente schneiden und entkernen

Tomaten – ganz verwenden, oben kreuzweise einschneiden

Spargel – holzige Enden abschneiden, ganz verwenden

große Pilze – säubern, Stiele abschneiden und mit Öl beträufeln

Zucchini – Enden abschneiden, der Länge nach vierteln

kleine Zwiebeln – putzen und in der Schale rösten

Sie können auch Blattgemüse, wie roten und weißen Chicoree und Radicchio verwenden, diese müssen aber ganz bleiben, damit die Blätter nicht verbrennen; gut mit Olivenöl bepinseln

Den Backofen sehr heiß vorheizen. In eine große Auflaufform eine Auswahl an Gemüsen (keine Wurzelgemüse!), etwa gleich groß zurechtgeschnitten, legen. Das Gericht stammt aus der ländlichen Küche des Mittelmeerraums, seien Sie also nicht kleinlich. Träufeln Sie Öl darüber, würzen Sie mit Meersalz und gemahlenem schwarzen Pfeffer. Wer mag, kann einige Zweige Rosmarin darüber streuen, die man entfernt, wenn das Gemüse gar ist. Verwenden Sie keinen getrockneten Rosmarin, er schmeckt abscheulich, wenn er geröstet wird, und die Nadeln herauszufischen ist äußerst mühsam. Rösten Sie das Gemüse, bis es bissfest ist und süßlich riecht. Machen Sie die erste Probe nach 15 Minuten. Warm oder lauwarm servieren, dazu noch Olivenöl und Parmesanhobel (mit dem Gemüseschälmesser) reichen.

Pauls Wurzelgemüsetopf für Pioniere, Gärtner und Bauern und Tänzer

Etwa 4 Portionen

2 Dessertlöffel (40 ml) Olivenöl
1 große Zwiebel, fein gehackt
1 Knoblauchzehe, fein gehackt
3 mittelgroße Möhren, geschält und in Scheiben geschnitten
1 kleine Kohlrübe, geschält und in 1 cm große Würfel geschnitten
1 kleine weiße Rübe, geschält und in 1 cm große Würfel geschnitten
1 Stange Sellerie, gewaschen und in Scheiben geschnitten
1 großes Glas Rotwein
600 ml Gemüsebrühe (hausgemacht oder von zwei Brühwürfeln)

Das Olivenöl in einem großen Topf erhitzen. Zwiebel und Knoblauch hineingeben und glasig dünsten. Die Brühe angießen und zum Kochen bringen. Nun das Gemüse und den Rotwein dazugeben. Schwach kochen lassen, bis das Gemüse gar ist und ein dicker Eintopf entsteht (etwa eine halbe Stunde). Mit fertigen vegetarischen Klößen oder Würstchen, Vollkornreis oder anderem Getreide servieren.

Gedämpftes Gemüse

Die Anschaffung eines Dampfgarers lohnt sich. Dämpfen ist vermutlich die wirtschaftlichste und nahrhafteste Art der Speisenzubereitung. Dämpfen braucht weniger Zeit, die Gartemperatur ist höher als beim Kochen, und das Gemüse liegt nicht im Wasser, sodass gedämpftes Gemüse mehr Vitamine und Mineralstoffe enthält. Dampfgarer sind mittlerweile fast überall erhältlich.

Dreierlei Gemüse

So viel Sie wollen!

Möhren, Brokkoli und Blumenkohl oder eine andere Mischung aus Saisongemüse
Olivenöl
Meersalz und schwarzer Pfeffer nach Geschmack
frische Kräuter, zerrissen, nach Wunsch

Die Möhren gründlich waschen und in Scheiben schneiden, Brokkoli und Blumenkohl in Röschen zerteilen; die Stiele in kleine Würfel oder in Scheiben schneiden. Je kleiner Sie das Gemüse schneiden, desto kürzer ist der Garvorgang. Dämpfen Sie das Gemüse etwa 10 Minuten. Servieren Sie es auf einer vorgewärmten Platte und träufeln Sie ein wenig Olivenöl vergine darüber. Würzen Sie nach Geschmack und ergänzen Sie mit frischen Kräutern, wenn Sie möchten.

Obstdesserts

Fruchtschale

4 Portionen

225 g frische Beeren oder andere weiche Früchte, wie etwa Aprikosen, Rhabarber oder Stachelbeeren
2 EL (30 g) flüssiger Honig
110 g Schafmilchjoghurt
einige geröstete Mandeln oder Haselnüsse

Die Früchte waschen und mit sehr wenig Wasser weich dünsten. Überschüssige Flüssigkeit abgießen. Honig hinzufügen und abkühlen lassen. Den Joghurt unter die kalten Früchte ziehen, in einzelne Gläser verteilen und in den Kühlschrank stellen. Vor dem Servieren mit Nüssen garnieren.

Milchreis mit Früchten

4 Portionen

1 Becher fertiger Biomilchreis
225 g getrocknete Datteln, Feigen und Birnen
25 g Mandelblättchen, geröstet

Hacken Sie das Trockenobst fein und mischen Sie es unter den Milchreis. Servieren Sie ihn heiß oder kalt, mit gerösteten Mandeln garniert.

Bratäpfel mit Früchten

3 Portionen

2 EL (30 ml) Apfel- oder Birnendicksaft
4 EL (60 ml) Wasser
2 EL (30 g) Honig
1 EL (15 g) Gewürzmischung
3 Äpfel zum Braten
225 g Trockenfrüchte, gehackt
Joghurt oder Frischkäse nach Wunsch

Verrühren Sie Dicksaft, Wasser, Honig und Gewürzmischung in einer großen Schüssel gut miteinander. Waschen Sie die Äpfel und stechen Sie die Kerngehäuse aus. Füllen Sie die Äpfel mit Trockenfrüchten. Gießen Sie die Flüssigkeit darüber. Setzen Sie die Äpfel in eine feuerfeste Form und backen Sie sie 35 bis 45 Minuten im Backofen bei 200° C, Gas Stufe 3. Servieren Sie die Bratäpfel mit Joghurt oder Frischkäse.

Früchtetraum

4 bis 6 Portionen

450 g frische weiche Beeren
280 g Seidentofu (ersatzweise fester Tofu, er wird aber nicht so fein)
Saft 1/2 Zitrone
2 EL (30 g) flüssiger Honig
einige Tropfen reine Vanilleessenz (nicht Vanillearoma)

Die Früchte waschen und entstielen, einige zum Dekorieren beiseite legen. Den Tofu abtropfen lassen und zusammen mit den Früchten, dem Zitronensaft und dem Honig in den Mixer geben. Wenn die Mischung ganz glatt ist, die Vanilleessenz gut unterrühren. Auf einzelne Gläser oder kleine Schüsseln aufteilen, bis zum Servieren kalt stellen. Vor dem Servieren mit den verbliebenen Früchten dekorieren.

Basisrezepte fürs Frühstück und für den kleinen Hunger

Rods Nussmüsli

1 Portion

125 ml Müslimischung aus dem Reformhaus
2 TL (10 g) gemahlener Leinsamen
1 Dessertlöffel (20 g) Sonnenblumenkerne, Kürbiskerne und Sesamsamen
Weiters: Gehackte Mandeln oder Mandelblättchen, Wal-, Hasel- und/oder Pekannüsse, gehackte getrocknete Aprikosen, Kokosflocken nach Belieben

Mischen Sie die Zutaten am Vorabend. Geben Sie sie in eine Schüssel und bedecken Sie sie großzügig mit Milch oder Fruchtsaft. Legen Sie obenauf einen kleinen Teller, den Sie mit einem Gewicht beschweren. Bis zum Morgen werden Nüsse, Getreide und Samen weich und gequollen sein und ein großartiges, weiches, eiweißreiches Müsli ergeben. An kalten Tagen können Sie das Müsli auch erwärmen. Mit etwas flüssigem Honig, vielleicht auch etwas Joghurt, haben Sie ein ausgesprochen leckeres Frühstück.

Original Bircher-Müsli
1 Portion

Müsli bereiten Sie am besten am Vorabend vor. Wenn man die Getreideflocken einweicht und über Nacht in den Kühlschrank stellt, werden die Faseranteile weicher und belasten das Verdauungssystem weniger. Außerdem werden bereits einige wichtige Nährstoffe aufgeschlossen. Menschen mit Reizdarmsyndrom werden vielleicht feststellen, dass ihnen ein Müsli auf diese Weise besser bekommt. So verfährt man mit allen Getreidesorten. Eingeweichtes Getreide ergibt mit Trockenobst und Joghurt ein gutes Frühstück oder ein Dessert. Wer keinen Joghurt mag, ersetzt ihn durch Fruchtsaft (Apfel oder Traube). Zum Dessert schmeckt es mit Preiselbeersaft besonders lecker.

1 gestrichener EL (15 g) feine Haferflocken
1 TL (5 g) flüssiger Honig
1 Dessertlöffel (20 ml) Vollmilch oder Sojamilch
2 bis 3 kleine Äpfel oder 1 große oder 2 kleine Birnen oder die gleiche Menge in Trockenobst
Saft von 1/2 Zitrone
1 EL (15 g) Walnüsse, Haselnüsse oder geschälte Mandeln

Mischen Sie die Haferflocken mit Honig und Milch. Reiben Sie die Äpfel (mit Schale, Kerngehäuse und Kernen) in eine separate kleine Schüssel, fügen Sie den Zitronensaft zu und geben Sie dann alles zu den Haferflocken. Nüsse zufügen. Über Nacht in den Kühlschrank stellen.

Sommerpudding
4 Portionen

Dieser Sommerpudding ist für alle Biotypen ein köstliches Frühstück, man kann ihn sogar zum Picknick mitnehmen.

4 bis 6 Scheiben dünne Scheiben entrindetes Vollkorn-Toastbrot
100 g Erdbeeren
100 g Himbeeren
100 g Brombeeren
(oder eine ähnliche Früchtemischung)
Joghurt oder Frischkäse nach Wunsch

Waschen Sie die Früchte vorsichtig, aber gründlich. Nehmen Sie eine mittelgroße Puddingform und legen Sie sie mit dem Brot aus. Schneiden Sie die Brotscheiben entsprechend zu, lassen Sie sie ein wenig überlappen. Vergessen Sie den Boden nicht. Behalten Sie eine Brotscheibe als Deckel zurück. Nehmen Sie jeweils 50 g von den einzelnen Früchten und pürieren Sie sie getrennt. Legen Sie eine Schicht halbierter Erdbeeren auf die Brotscheiben in der Form und geben Sie löffelweise etwas Erdbeerpüree darüber. Verfahren Sie ebenso mit den anderen Früchten und Pürees, bis alles aufgebraucht ist. Es sollte sehr saftig sein, damit das Brot gut durchweicht wird. Geben Sie die letzte Brotscheibe als Deckel auf die Früchte. Legen Sie einen kleinen Teller obenauf, den Sie mit Gewichten oder Dosen beschweren. Stellen Sie den Pudding über Nacht kalt. Stürzen Sie den Pudding und servieren Sie ihn mit Joghurt oder Frischkäse.

Barbaras zuckerfreie Leckereien

Diese beiden folgenden zuckerfreien Rezepte stammen von Barbara Symes, einer von Rodericks Patientinnen.

Zuckerfreie lecker-süße Haferküchlein

570 g feine Haferflocken
110 g gehackte getrocknete Aprikosen oder Sultaninen
260 g Butter, geschmolzen
210–300 ml Apfel- oder Birnendicksaft

Mischen Sie in einer großen Schüssel Haferflocken, Trockenobst und geschmolzene Butter. Gießen Sie Apfel- oder Birnendicksaft zu, bis ein klebriger, nicht zu flüssiger Teig entsteht. In eine beschichtete oder gefettete Backform gießen. Wir verwenden eine etwa 7,5 cm tiefe, 25 mal 25 cm große Backform. Im mittelheißen Backofen (etwa 180° C, Gas Stufe 2) etwa 15 bis 20 Minuten backen, bis die Masse gleichmäßig zu bräunen beginnt. In kleine Stücke schneiden – die Küchlein sind sehr sättigend. In der Form abkühlen lassen, denn die Küchlein werden noch fester.

Zuckerfreie Karob-Mousse

4 Portionen

100 g Cashewkerne oder 100 g eingeweichte, geschälte Mandeln
1 bis 2 reife Bananen
1 gehäufter TL (15 g) Karobpulver
120–150 ml Sojamilch oder Sojasahne

Die Nüsse in der Küchenmaschine nicht ganz fein mahlen. Bananen und Karob dazugeben und auf langsamer Stufe untermischen. Sojamilch zugießen, bis eine leichte, aber nicht zu flüssige Mischung entsteht. In Gläser oder kleine Kaffeetassen gießen. 90 Minuten kalt stellen, dann servieren.

Frühstücks-Muffins mit Früchten
Ergibt 10 Stück

100 g Dinkel- oder glutenfreies Mehl
2 TL (10 g) Backpulver
75 g Kleie
100 g gehackte Aprikosen, Feigen oder andere Trockenfrüchte
1 Dessertlöffel (20 g) Melasse
300 ml Magermilch
1 kleines Ei
3 EL (45 ml) Distelöl (wenn Sie Olivenöl verwenden, dann ein sehr helles)

Das Mehl mit dem Backpulver versieben. Kleie und die gehackten Trockenfrüchte unterrühren. Melasse, Milch und Ei gut miteinander verrühren und zu Mehl und Früchten in die Schüssel geben. Gut durchrühren und auf 10 gut gefettete Muffin-Förmchen verteilen. Etwa 25 Minuten bei 200° C, Gas Stufe 3, backen.

Nuss-Frucht-Trüffel
Ergibt etwa 30 Stück

Diese eiweißreichen, zuckerfreien Kugeln sind bei uns ein Renner und unentbehrlich für längere Reisen.

100 g Sesamsamen, geröstete Haselnüsse (in einem Sieb die braune Haut abschütteln) und geschälte Mandeln
100 g Datteln und Rosinen
2 EL (30 g) zuckerfreie Erdnussbutter
2 EL (30 g) Gerstenmalzextrakt
Karobpulver zum Wälzen

Nüsse und Trockenobst in der Küchenmaschine ziemlich fein zerkleinern. Erdnussbutter und Gerstenmalzextrakt zufügen und alles zu einer schönen Teigkugel verarbeiten. Aus dem Teig mit der Hand kleine, trüffelähnliche Kugeln formen, die man in Karobpulver wälzt.

Brot

Dieses Rezept stammt von Caroline Wilson, deren Ehemann David das berühmte Landgut von Prinz Charles in Highgrove, Gloucestershire, verwaltet. Es ist eine einfache Methode, köstliches Brot herzustellen. Am wichtigsten ist, dass die Flüssigkeit die richtige Temperatur hat – wenn sie zu heiß ist, wird das Brot schwer. Sie können unterschiedliche Mehlsorten ausprobieren, müssen dann aber die Flüssigkeitsmenge anpassen, geben Sie also nicht gleich alles auf einmal hinein. Zum »Gehen« stellen Sie den Teig am besten in einem großen, abgedeckten Gefäß in einen Backofen mit sehr niedriger Temperatur und geöffneter Tür. Wenn die Brote in der Form gehen, werden sie mit einem Geschirrtuch abgedeckt.

Biobrot aus Highgrove

1,5 kg Biovollkornmehl
(Sie können Roggen- und Weizenmehl mischen, das schmeckt köstlich, oder glutenfreies Mehl verwenden)
2 Beutel Trockenhefe
1 EL (15 g) feines Meersalz
1 EL (15 g) flüssiger Honig
6 EL (95 ml) Sonnenblumen- und/oder Olivenöl
1050 ml warmes Wasser: Das Wasser darf nur handwarm sein, sodass man ein Baby darin baden könnte
Kräuter, blättrig geschnittene Oliven, gehackte sonnengetrocknete Tomaten, Sultaninen und Nüsse können diesem Grundrezept nach Wunsch hinzugefügt werden.

Mischen Sie Mehl und Trockenhefe in einer großen Schüssel. Lösen Sie Honig und Salz in wenig warmem Wasser (von der

Gesamtmenge) auf. Fügen Sie das Öl zu und ergänzen Sie die Flüssigkeitsmenge mit warmem Wasser auf 1200 ml. Geben Sie die Flüssigkeit unter Rühren zum Mehl. Stürzen Sie den Teig auf eine bemehlte Arbeitsfläche und kneten Sie ihn kräftig, bis er weich und elastisch wird. Lassen Sie ihn abgedeckt auf doppelte Größe aufgehen. Kneten Sie ihn nochmals durch und teilen Sie ihn auf drei gefettete Brotbackformen à 800 g auf. Decken Sie die Brotbackformen mit einem Geschirrtuch ab und lassen Sie die Brote nochmals zu doppelter Größe aufgehen. Heizen Sie den Backofen auf 240° C, Gas Stufe 5, vor. Backen Sie die Brote 35 Minuten, nehmen Sie sie dann heraus und klopfen Sie auf die Unterseite der Brote – wenn es hohl klingt, geben Sie die Brote zum Auskühlen auf ein Kuchengitter. Wenn nicht, stellen Sie sie nochmals für fünf Minuten in den Backofen.

Harmlose Drinks

Pink Fizz
1 Portion

Wassermelone enthält von allen Früchten die meisten Antioxidanzien.

$^1/_2$ Wassermelone
Limone
Minze
kohlensäurehaltiges Mineralwasser/Soda nach Wunsch

Die Melone im Mixer zu flüssiger Konsistenz verarbeiten. Die Kerne werden nicht ganz fein. Ein wenig Limonensaft dazu pressen. Zimmerwarm oder gekühlt mit frischer Minze servieren. Wer mag, kann mit kohlensäurehaltigem Mineralwasser oder Sodawasser verdünnen.

Apfel-Birnen-Schorle
1 Portion

450 g Äpfel und Birnen (oder nur Äpfel bzw. Birnen)
2,5 cm geschälter Ingwer nach Wunsch
kohlensäurehaltiges Mineralwasser
Minze zum Garnieren

Die Früchte entsaften, eventuell Ingwer dazugeben. Mit derselben Menge kohlensäurehaltigem Mineralwasser verdünnen und mit frischer Minze servieren.

Extras

Hummus

Ergibt 2 bis 3 Portionen oder mehr, wenn mehrere Dips gereicht werden

1 Dose (400 g Kichererbsen, abgespült und abgetropft
Saft 1 Zitrone
4 EL (60 ml) Olivenöl
2 EL (30 ml) Tahini
1 Knoblauchzehe, zerdrückt
2 EL (30 ml) reines Wasser
Meersalz und frisch gemahlener Pfeffer nach Geschmack

Alle Zutaten in die Küchenmaschine geben und durcharbeiten. Im Kühlschrank aufbewahren. Zu Gemüsesticks reichen.

Anhang

Der Vorratsschrank – Lebensmittel für alle fünf Biotypen

Unser Vorratsschrank enthält Lebensmittel für alle fünf Biotypen – denn irgendwann werden Sie sicherlich unterschiedliche Typen zu versorgen haben. Kaufen Sie möglichst immer Ware aus biologischer Produktion.

Frühstückszerealien

Zuckerfreie Cornflakes, Puffweizen, Reis-Krispies, Weetabix,
Zuckerfreie, glutenfreie Müslis und Müsliflocken

Brot

Weizenvollkornbrot
Roggenbrot
Pumpernickel
Vogel-Brot
Reis-, Gersten-, Dinkel-, Kamut-, Emmer- und Naanbrot

Mehl

Ungebleichtes Weizenmehl, etwa von »Shipton Mill«
Buchweizen
Dinkel
Emmer
Gerste
Weizenfreies Universalmehl aus der »Stamp Collection«

Getreide

Hirse
Kamut
Mais
Quinoa

Vollkornhafer und -flocken
Vollkornreis
Vollkornweizen
Hefe

Teigwaren

Aus Weizenvollkorn, Buchweizen, Dinkel, Kamut, Hirse, Reis, Hülsenfrüchten und Gemüsemehl
Reisnudeln

Hülsenfrüchte

Rote, gelbe und grüne Linsen
Gelbe und grüne Trockenerbsen
Puy-Linsen (grüne Linsen)
Trockenbohnen

Konserven

Anchovis
Sardinen
Thunfisch
Lachs
Gebackene Bohnen, zuckerfrei
Kichererbsen
Bohnenmischungen
Tomaten

Würzen/Gewürze

Olivenöl
Balsamicoessig
Weißweinessig
Meersalz
Schwarze Pfefferkörner

Tiefkühlobst und -gemüse

Rote Beeren
Heidelbeeren
Himbeeren
Rote Johannisbeeren
Schwarze Johannisbeeren
Erbsen
Zuckermais
Grüne Bohnen
Spinat
Blumenkohl
Mischgemüse
Brokkoli

Leckereien

Bioschokolade
Bioeiscreme
Gemüse-Chips, etwa aus der »Stamp Collection«

Würzmischungen in Gläsern

Gerstenmalzextrakt
Melasse
Hefeextrakt

Getränke

Kaffee Hag (Instant, koffeinfrei)
Gerstenkaffee
Caro

Biokaffee
Biotee (z. B. von »Clipper«)
Koffeinfreier Biokaffee
Koffeinfreier Tee
Kräutertees
Biota Gemüsesäfte
Kräuterpunsch

Für Zwischendurch/Snacks

Haferkekse
Vollkornreiswaffeln
Roggenknäckebrot
Zuckerfreie Fruchtriegel
Falafel (Kichererbsenbällchen)

Gewürze

Frische und getrocknete Kräuter
Italienische Kräutermischung
Pfefferkörner, schwarz und weiß
Meersalz
Milde Currypaste
Olivenpaste (Tapenade)
Pesto
Sardellenpaste
Tomatenmark
Hefeextrakt
Gemüsebrühe (Paste)

Aufstriche

Frische Ernussbutter
Haselnussmus
Cashewcreme
Karob-Nuss-Creme
Sonnenblumenkernmus
Tahini (Sesampaste)
Hummus (siehe Seite 302)
Fruchtkonserven, nur aus Früchten, ohne Zuckerzusatz

Dips

Hummus
Guacamole (Avocadosauce)
Tsatsiki

Süßungsmittel

Melasse
Rohzucker
Muscovado-Zucker (Rohrzuckerart)
Gerstenmalzextrakt
Biohonig (möglichst Manuka)

Butter und Margarine

Butter
Reformhaus-Margarine, etwa von Vitaquell und Vitasieg
Olivenölmargarine

Milchprodukte

Biomilch: Kuh-, Ziegen-, Schafmilch
Biojoghurt: Naturjoghurt aus Kuhmilch, Schafmilch-

joghurt (möglichst griechischer), Ziegenmilchjoghurt
Käse: sowohl Weich- als auch Hartkäse von Schaf und Ziege
Sojamilch, Sojasahne und Sojakäse (Tempeh)
Hafermilch
Reismilch

Sonstiges

Gekörnte Gemüsebrühe/Fleischbrühe
Karob (siehe Seite 298)

Nützliche Adressen und Tipps

Die Angaben wurden unmittelbar vor der Drucklegung noch überprüft, in einer Welt, die im ständigen Wandel begriffen ist, bitten wir aber um Entschuldigung für etwaige unrichtige Angaben.

Alternative Therapien

Zur Beachtung: Wenn Sie an eine der folgenden Organisationen schreiben, legen Sie immer ein großes Rückkuvert und Porto bei.

Institute of Complementary Medicine (ICM)
PO Box 194
London SE16 7QZ, U.K.
Tel.: +44 20 72 37 51 65
E-Mail: info@icmedicine.co.uk
Webseite: www.icmedicine.co.uk

Aromatherapy Organisations Council
PO Box 6522
Desborough, Kettering, NN14 2YX, U.K.
Tel./Fax: + 44 87 07 74 34 77
E-Mail: info@aocuk.net
Webseite: www.aocuk.net

The Dr Edward Bach Centre
Mount Vernon
Bakers Lane
Sotwell
Oxon OX10 0PZ, U.K.
Tel.: +44 14 91 83 46 78
Fax: +44 14 91 82 50 22
Webseite: www.bachcentre.com
Informationen über Bach-Blüten-Arzneien

Deutschland:
Deutsche Biodanza Gesellschaft e. V.
c/o Roswitha Schramm
Wilhelmstraße 39
48149 Münster
Tel.: +49 25 11 62 08 39
Fax: +49 25 11 62 08 38
E-Mail: info@deutschebiodanza-gesellschaft.de
Webseite: www.deutschebiodanza-gesellschaft.de
Tanztherapiezentrum, bietet Seminare und Informationen

Body Control Pilates Association
The Body Control Pilates Association,
6 Langley Street
London WC2H9JA

Tel: +44 20 73 79 37 34
Fax: +44 20 73 79 75 51
Email: info@bodycontrol.co.uk
Webseite: www.bodycontrol.co.uk

The British Acupuncture Council
63 Jeddo Road
London W 12 9HQ, U.K.
Tel.: +44 20 87 35 04 00
E-Mail: info@acupuncture.org.uk
Website: www.acupuncture.org.uk

Deutschland:
Stiftung Akupunktur
Informationsbüro
Eugen-Langen-Straße 25
D-50968 Köln
Tel.: +49 22 13 09 95 62
Fax: +49 22 13 09 92 00
E-Mail: info@akupunktur.de
Webseite: www.akupunktur.de

Brahma Kumaris
Crellestr. 26, D-10827 Berlin
Tel. : +49 30 781 30 59
Fax: +49 30 78 70 45 13
E-Mail: berlin@brahmakumaris.de
Webseite:
www.brahmakumaris.de
Ausgezeichnete Meditation

Österreich:
Österreichische Gesellschaft für Akupunktur
Kaiserin-Elisabeth-Spital
Huglgasse 1–3, A-1150 Wien
Tel.: +43 19 81 04 57 58
Fax: +43 19 81 04 57 59
E-Mail: aku@kes.magwien.gv.at
Webseite: www.akupunktur.at

Schweiz:
Assoziation Schweizer Aerztegesellschaften für Akupunktur und chinesische Medizin (ASA)
Webseite:
www.akupunktur-tcm.ch

British Autogenic Society
Royal London
Homoepathic Hospital
Greenwell Street
London W1W 5BP
Tel./Fax: +44 20 73 83 51 08
E-Mail: admin@autogenic-therapy.org.uk
Website:
www.autogenic-therapy.org.uk

Deutschland:
Deutsche Gesellschaft für ärztliche Hypnose und autogenes Training e.V.
Postfach 1365, D-41436 Neuss
E-Mail: info@dgaehat.de
Webseite: www.dgaehat.de

Österreich:
Österreichische Gesellschaft für Autogenes Training und Allgemeine Psychotherapie (ÖGATAP)
Kaiserstraße 14/13, A-1070 Wien
Tel.: +43 15 23 38 39
Fax: +43 15 23 38 39 10
E-Mail: office@oegatap.at
Webseite: www.oegatap.at

Schweiz:
Schweizerische Gesellschaft für Autogenes Training SAT
Postfach 829, CH-4132 Muttenz BL
Tel.: +41 06 14 61 24 46

E-Mail: info@sat-verband.ch
Webseite: www.sat-verband.ch

British Chiropractic Association
Blagrave House
17 Blagrave Street
Reading Berkshire RG1 1QB
Tel.: +44 11 89 50 59 50
Fax: +44 11 89 58 89 46
Website:
www.chiropractic-uk.co.uk

Deutschland:
ACON e.V.
Arbeitsgemeinschaft für Chiropraktik/Osteopathie und Neuraltherapie Deutscher Heilpraktiker e.V.
Fehlerstraße 5, D-12161 Berlin
Tel.: +49 30 85 99 92 25
Fax: + 49 30 85 99 92 26
E-Mail: info@acon-ev.de
Website: www.acon-ev.de

The British Reflexology Association
Monks Orchard
Whitbourne
Worcester WR6 5RB
Tel.: +44 18 86 82 12 07
Fax: +44 18 86 82 20 17
E-Mail: bra@britreflex.co.uk
Website: www.britreflex.co.uk

Deutschland:
Reflexzonenmassage: Lehrstätte Hanne Marquardt
Prof.-Domagk-Weg 15,
D-78126 Königsfeld-Burgberg
Tel.: +49 77 25 71 17
Fax: +49 77 25 70 80
Webseite: www.fussreflex.de
E-Mail: info@fussreflex.de

Österreich:
Academy of Reflexology Austria
Dr. Franz Wagner, PhD
Achsengraben 12,
A-4230 Pregarten
Tel.: +43 72 36 84 01
E-Mail:
franz.wagner@reflexology.at
Webseite: www.reflexology.at

Schweiz:
SVFM – Schweizerischer Verband für Fussreflexzonen-Massage
Karin Kohler-Tschäppeler
Kappelenring 22c
CH-3032 Hinterkappelen
Tel.: + Fax: +41 319 01 21 10
(Mi. 8.30–10.30 Uhr)
E-Mail: mail@fussreflexzonen-massage.ch
Webseite: www.fussreflexzonen-massage.ch

The British Wheel of Yoga
25 Jermyn Street
Sleaford
Lincolnshire NG34 7RU
Tel.: +44 15 29 30 68 51
Fax: +44 15 29 30 32 33
E-Mail:office@bwy.org.uk
Website: www.bwy.org.uk

Deutschland:
Deutsche Yoga-Gesellschaft e.V.
Tel.:/Fax: +49 84 13 55 24
Webseite: http://vereine.swol.de/Ingolstadt/Yoga/start.html

Schweiz:
Schweizerische Yoga Gesellschaft SYG
Aarbergergasse 21
CH-3011 Bern
Tel.: +41 313 11 07 17 (Dienstag und Freitag 9.00–11.00)
Fax: +41 313 11 07 11
E-Mail: sekretariat@syg.ch
Webseite: www.syg.ch

The Cranio-Sacral Therapy Association of the UK
Monomark House
27 Old Gloucester Street
London WC1N 3XX
Tel.: +44 70 00 78 47 35
E-Mail: info@craniosacral.co.uk
Website: www.craniosacral.co.uk

Deutschland:
Akademie für Somatische Integration
Prof.-Becker-Weg 7
D-82418 Seehausen
Tel.: +49 88 41 67 88 00
Fax: +49 88 41 67 83 99
E-Mail: institut@cranio-csi.de
Webseite: www.cranio.org

European Hellerwork Association
Mulberry House
13 Inverleith Row
Edinburgh EH3 5LS, UK
E-Mail: geriharries@hellerworkeurope.com
Webseite: www.hellerworkeurope.com

Feldenkrais UK
East Holcombe
Shillingford
Tiverton
Devon EX16 9BR
Tel.: +44 70 00 78 55 06
E-Mail: enquiries@feldenkrais.co.uk
Website: www.feldenkrais.co.uk

Deutschland:
Feldenkrais-Gilde Deutschland e.V.
Jägerwirtstraße 3
D-81373 München
Tel.: +49 89 52 31 01 71
Fax: +49 89 52 31 01 72
E-Mail: Gilde@Feldenkrais.de
Webseite: www.Feldenkrais.de

Österreich:
FELDENKRAIS®-VERBAND ÖSTERREICH
Postfach 363, A-1181 Wien
Tel.:/Fax: +43 14 79 25 03
E-Mail: office@feldenkrais.at
Webseite: www.feldenkrais.at

Schweiz:
SFV Schweizerischer Feldenkrais Verband
Rebhalde 33, CH-8645 Jona
Tel.: +41 552 14 26 58
Fax: +41 552 14 26 59
E-Mail: info@feldenkrais.ch
Webseite: www.feldenkrais.ch

General Council and Register of Naturopaths
2 Goswell Road,
Street BA16 OJG, U.K.
Tel.: +44 87 07 45 69 84

Fax: +44 87 07 45 69 85
E-Mail:
admin@naturopathy.org.uk
Webseite: www.naturopathy.org.uk

General Osteopathic Council
Osteopathy House
176 Tower Bridge Road
London SE1 3LU
Tel.: +44 20 73 57 66 55
Website:
www.osteopathonline.com

Deutschland:
DROM-Deutsches Register
osteopathischer Medizin
Hartstr. 8, D-85386 Eching
Tel.: +49 89 31 90 36 46
Fax: +49 89 31 90 36 47
E-Mail: info@drom.info
WWW: www.drom.info

Österreich:
Österreichische Gesellschaft für
Osteopathie
Vinzenzgasse 13/10, A-1180 Wien
Tel.: +43 699 11 90 68 87
Fax: +43 14 78 18 32
E-Mail: oego@gmx.at
Webseite: www.oego.org

Schweiz:
Schweizer Verband für Osteopathie
Feldstrasse 48, CH-4600 Olten
Tel.: +41 622 96 93 77
Fax: +41 622 96 93 76
E-Mail: info@saom.ch
Webseite: www.saom.ch

London School of T'ai chi chuan
PO BOX 9836
London SE3 0ZG
Tel.: +44 76 26 91 45 40
Fax: +44 20 85 56 16 77
E-Mail: taichi@gn.apc.org
Website: www.gn.apc.org/taichi

Deutschland:
Tai Chi Zentrum
Postfach 305402,
D-20317 Hamburg
Tel.:/Fax: +49 40 210 21 23
E-Mail: info@tai-chi-zentrum.de
Webseite:
www.tai-chi-zentrum.de

McTimoney Chiropractic
Association
3 Oxford Court
St James Road
Brackley
Northamptonshire
NN13 7XY, U.K.
Tel.: +44 12 80 70 50 50
Fax: +44 12 80 70 01 17
E-Mail: admin@mctimoney-chiropractic.org
Webseite: www.mctimoney-chiropractic.org
Eine sanfte Methode der Chiropraktik

National Federation of Spiritual
Healers
Old Manor Farm Studio
Church Street
Sunbury-on-Thames
Middlesex TW16 6RG. U.K.
Tel.: +44 84 51 23 27 77
Fax: +44 19 32 77 96 48
E-Mail: office@nfsh.org.uk
Webseite: www.nfsh.org.uk

Informationen über zukünftige NFSH Healing Development Kurse in Deutschland erhalten Sie bei:
Ursula Tuffel,
Tel.:/Fax: +33 387 93 46 86

National Institute of Medical Herbalists
56 Longbrooke Street
Exeter EX4 6AH, U.K.
Tel.: +44 13 92 42 60 22
Fax: +44 13 92 49 89 63
E-Mail: nimh@ukexeter-freeserve.co.uk
Webseite: www.nimh.org.uk

The Reiki Alliance
27 Lavington Road, Ealing
London W13 9NN
Tel.: +44 20 85 79 38 13
Website:
www.reikialliance.org.uk
Ein internationaler Verband hoch qualifizierter Reiki-Meister.

Deutschland:
Reiki
Webseite: www.reiki-online.de

The Society of Homeopaths
4a Artizan Road
Northhampton NN1 4HU
Tel.: +44 16 04 62 14 00
Fax: +44 16 04 62 26 22
E-Mail: info@homeopathy-soh.org
Website:
www.homeopathy-soh.org

Deutschland:
Deutsche Gesellschaft für klassische Homöopathie e.V.
Saubsdorfer Str. 9
D-86807 Buchloe
Tel.: +49 8241 91 16 80
Fax: +49 8241 91 17 02
E-Mail:
info@dgkh-homoeopathie.de
Webseite:
www.dgkh-homoeopathie.de

Österreich:
Oesterreichische Gesellschaft für homöopathische Medizin,
Tel.: +43 15 26 75 75
Fax: +43 152 67 57 54
E-Mail: sekretariat @homoeopathie.at
Webseite: www.homoeopathie.at

Schweiz:
Schweizerische Homöopathie Gesellschaft SHG/SGKH
Postfach 1050
CH-8134 Adliswil
Webseite:
www.homoeopathie.org

Society of Teachers of the Alexander Technique
1st Floor, Linton House
39-51 Highgate Road
London NW5 1RS
Tel.: +44 84 52 30 78 28
Fax: +44 20 74 82 54 35
E-Mail: office@stat.org.uk

Deutschland:
Gesellschaft der Lehrer/innen der F.M. Alexander-Technik e.V.
Postfach 5312, D-79020 Freiburg
Tel.:/Fax: +49 761 38 33 57

E-Mail: kontakt@alexander-technik.info
Webseite: www.alexander-technik.org

Schweiz:
Schweizerischer Verband der Lehrerinnen und Lehrer der F.M. Alexander-Technik
Postfach, CH-8032 Zürich
Tel.: +41 12 01 03 43
E-Mail: info@svlat.ch
Webseite: www.alexandertechnik.ch

UK Council for Psychotherapy
167-169 Great Portland Street
London W1W 5PF
Tel.: +44 20 74 36 30 02
Fax: +44 20 74 36 30 13
E-Mail: ukcp@psychotherapy.org.uk
Website: www.psychotherapy.org.uk

Deutschland:
Deutsche Gesellschaft für Psychoanalyse, Psychotherapie, Psychosomatik und Tiefenpsychologie (DGPT) e.V.
Johannisbollwerk 20
D-20459 Hamburg
Tel.: +49 40 319 26 19
Fax: +49 40 319 43 00
E-Mail: psa@dgpt.de
Webseite: www.dgpt.de

Österreich:
Österreichische Gesellschaft für Autogenes Training und Allgemeine Psychotherapie (ÖGATAP)
Kaiserstraße 14/13, A-1070 Wien
Tel.: +43 15 23 38 39
Fax: +43 15 23 38 39 10
E-Mail: office@oegatap.at
Webseite: www.oegatap.at

Schweiz:
Schweizer Psychotherapeuten Verband
Weinbergstr. 31, CH-8006 Zürich
Tel.: +41 12 66 64 00
Fax: +41 12 62 29 96
E-Mail: spv@psychotherapie.ch
Webseite: www.psychotherapie.ch

European Rolfing Association ERA e.V.
Nymphenburger Str. 86, D-80636 München
Tel: + 49 89 54 37 09 40
E-Mail: info@rolfing.org
Webseite: www.rolfing.org

Österreich:
Rolfing® in Österreich
c/o Christopher Veeck
Neuwaldeggerstr. 27-2-4
A-1170 Wien
Tel.: +43 14 89 94 06

Schweiz:
European Rolfing® Association e.V.
Geschäftsstelle Schweiz
Emmenhofallee 3
CH-4552 Derendingen
Tel./Fax: +41 326 82 69 85
Telefonzeiten: Mo/Mi/Do 17–18.00 Uhr
Comboxnachricht jederzeit möglich

Lebensberatung

Empfohlen wurde uns die im Internet tätige Organisation »Life Coach UK«, die englischsprachige Beratung für verschiedene Lebenssituationen bietet. Telefonischer Kontakt ist nicht möglich.
Webseite: www.lifecoachuk.com
E-Mail: info@lifecoachuk.com

Breakthrough Network for Work Live Coaching
29 Adine Road, London E13 8LL, U.K.
Tel.: +44 20 74 73 55 44
Webseite: www.lifeshift.co.uk

Hilfe und Information

Alcoholics Anonymous (AA)
UK helpline: +44 84 57 69 75 55

Anaphylaxis Campaign
PO Box 275, Farnborough
Hants GU14 6SX, U.K.
Tel.: +44 12 52 54 20 29
E-Mail: anaphylaxis.campaign@virgin.net
Webseite: www.anaphylaxis.org.uk

British Allergy Foundation
Deepdene House
30 Belgrave Road
Welling
Kent DA16 3PY, UK
Tel.: +44 20 83 03 85 83 (Allergien)
+44 20 83 03 85 25 (Chemische Stoffe)
E-Mail: info@allergyuk.org
Webseite:
www.allergyfoundation.com

Anonyme Alkoholiker im deutschsprachigen Raum:
Gemeinsames Dienstbüro
Anonyme Alkoholiker Interessengemeinschaft e.V.
Postfach 46 02 27
D-80910 München
Tel.: +49 89 316 95 00
Fax: +49 89 316 51 00
Webseite:
www.anonyme-alkoholiker.de

Deutschland:
Deutscher Allergie- und Asthmabund e.V.
Hindenburgstraße 110,
D-41061 Mönchengladbach
Tel.: +49 2161 81 49 40
Fax: +49 2161 81 49 430
E-Mail: info@daab.de
Webseite: www.daab.de

Bundesverband der Eltern-
initiativen zur Förderung
hyperaktiver Kinder e.V.
Postfach 60, D-91291 Forchheim
Tel.:/Fax: +49 919 13 48 74
E-Mail: BV-AH@t-online.de
Webseite: www.osn.de/user/
hunter/badd-vd.html

Webseite der Elterngruppe Frank-
furt des Bundesverbandes
Aufmerksamkeitsstörung/
Hyperaktivität:
www.ads-hyperaktivitaet.de
E-Mail:
info@ads-hyperaktivitaet.de

Österreich:
Hyperkids – Verein für hyperaktive
Kinder Oberösterreich
Webseite:
www.hyperaktivekinder.at

Schweiz:
ELPOS-Vereine
Webseite: www.elpos.ch

Mission Possible International
Webseite: www.dorway.com/
possible.html
*Internationale Kampagne gegen
Aspartam*

Narcotics Anonymous
UK service office: +44 20 72 51 40 07
UK helpline: +44 20 77 30 00 09

Narcotics Anonymous deutsch-
sprachiger Raum:
NA Service Komitee
Postfach 11 10 10
D-64225 Darmstadt
E-Mail: info@narcotics-
anonymous.de
Webseite: www.narcotics-
anonymous.de

Seasonal Affective Disorder
Association
(SAD – Saisonal abhängige
Depression)
PO BOX 989,
Steyning BN44 3HG, U.K.
Website: www.sada.org.uk

Schweiz:
Webseite: www.depression.ch/
spezformen/sad_d.html

Kompetenznetz Depression:
www.kompetenznetz-
depression.de

Lebensmittel, Saatgut und Diverses aus ökologischer Produktion

Clipper Teas
Beaminster Business Park,
Broadwindsor Rd, Beaminster
Dorset DT8 3PR
Tel: +44 13 08 86 33 44
E-Mail:
enquiries@clipper-teas.com
Webseite: www.clipper-teas.com

Montesol Organic coffee
MonteSol Ltd.
Unit 25, 12 Wadsworth Road
London UB6 7LD
Tel.: +44 20 89 91 55 00,
Fax: +44 20 89 91 92 55
E-Mail: info@great-coffee.co.uk
Webseite: www.great-coffee.co.uk

The Organic Gardening Catalogue
Riverdene Business Park
Molesey Road, Hersham
Surrey KT12 4RG, U.K.
Tel.: +44 19 32 25 36 66
Fax: +44 19 32 25 27 07
E-Mail: chaseorg@aol.com
Webseite:
www.organiccatalog.com

SimplyOrganic Food Company Limited
Horsley Road, Kingsthorpe Hollow
Northampton NN2 6LJ
Tel.: +44 16 04 79 19 11
Fax: +44 16 04 71 80 49
E-Mail: orders@simplyorganic.net
Website: www.simplyorganic.net
Nationaler Lieferservice für Bioprodukte

The Soil Association
Bristol House
40-56 Victoria Street
Bristol BS1 6BY, U.K.
Tel.: +44 11 79 29 06 61
Fax: +44 11 79 25 25 04
E-Mail: info@soilassociation.org
Webseite: www.soilassociation.org
Eine ausgezeichnete Informationsquelle für alle Aspekte biologischer Lebensmittel und Lebensweise. Mit Lieferservice

Demeter-Bund e.V.
Brandschneise 1
D-64295 Darmstadt
Tel.: +49 615 58 46 90
Fax: +49 61 55 84 69 11
E-Mail: info@demeter.de
Webseite: www.demeter.de

Österreichischer Demeter-Bund
Hietzinger Kai 127/2/31, A-1130 Wien
Tel.: +43 18 79 47 01
Fax: +43 18 79 47 22
E-Mail: info@demeter.at
Webseite: www.demeter.at

Bioterra
(Schweizerische Gesellschaft für biologischen Landbau)
Dubsstrasse 33, CH-8003 Zürich
Tel.: +41 14 63 55 14
Fax: +41 14 63 48 49
E-Mail:service@bioterra.ch
Webseite: www.bioterra.ch

Adressen für Vegetarier und Veganer

The Vegetarian Society
Parkdale, Dunham Road
Altrincham
Cheshire WA14 4QG, UK
Tel.: +44 16 19 25 20 00
Fax: +44 16 19 26 91 82
E-Mail: info@vegsoc.org
Webseite: www.vegsoc.org

Vegetarier-Bund Deutschlands e.V.
Blumenstr. 3, D-30159 Hannover
Tel.: +49 51 13 63 20 50
Fax: +49 51 13 63 20 07
Webseite: www.vegetarierbund.de

Österreichische Vegetarier-Union ÖVU
Postfach 1, A-8017 Graz
Tel.: +43 316 46 37 17 und
+43 67 63 47 63 46
E-Mail: oevu@vegetarier.at
Webseite: www.vegetarier.at

Schweizerische Vereinigung für Vegetarismus SVV
Vegi-Büro-Schweiz, Bahnhofstr. 52, CH-9315 Neukirch-Egnach
Tel.: +41 714 77 33 77
Fax: +41 714 77 33 78
E-Mail:
vegi-buero@vegetarismus.ch
Webseite:
www.vegetarismus.ch

Lieferanten von Nahrungsergänzungen und natürlichen Produkten zur Gesundheitsvorsorge und -pflege

Ainsworths Homeopathic Pharmacy
36 New Cavendish Street
London W1M 7LH, U.K.
Tel.: +44 20 79 35 53 30
Fax: +44 20 74 86 43 13
Webseite: www.ainsworths.com

Aroma1
E-Mail: info@aroma1.com
Webseite: www.aroma1.com
Dieser US-amerikanische Internet-Vertrieb bietet gute essenzielle Öle aus biologischer Produktion an und reichlich Information

Biocare Ltd.
Lakeside
180 Lifford Lane
Kings Norton
Birmingham B30 3NU, U.K.
Tel.: +44 12 14 33 37 27
Fax: +44 12 14 33 38 79
E-Mail: biocare@biocare.co.uk
Webseite: www.biocare.co.uk

Blackmores
Naturopathic Health & Wellness
Willowtree Marina
West Quay Drive
Yeading, Middlesex UB4 9TA, U.K.
Tel.: +44 20 88 42 39 56
Fax: +44 20 88 41 75 57
E-Mail: sales@blackmores-professional.co.uk
Webseite: blackmores.com.au
Ergänzungspräparate und andere natürliche Heilmittel

GNC (General Nutrition Centre)
Webseite: www.gnc.co.uk
Hilfreiche Webseite, bietet Produkte und Informationen

The Healthy House
The Old Co-Op
Lower Street Ruscombe
Stroud, Gloucestershire GL6 6BU, U.K.
Tel.: +44 14 53 75 22 16
Fax: +44 14 53 75 35 33
E-Mail: info@healthy-house.co.uk
Webseite: www.healthy-house.co.uk
Versandfirma für Wasserfilter, Therapielampen, Biofarben und zahlreiche andere allergenarme, umweltfreundliche und biologische Produkte

The Herb Society
Sulgrave Manor
Sulgrave
Banbury
Oxon OX17 2SD, U.K.
Tel.: +44 12 95 76 88 99
Fax: +44 12 95 76 80 69
E-Mail: info@herbsociety.co.uk
Webseite: www.herbsociety.co.uk
Information, Links und Produkte sowie ein vierteljährliches Magazin, Herbs.

Neal's Yard Remedies
8-10 Ingate Place
Battersea
London SW8 3NS
Tel.: + 44 20 74 98 16 86
Fax: +44 20 74 98 25 05
E-Mail: mail@nealsyardremedies.com
Webseite: www.nealsyardremedies.com
Bietet essenzielle Öle für Aromatherapie, Kräuter und Kräuterprodukte, homöopathische Arzneien, Blütenessenzen und vieles mehr.

New Vistas Healthcare Ltd.
Plassey Park, Limerick, Ireland
Tel.: +353 61 33 44 55
Fax: +353 61 33 15 15
E-Mail: info@newvistashealthcare.com
Webseite: www.newvistashealthcare.com

Nutri Ltd.
Meridian House, Botany Business Park,
Macclesfield Road, Whaley Bridge,
High Peak SK23 7DQ, U.K.
Tel.: +44 800 21 27 42
Fax: +44 800 37 13 71
E-Mail: info@nutri.co.uk, orders@nutri.co.uk
Webseite: nutri.co.uk

The Organic Herb Trading Company, Milverton
Somerset TA4 1NF, U.K.
Tel.: +44 18 23 40 12 05
Fax: +44 18 23 40 10 01
E-Mail: info@organicherb-trading.com
Webseite: www.organicherbtrading.com

Solgar Deutschland c/o Formula pharm.Prod.GmbH
Mariannenweg 46, D-61348 Bad Homburg
Tel.: +49 6172 93 88 44
Fax: +49 6172 93 88 55
E-Mail: formula @formulapharm.de
Webseite: www.solgar.com

Tanita Fat Monitors (*Körperfettmessung*)
Tanita UK Ltd
The Barn Philpots Close
Yiewsley Middlesex UB7 7RY, U.K.
Tel.: +44 18 95 43 85 77
Fax: +44 18 95 43 85 11
Webseite: www.tanita.co.uk

Viridian Nutrition Ltd.
31 Alvis Way, Daventry
Northants, NN11 5PG, U.K.
Tel.: +44 13 27 87 80 50
Fax: +44 13 27 87 83 35
Webseite: www.viridian-nutrition.com
Ergänzungspräparate und Kräuterprodukte aus biologischer Produktion und ohne künstliche Zusatzstoffe

Die besten Entsafter

Das »Good Housekeeping Institute« in London testete acht Entsafter. Am besten schnitten dabei folgende sechs Geräte ab (nach Testergebnissen geordnet):

Magimix Le Duo
Breville AWT Juice Extractor
Juice Master
Philips Cucina HR1840
Russell Hobbs 9919
Moulinex A7531P1

Rods und Sarahs Wahl

Wir verwenden einen Kenwood JE600 Entsafter. Ein gutes Gerät, aber nun kommt ein neues, größeres, besseres und etwas teureres Modell auf den Markt (JE700).

Teurere Entsafter
Champion Juicer
Oscar
Samson
Vielleicht können Sie diese Geräte in Ihrem Elektrogeschäft kaufen, wenn nicht, versuchen Sie es im Internet, beispielsweise mit folgender Webseite:
Website: www.savant-health.com

Hilfreiche Websites
Eine hilfreiche Webseite für Entsafter (und Nahrungsergänzungen)
Website: www.fernsnutrition.com
Verkauft Entsafter zu reduzierten Preisen in die ganze Welt

Empfehlenswerte Literatur – von Roderick Lanes Quellen bis zu Koch- und Saftbüchern

Roderick Lanes Quellen

Folgende Bücher haben entscheidend zu Rodericks Verständnis der ernährungsphysiologischen Bedürfnisse des Menschen beigetragen. Wie Sie sehen, sind einige bereits altbewährte Freunde.

The New Cranks Recipe Book von Nadine Abensur (Phoenix)

Die neue Atkins Diät von Robert C. Atkins (Goldmann, 2003)

Richtige Ernährung. Deine beste Medizin von Henry G. Bieler (Verlag Hermann Bauer, 1987)

The Glucose Revolution von Jennie Brand-Miller et al (Hodder & Stoughton, 1998)

Der Puls-Test. Der Weg zur Erhaltung Ihrer Gesundheit von Arthur F. Coca (Hyperion, 1985)

Cooking Without von Barbara Cousins (Thorsons, 1989)

Overcoming Food Allergies von Gwynne H. Davies (Ashgrove Press, 1985)

The Food and Mood Handbook von Amanda Geary (Thorsons)

Health via Food von William Howard Hay (Harrap, 1934)

Die T-Faktor-Diät von Martin Katahan (Goldmann, 1983)

Nutrition Almanac von Gayla J. Kirschmann (McGraw Hill, 1996)

Eat Fat and Grow Slim von Richard MacKarness (Harvill Press, 1958)

Das Pritikin-Programm für Gesundheit und Fitness von Nathan Pritikin und Patrick M. McGrady (Econ, 1984)

Tired or Toxic? von Sherry Rogers (Prestige Publishing, 1990)
Das Optimum. Die Sears-Diät von Barry Sears (Econ, 2000)
Atlas of Men von William H. Sheldon (Gramercy, 1954)

Wunderbare Kochbücher

River Café Cookbook Green von Rose Gray und Ruth Rogers (Ebury Press)

Das Basis-Buch der Trennkost von Kathryn Marsden (Goldmann)

Real Cooking von Nigel Slater (Verlag Michael Joseph)

Meine Rezepte aus der Provence. 200 schmackhafte und einfache Rezepte von Michel Montignac (Artus)

The Detox Cook von Louisa Walters, Aliza Baron Cohen und Adrian Mercuri (Verlag Kyle Cathie)

Alle Kochbücher von Elizabeth David

Gratisrezepte aus dem Web: Im Internet gibt es Hunderte von Rezepten gratis. Geben Sie in Ihrer Suchmaschine einfach »Rezepte« ein und wählen Sie aus dem Angebot.

Musiktherapie

The Mozart Effect, von Don Campbell (Hodder & Stoughton)

Empfehlenswerte Bücher zum Thema Obst- und Gemüsesäfte

Der Fruchtsaft-Doktor. Gesundheit und ein langes Leben mit der Kraft der Vitamine von Bernard Jensen (Goldmann, 2002)

Juice High von Leslie Kenton und Russell Cronin (Vermilion)

Superjuice. Gesünder leben mit Säften von Michael van Straten (Hädecke, 2000)

Juicing for Health von Caroline Wheater (Harper Collins, 1993)

Lesenswerte Zeitschriften

The Inside Story
Berrydales Publishers
5 Lawn Road, London NW3 2XS, UK
Tel.: +44 20 7722 2866
Fax: +44 20 7722 7685
E-Mail: info@inside-story.com
Webseite: www.inside-story.com
Monatliche Abo-Newsletter für Allergiker und alle, die eine strenge Diät halten müssen

What Doctors Don't Tell You
2 Salisbury Road, London SW19 4EZ, U.K.
Tel.: +44 870 4449 886
Fax: +44 870 4449 887
E-Mail: cs@wddty.co.uk
Webseite: www.wddty.co.uk
Neues aus dem Bereich der Medizin, Herausgeber einiger guter Bücher

The Food Magazine
94 White Lion Street, London N1 9PF, U.K.
Tel: +44 20 7837 2250
Fax: +44 20 7837 1141
E-Mail: subscriptions@foodcomm.org.uk
Webseite: www.foodcomm.org.uk
Neuigkeiten aus dem Bereich Ernährung

Anerkennende und dankbare Stimmen zum Adam & Eva Schlankheitsprogramm

Terence Stamp, Schauspieler:

»Ich wünschte, Roderick Lanes Programm hätte es bereits 1968 gegeben, als ich erste Versuche machte, meine Gesundheit wiederherzustellen. Seine Erkenntnisse über Diät und Ernährung gehören zu den bedeutendsten, die ich bisher entdeckt habe. In einer Zeit, in der wir allmählich begreifen, dass jeder einzelne von uns Verantwortung für seine Gesundheit übernehmen muss, ist dieses Buch ein solider Schritt in die richtige Richtung.«

Dr. Robert Cass, Arzt für Naturheilkunde und Chiropraktiker, Atlanta, Georgia:

»Dr. Roderick Lanes Beitrag bringt das lang ersehnte Licht in den Dschungel von Informationen zum Thema Ernährung. Sein einfacher, spezifischer Ansatz sorgt für Klarheit in dieser komplexen boomenden Wissenschaft; aus seinen Vorschlägen und Berichten spricht langjährige Praxis. Sein Buch wird rasch ganz oben auf der Liste der ›Pflichtlektüre‹ über Heilkunde stehen, und zwar in Fach- wie in öffentlichen Bibliotheken. Man kann Dr. Lane nur zu seinem wertvollen Beitrag gratulieren.«

Kenneth Fisch, DC, Direktor der »Wellsprings Clinic«, Maryland:

»Ich unterhielt mich erstmals 1996 mit Dr. Lane, als er so freundlich war, sich mit mir über die Ernährung von Lupus-Patienten zu beraten. Dr. Lane verfügt über eine außergewöhnliche Kenntnis über die endokrinen und ernährungsphysiologischen Gesichtspunkte von Gesundheit und Heilung, und ich habe mich bei so manchem meiner schwierigen Fälle an ihn gewandt.

Was meine persönliche Gesundheit angeht, halte ich mich an Dr. Lanes Ratschläge, mit dem Ergebnis, dass ich mein Gewicht unter Kontrolle und mehr Energie habe und ich mich besser fühle als jemals zuvor. Ich kann Dr. Lane nur all jenen Lesern empfehlen, die bereits ohne Erfolg verschiedene Ernährungsformen ausprobiert haben. Sein Konzept könnte der Schlüssel zu besserer Gesundheit und zu mehr Lebensqualität sein.«

Jane Upton, 42, Management-Beraterin:

»Ich schwöre auf dieses Ernährungssystem, weil es mir sehr schlecht ging, als ich Roderick Lane 1994 erstmals aufsuchte. Ich war seit Jahren nur müde und fühlte mich nur schlecht, aber mein Arzt konstatierte immer nur übermäßigen Stress. Roderick stellte ein Zuckerproblem fest und verordnete eine hilfreiche Kost. Es ging langsam, aber stetig bergauf, und heute fühle ich mich großartig und weiß, wie mein Körper funktioniert und was er braucht.«

Janie Romer, 45, Sängerin und Musikerin, zweifache Mutter: »Nach einer vergeudeten Jugend bekam ich zwei Kinder und verwandelte mich in eine Übermutter. Nach fünf Jahren war ich körperlich am Ende, ich konnte kaum noch die Treppe hochgehen. Nach drei Tagen mit Roderick Lanes Kost – in Kombination mit den vorgeschlagenen Ergänzungspräparaten – wusste ich plötzlich wieder, was leben bedeutete. Nach wenigen Wochen hatte ich eine Kleidergröße weniger und viel mehr Energie. Ich begann, wieder Sport zu treiben, und konnte von A nach B laufen, anstatt mich dorthin zu schleppen. Wenn man aus dem Teufelskreis Erschöpfung – Heißhunger (und all den damit verbundenen Schuldgefühlen) erst einmal ausbricht, geht vieles von alleine. Ich begriff, dass ich nicht hungern musste, um gesund und schlank zu bleiben, ich musste nur richtig essen. Das ist nicht bloß eine neue Modediät – das ist der Schlüssel zu Gesundheit.«

Unser Dank

Mein Dank gilt in erster Linie meiner geduldigen Mitautorin! Meiner Agentin Kay McCauley für ihre nimmermüde Unterstützung. Meinen Kollegen am »Naturopathic College« Deborah Eagle und Marion Kirkham für ihre Erkenntnisse, und Helen Cartier-Knox und Stephanie Wright für ihre inspirierende Arbeit und ihre anschauliche Erklärung der Funktion der Wirbelsäule. Allen meinen Patienten und auch Richard Day, Irene Campden und allen meinen Kollegen in Windsor, die mir als Beispiele für unterschiedliche Biotypen dienten. Meinem Forschungsassistenten Paul Jayne. Und schließlich allen Lehrern, die ich jemals hatte, für all das grundlegende Wissen, auf dem dieses System errichtet wurde.

Roderick Lane

Mein Dank gilt Rod, der sein Wissen mit mir teilte, wodurch ich zum ersten Mal wirklich verstand, wie unser Körper funktioniert und wie man ihn topfit hält (ganz zu schweigen davon, dass ich nun Eier mit Speck zum Frühstück essen darf). Rowena Webb, Kerry Hood, Emma Heyworth-Dunn und dem übrigen Verlagsteam von Hodder Mobius – auch unserer Redakteurin Karen Sullivan – für ihre unendliche Freundlichkeit. Martin Welch für seine hervorragenden Illustrationen, Lynda Brown, Leigh Richmond und Jane Phillimore für ihre großzügige Hilfe. Und wie immer, Kay McCauley für ihr schier unerschöpfliches Verständnis.

Sarah Stacey

Sachregister

Rezeptregister